ノーマライゼーション時代における
障害学

石部元雄
柳本雄次 編著

福村出版

Ⓡ〈日本複写権センター委託出版物〉
本書を無断で複写複製（コピー）することは、著作権法上の例外を除き、禁じられています。本書をコピーされる場合は、事前に日本複写権センター（JRRC）の許諾を受けてください。
JRRC〈http://www.jrrc.or.jp　eメール：info@jrrc.or.jp　電話：03-3401-2382〉

まえがき——ノーマライゼーションとの関連において

「国際障害者年」（1981年）の「完全参加と平等」，この趣旨をより具体化した「障害者に関する世界行動計画」（1982年）から，この計画の実施を図るための「国連・障害者の10年」（1983—1992年）を経て，現在は「アジア太平洋障害者の10年」（1993—2002年）に及んでいる。この間に障害者福祉の基本的概念であるノーマライゼーションは，わが国ではかなり普及・定着してきており，いまや，地域社会の中でこの理念を実現していく段階に入っている。ノーマライゼーションを基軸にして展開された障害者福祉の動きには，障害者の「完全参加と平等」の理念や障害範囲等を明確化した1993（平成5）年の「障害者基本法」の公布，平成5年度から約10年間にわたるわが国の障害者施策の基本的方向を定めた1993年の「『障害者対策に関する新長期計画』——全員参加の社会づくりをめざして」（平成5年度〜14年度）の策定，この計画の具体化を図るための重点施策実施計画として位置づけられた1995年の「障害者プラン——ノーマライゼーション7か年戦略」（平成8年度〜14年度）の決定，精神障害者の社会復帰・自立と社会参加の促進を目的として1995年の「精神保健法」から「精神保健及び精神障害者福祉に関する法律」（精神保健福祉法）への改正などがあげられる。

　このほか，ノーマライゼーションの進展状況は，1997（平成9）年に改正・公布され，翌年4月に施行された児童福祉法で，保育所への入所が，従前は市町村による措置（行政処分）であったものが，「保育所入所利用の選択制の導入」によって，保護者が就労状況等に合わせて保育所を選ぶことができるようになったこと，さらに，1997年に公布され，2000（平成12）年4月から施行された介護保険法において，行政の権限にもとづく措置制度から，利用者がサービスを選択し，サービス提供主と契約して利用するしくみへと改められたこと，などに看取される。

　教育の分野においても同様の状況がみられる。従来は学校教育法施行令第22条の3に規定する心身の故障の程度（本文25頁参照）を最重視して，その障害の程度（就学基準）に該当する者を盲・聾・養護学校へ就学させていたが，今

日では，同施行令に定める障害の程度を見直すとともに，市町村教育委員会が，環境や就学する学校の状況，児童生徒のニーズ等を総合的に判断して，当該児童生徒が小・中学校で適切な教育を受けられると認定する場合には，小・中学校へ受け入れることができるように就学手続が弾力化されていることからも察知できる。

　とくに平成10年改訂の幼稚園教育要領において「盲学校，聾学校，養護学校等の障害のある幼児との交流の機会を積極的に設けるように配慮すること」，さらに同年改訂の小学校・中学校学習指導要領の総則及び平成11年改訂の高等学校学習指導要領の総則で，「盲学校，聾学校，及び養護学校などとの間の交流を図るとともに，障害のある幼児児童生徒」との交流の機会を設けることが，それぞれ今回の改訂で初めて明記された点は，ノーマライゼーションの観点から高く評価すべきである。というのは，障害のある幼児児童生徒との交流は，幼児児童生徒が障害のある幼児児童生徒とその教育についての正しい理解と認識を深めるための絶好の機会になるからである。また，同じ社会に生きる人間として，相互に理解し，助け合い，支え合って生きていくことの大切さを学ぶよい機会になるからである。

　本書では，上述したようなノーマライゼーションの進展を願いながら，障害のある人々の自立と社会参加の促進にかかわる問題を福祉と教育の立場から取り上げてまとめた。1，2章では全般的な考察を，3〜11章では障害種別・程度別にみた考察をそれぞれ行った。12〜14章では就学期，就学前，卒業期を念頭において執筆している。15章では障害児（者）の自立・社会参加に関与する人たちについて，16章では家族等のあり方についてそれぞれ考察している。

　終わりに巻末の〈障害者教育・福祉関係法規（抄）〉については，筑波大学大学院博士課程の那須野三津子さんにご協力いただいたことを付言しておく。

　最後に福村出版の方々には，終始ご親切な配慮をいただいたことをとくに記して心から御礼申し上げるしだいである。

　　　　平成14年12月

　　　　　　　　　　　　　　　　　　　　　　　　　　石部元雄・柳本雄次

目　次

まえがき

1章　障害者の福祉と教育 …………………………………9
　1　障害者の状況 ………………………………10
　2　障害者の福祉 ………………………………16
　3　障害者の教育 ………………………………24

2章　障害教育・福祉のあゆみ ……………………………31
　1　欧米の障害教育・福祉事情 ………………………31
　2　日本の障害教育・福祉の創始と展開 ………………34
　3　盲・聾学校教育の義務化と施設福祉 ………………40
　4　養護学校教育の義務化と多様な教育・福祉サービス …………43
　5　障害教育・福祉の新しい動き ……………………47

3章　視覚障害児（者）の理解と指導 ……………………49
　1　視覚障害とは ………………………………49
　2　視覚障害児（者）の特性 …………………………51
　3　視覚障害児（者）の指導と一般的配慮 ………………54

4章　聴覚障害児（者）の理解と指導 ……………………58
　1　聴覚障害とは ………………………………58
　2　聴覚障害のタイプと原因 …………………………62
　3　聴覚障害の出現率と理解 …………………………63
　4　聴覚障害児の教育 …………………………66

5章　知的障害者の理解と指導 ……………………………70
　1　知的障害とは ………………………………70
　2　知的障害児（者）の理解 …………………………75
　3　知的障害児（者）の指導 …………………………79

6章　肢体不自由児（者）の理解と指導 …………………………………85
1　肢体不自由とは …………………………………………………85
2　肢体不自由児の行動の特徴 ……………………………………87
3　脳性まひ児の発達特性 …………………………………………88
4　肢体不自由児の教育課程と指導方法 …………………………89
5　自立活動の指導 …………………………………………………92

7章　病弱児（者）の理解と指導 …………………………………………96
1　病弱児（者）の理解 ……………………………………………96
2　病弱児（者）の指導——自立・社会参加を目指して ………101

8章　言語障害児（者）の理解と指導 ……………………………………107
1　言語障害の理解のために ………………………………………107
2　各言語障害の特性 ………………………………………………111

9章　情緒障害児の理解と指導 ……………………………………………116
1　自閉症の特性と指導 ……………………………………………116
2　不登校・登校拒否の特性と指導 ………………………………121
3　情緒障害とは ……………………………………………………126

10章　学習障害児（者）の理解と指導 ……………………………………128
1　学習障害とは何か ………………………………………………128
2　学習障害児の特性 ………………………………………………130
3　学習障害児の指導 ………………………………………………135

11章　重症心身障害児（者）の理解と指導 ………………………………141
1　重症心身障害児（者）の基礎理解 ……………………………141
2　重症心身障害児の発達特性 ……………………………………144
3　重症心身障害児の指導 …………………………………………146
4　重症心身障害児の学校教育および施設における課題 ………152

12章　盲・聾・養護学校等の教育課程 ……………………………………155
1　教育課程の基準 …………………………………………………155

2　学習指導要領と教育課程 …………………………………156
　　3　教育目標と教育課程 ………………………………………157
　　4　教育課程の改訂 ……………………………………………160
　　5　教育課程編成の手順等 ……………………………………163
　　6　教育課程の編成・実施と指導 ……………………………166

13章　就学前児の保育 …………………………………………171
　　1　保　育　所 …………………………………………………171
　　2　幼　稚　園 …………………………………………………174
　　3　多様な保育ニーズへの対応と今後の課題 ………………175

14章　卒業期・卒業後の指導 …………………………………178
　　1　卒業期・卒業後の指導を考えるにあたって ……………178
　　2　盲・聾・養護学校高等部（本科）卒業者の進路の状況 …180
　　3　高等部段階における教育と進路指導をめぐる課題 ……182
　　4　学校内資源と学校外資源の活用 …………………………185
　　5　「自立させる」指導から「自立したいと思う気持ちを育てる」
　　　　指導へ ………………………………………………………190

15章　障害児（者）関連の職種と養成 ………………………192
　　1　障害児教育従事者の資格 …………………………………192
　　2　障害児教育教員の養成 ……………………………………194
　　3　障害児（者）福祉従事者の職種および養成 ……………196

16章　障害児（者）をとりまく環境 …………………………205
　　1　障害児（者）と家族 ………………………………………205
　　2　乳幼児期の早期発見と早期療育 …………………………210
　　3　障害児（者）の施設ケアサービスと生活支援 …………211

付録　障害者教育・福祉関係法規（抄）……………………………219
人名・事項索引

 1章　障害者の福祉と教育

　1971（昭和46）年に第26回国連総会で「知的障害者の権利に関する宣言」が、また、1975（昭和50）年には第30回国連総会で「障害者の権利宣言」が、それぞれ決議された。そこには、障害者の基本的人権と障害者は可能な限り通常の生活を送ることができる権利がある、というノーマライゼーションの理念が示されていた。翌1976（昭和51）年第31回国連総会では、1981（昭和56）年を国際障害者年とすることが決議され、わが国でも1981年に「完全参加と平等」を目標テーマとして、障害者が社会生活および社会の発展へ完全に参加できること、他の人々との平等な生活を営めること、経済的および社会的発展によって改善される生活状況を平等に享受できることを目指して、障害者問題への取り組みが行われた。いわゆる「ノーマライゼーション」（normalization）の理念の実現への取り組みであった。なお、ここでいう「ノーマライゼーション」および「完全参加と平等」は、それぞれ次のように解されている。

　ノーマライゼーションは、デンマークのバンク-ミケルセン（Bank-Mikkelsen, N. E.）が知的障害者の処遇に関して唱え、北欧から世界へ広まった障害者福祉のもっとも重要な理念である。障害者を特別視するのではなく、一般社会の中で普通の生活が送れるような条件を整えるべきであり、共に生きる社会こそノーマルであるという考えである。この理念は、「障害者の権利宣言」の底流をなし、「国際障害者年行動計画」（1979年）および「障害者に関する世界行動計画」（1982年）にも反映されている[7]。

　完全参加と平等は、国際障害者年の目標テーマである。障害者がそれぞれの住んでいる社会において、社会生活と社会の発展に完全に参加するようにすると同時に、社会の他の市民と同じ生活条件の獲得と社会的、経済的発展によって生み出された成果の平等な配分の実現を意味する[7]。

　国際障害者年における障害者問題への取り組みを受けて1982（昭和57）年3月に日本政府の障害者対策本部において「障害者対策に関する長期計画」を策定した。また、1983年から国連で始まった「国連・障害者の10年」は1992（平

成4）年で終了したが，1993（平成5）年3月，上記本部において，平成5年度から約10年間のわが国の基本的な障害者施策として，「障害者対策に関する新長期計画——全員参加の社会づくりをめざして」を策定した。この計画では，「リハビリテーション」の理念と「ノーマライゼーション」の理念の下に，「完全参加と平等」の目標に向けての障害者施策の基本的方向と具体的方策が明示された。

さらに，同年12月には心身障害者対策基本法が題名を改正して「障害者基本法」として施行された。その際，同法で，①障害者の完全参加と平等の理念の明確化，②法律の対象が身体障害，知的障害，精神障害であることの明定，③国は，障害者施策に関する計画を策定しなければならないこと，④都道府県および市町村は障害者施策に関する計画を策定する努力義務があること，⑤国民の間に広く障害者福祉への関心と理解を深めるため，12月9日を「障害者の日」とすること，⑥障害者がその年齢，能力並びに障害の種別・程度に応じ，充分な教育が受けられるように，教育の内容・方法の改善・充実を図る等の必要な施策を講じること，⑦雇用の促進，公共的施設の利用，情報の利用等について，国および地方公共団体が講ずべき施策に関する規定を整備するとともに，事業者に対しても所要の努力義務を設けることなどを規定した。

後述するように，同法の改正法の附則で，「障害者対策に関する新長期計画」が国の計画とみなされただけでなく，1995（平成7）年12月には，この計画の具体化を図るため「障害者プラン——ノーマライゼーション7か年戦略」が決定され，現実の障害者施策は，全般的にノーマライゼーションへと強く方向づけられていくが，ここで，こうした一連の動きの母体となっている，障害者の状況にまず注目することにする。

1　障害者の状況

a　障害とは

現在の社会では，交通機関や科学の発達にともなう不慮の事故等がふえ，多種多様な障害者が出現するようになってきたことから，あらゆる人が，いつ障害者の家族になるかわからない状況にある。他方ではまた，人々の長寿化が進

み高齢社会を迎えた今日では，晩年に介護を必要とするような障害者になる人がふえている。このような事情から，障害者の問題は，いまやすべての人々の問題になっているが，障害はどうとらえるべきであろうか。障害とは何かについては，時代により，国によって，必ずしも同一ではない。この概念を複数の国々で協同して検討したものとして評価されるのは，国連の世界保健機関（WHO）が，1980年におおやけにした国際障害分類（ICIDH）にもとづくものであろう。そこでは，障害の概念を，疾患（外傷を含む）に起因して生ずる第1次レベルのインペアメント（impairment），その帰結としての第2次レベルのディスアビリティ（disability）および第3次レベルのハンディキャップ（handicap）というように3次元にわけてとらえている。この際，インペアメントは，疾患の結果もたらされる身体面の器質的損傷または機能障害で，医療の対象である。ディスアビリティは，インペアメントにもとづいてもたらされた日常生活や学習上の種々の困難を生ずる能力低下で，教育等によっての改善・克服が期待されるものである。ハンディキャップは，インペアメントやディスアビリティによって，一般の人々との間に生ずる社会生活上の不利益であり，福祉政策等によって補うことが期待されるものである[2]。

b 障害者とは──その総数，出現率

上述の「障害者基本法」では，「『障害者』とは，身体障害，知的障害又は精神障害があるため，長期にわたり日常生活又は社会生活に相当な制限を受ける者をいう」（同法第2条）と定められており，本法でいう障害者の障害とは，身体障害，知的障害または精神障害を総称したものである。なお，同法の成立に際し決議された附帯決議で，「てんかん及び自閉症を有する者並びに難病に起因する身体又は精神上の障害を有する者であって長期にわたり生活上の支障があるもの」も障害者の範囲に含まれる。

わが国における障害者全体についてみると，その総数は，約576.0万人と推計され，この内訳は身体障害児（者）317.7万人，知的障害児（者）41.3万人，精神障害者約217万人である（表1-1）。この表にみられる障害者総数を，平成8年度における総人口を基準にしていえば，障害者の出現率は，約4.6％となる。国連による「障害者に関する世界行動計画」（1982年）の第37項では，

表1-1　障害者数（推計）[10]　　（単位：万人）

		総数	在宅者	施設入所者
身体障害児・者		317.7	301.5	16.2
	身体障害児（18歳未満）	9.0	8.2	0.8
	身体障害者（18歳以上）	308.7	293.3	15.4
知的障害児・者		41.3	29.7	11.6
	知的障害児（18歳未満）	9.6	8.6	1.1
	知的障害者（18歳以上）	30.1	19.5	10.5
	年齢不詳	1.6	1.6	0
精神障害者		約217	—	—

(注)　1　身体障害児・者の施設入所者とは，盲児施設，ろうあ児施設，肢体不自由児施設，身体障害者療護施設，重症心身障害児施設，身体障害者更生援護施設，その他の施設に入所している身体障害児・者である。
　　　2　知的障害児・者の施設入所者とは，知的障害児施設，自閉症児施設，重症心身障害児施設，国立療養所（重症心身障害児病棟），知的障害者更生施設，知的障害者授産施設の各施設に入所している知的障害児・者である。

　世界における障害者数を5億人と推計し，大部分の国で10人に1人が障害を負っている，としている。この出現率と比較すれば，わが国の場合は低いが，その理由としては，①半世紀以上にわたって戦争がなく平和であったこと，②障害発生の予防対策がとられていること，③「障害」の判別基準が厳密であるので，障害が狭義にとらえられがちであること，④障害者を障害者手帳の所持者に限っていること，⑤「障害」に対する差別や偏見が根強い国であるので，障害者という烙印を押されることを拒む傾向があること，とくに「精神障害」の分野ではその傾向があることなどがあげられる。次に「障害者基本法」における障害の分類概念にしたがって，身体障害，知的障害，精神障害のそれぞれについてみていこう。

　1）　身体障害　　1996（平成8）年の調査では18歳未満の在宅の身体障害児は，全国で8.16万人と推計されており，前回の1991（平成3）年の調査では8.

10万人であったので，600人の増加となる。障害種類別にみると，肢体不自由41,400人（50.7％），内部障害18,200人（22.3％），聴覚・言語障害16,400人（20.1％），視覚障害5,600人（6.9％）である。平成3年から平成8年までの間に増加率では聴覚・言語障害が46％，視覚障害が43％，内部障害が4％の増加で，肢体不自由は15％減少している。

18歳以上の全国の在宅の身体障害者数は，293.3万人と推計される（平成8年11月）。身体障害の種類別は，肢体不自由165.7万人（56.5％），聴覚・言語障害35.0万人（11.9％），視覚障害30.5万人（10.4％），内部障害62.1万人（21.2％）となっている。内部障害については，1967（昭和42）年8月から心臓・呼吸機能障害が，1972（昭和47）年8月から腎臓機能障害が，1984（昭和59）年10月からぼうこうまたは直腸の機能障害が，1986（昭和61）年10月から

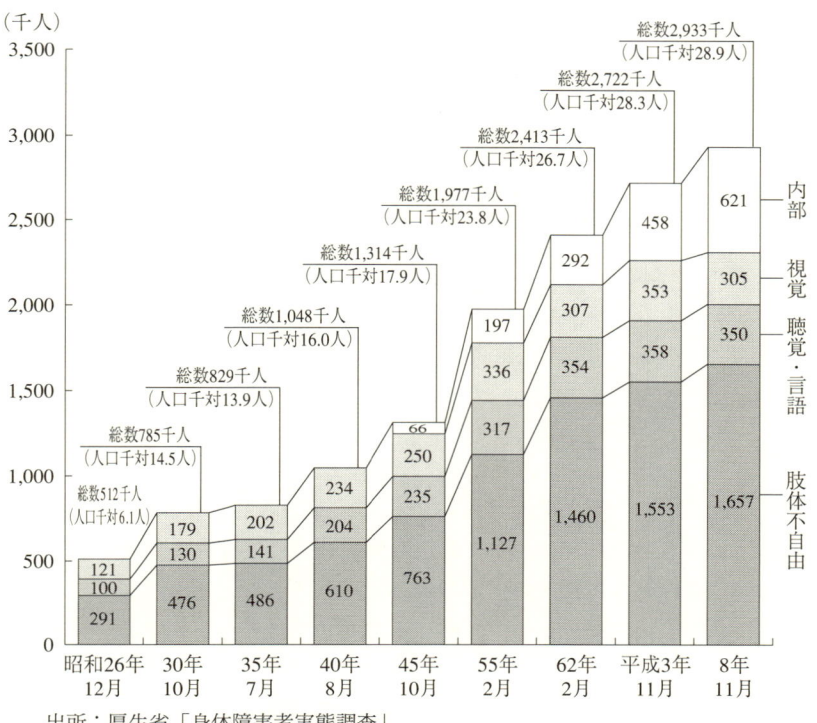

出所：厚生省「身体障害者実態調査」

図1-1　障害の種類別・身体障害者（18歳以上）の推移

表1-2 年齢階級別にみた身体障害者数[10] (単位:千人,%)

	総数	18～19歳	20～29歳	30～39歳	40～49歳	50～59歳	60～64歳	65～69歳	70歳以上	不詳
平成8年	2,933 (100%)	8 (0.3)	72 (2.5)	111 (3.8)	242 (8.3)	435 (14.8)	378 (12.9)	408 (13.9)	1,179 (40.2)	99 (3.4)
								(67.0)		
平成3年	2,722 (100%)	16 (0.6)	71 (2.6)	136 (5.0)	266 (9.8)	467 (17.2)	377 (13.9)	412 (15.1)	918 (33.7)	58 (2.1)
								(62.7)		
増加率	107.8%	50.3	102.0	81.6	91.0	93.2	100.2	99.1	128.4	171.5

(注) ( ) 内は構成比

表1-3 年齢階級別・性別にみた知的障害児(者)数(在宅者)

(単位:人,%)

	総数	男	女	不詳
総数	297,100 (100.0)	167,200 (56.3)	115,600 (38.9)	14,300 (4.8)
0～4歳	7,800	5,700	2,100	―
5～9歳	27,700	19,300	8,400	―
10～14歳	30,000	19,500	10,200	400
15～19歳	36,300	22,200	13,500	600
20～29歳	77,500	49,200	27,900	400
30～39歳	34,200	18,900	14,600	600
40～49歳	33,800	14,300	18,900	600
50～59歳	19,700	8,800	10,500	400
60歳以上	13,700	6,600	6,800	200
不詳	16,200	2,500	2,500	11,100

資料:厚生省「知的障害児(者)基礎調査」(平成7年)

小腸機能障害が,それぞれ身体障害の範囲に取り入れられた。図1-1における身体障害者数の増加理由としては,高齢化によって障害が新たに生じたこと,障害の認定範囲に「内部障害」が登場してきたことなどがあげられる。年齢階級別身体障害者数の構成比は,70歳以上が40.2%でもっとも多いことと,60歳以上の高齢者が前回よりもふえて67.0%も占めていることなどにも高齢化によるものが看取される(表1-2)。知的障害者の場合は,こうした傾向は認められない(表1-3)。

表1-4　精神障害者（知的障害を除く）の現状　　（単位：万人）

総　　数	精神病院入院	社会復帰施設入所 グループホーム利用	在　　宅
217	34	0.8	182
		（内　通院公費負担医療患者数　48）	

資料：平成8年患者調査，厚生省報告例等

2)　**知的障害**　1995（平成7）年9月1日に厚生省が実施した「知的障害児（者）基礎調査」では，在宅の知的障害児（者）は29.7万人と推計され，調査日現在で全国の知的障害児施設等に入所中の知的障害児（者）11.6万人を加えて，総数41.3万人と推計している（表1-1）。在宅の知的障害児（者）の障害の程度別数は表5-2（5章参照）のとおりである。表1-3は，在宅の知的障害児（者）の年齢階級別数である。同表での在宅者総数の内訳は男16.72万人（56.3%），女11.56万人（38.9%），不詳1.43万人（4.8%）で男性の在宅者数が多く，60歳以上の在宅者数は，身体障害者の場合と異なり少ない。

3)　**精神障害**　1996（平成8）年，厚生省による患者調査等で，全国の精神障害者総数は，約217万人と推計されている。その内訳は，精神病院に入院している者34万人，在宅で生活している者182万人，社会復帰施設やグループホームを利用している者8,000人となっている（表1-4）。入院患者については，主な入院形態は，①自傷他害のおそれがあるため，知事の権限で医療および保護のため入院させる措置入院（1.7%），②保護者等の同意により行われる医療保護入院（30.0%），③本人自らの意志で行う任意入院（65.9%）の3種類である。患者の人権にもっとも配慮の必要な措置入院患者数は年々減少し，入院患者数全体の2%足らずである。

　精神病院の入院患者の在院期間は，20年以上が16.5%，10～20年が16.9%，5～10年が14.9%となっている。この際，10年以上の長期在院患者が3割以上となっていることは注目されてよい。また，精神病院の入院患者の年齢構成は，70歳以上が18.4%，60～69歳が21.1%，50～59歳が24.4%，40～49歳が21.5%，30～39歳が9.2%，29歳以下が5.4%となっており，60歳以上の高齢者が多い。

　精神障害者の精神疾患を種類別にみると，「精神分裂病，分裂病型障害及び妄想性障害」が，精神疾患全体のうちで27.3%を占めもっとも多い。その次に

は「神経症性障害，ストレス関連障害及び身体表現性障害」24.9％，「気分（感情）障害（躁うつ病を含む）」22.3％，「てんかん」16.7％があげられる。

2　障害者の福祉

今日のわが国における障害者福祉の考え方の基盤となるものは，「障害者対策に関する新長期計画」とこれの具体化を図るための重点実施計画として策定された「障害者プラン」である。そこでまず，新長期計画と障害者プランについて述べ，それに次いで，現実の障害児（者）福祉に言及していくことにする。

a　障害者対策に関する新長期計画

この計画では，ライフステージのすべての段階において全人間的復権を目指す「リハビリテーション」の理念と，障害者が障害のない者と対等に生活する社会の実現を目指す「ノーマライゼーション」の理念のもとに，次の5つの基本的考え方を柱にして施策の推進が図られている。

第1は「障害者の主体性，自立性の確立」であり，ひとりの人間として障害者自身が主体性，自立性を確保して，社会活動へ積極的に参加していくとともに，その能力を発揮できるような施策の推進に努めることである。

第2は「全ての人の参加による全ての人のための平等な社会づくり」である。障害者の周辺の社会環境においては，交通機関や建築物等における「物理的な障壁」，資格制限等による「制度的な障壁」，点字や手話サービスの欠如等による「文化・情報面の障壁」，障害者を庇護されるべき存在としてとらえる等の「意識上の障壁」がある。これらの障壁を除外して，障害者が多様な社会活動を自由にできるような平等な社会づくりを目指すことである。この新長期計画の副題になっている「全員参加の社会づくりをめざして」の努力は，重視されなくてはならない。というのは，障害者が住みよい，障害者のための社会をつくっていくことは，とりも直さず，すべての人が住みよい，すべての人のための社会をつくっていくことにもなるからである。

第3は「障害の重度化・重複化及び障害者の高齢化への対応」である。障害が重かったり，重複している障害者の割合は，増加する傾向にあるだけでなく，

人口構造の高齢化にともない障害者の高齢化が進んでいるからである。

第4は「施策の連携」である。障害者対策と高齢者対策は，在宅福祉サービスの提供等の場合には重複することが多いからである。また，障害者への対策は，福祉，保健医療，教育，雇用，生活環境等幅広い分野にわたるため，関連する分野相互間で施策の連携を図ることが必要だからである。

第5は「『アジア太平洋障害者の10年（1993～2002年）』への対応」である。わが国がリハビリテーション技術，指導技術者の養成等で培ってきた経験，技術等をアジア太平洋地域に提供するなどして，この地域の障害者問題にかかわる国際協力において主導的な役割を果たすように努める。

b　障害者プランの背景

障害者プランは，1995（平成7）年12月に上述の新長期計画の重点施策実施計画として，数値目標を設定するなど具体的な施策目標を明記して「障害者プラン――ノーマライゼーション7か年戦略」として決定された。そして上述の新長期計画，障害者プラン等の新しい枠組みのもとで総合的な障害者施策の推進を図り，障害者の自立と社会参加をいっそう促進することを課題としていた。このプランが策定された背景には，1989（平成元）年12月に「高齢者保健福祉推進10か年戦略（ゴールドプラン）」が策定され，1994（平成6）年12月にはこの戦略が見直されて新ゴールドプランとして高齢者保健福祉施策の推進が図られていたことに加えて，出生率の低下・少子化に対する対策として平成6年12月に「今後の子育て支援のための基本的方向について（エンゼルプラン）」が策定されていた，という事情がある。かようにして，高齢者，児童，障害者の福祉3分野のうち，高齢者・児童の2分野では具体的な数値目標を掲げたプランがすでに策定されていたが，障害者の分野のみ取り残されていたため，障害者プランの早期策定が課題であった。そのような背景から，障害者プランは，平成7年に障害者が地域で自立した生活を送る生活の基盤となる住まいとしてのグループホーム・福祉ホーム等の整備，ホームヘルパーの確保等の在宅介護サービスの充実，遅れていた精神障害者の社会復帰施策の促進，障害者の生活環境面に配慮した歩道や駅のバリアフリー化の促進などについて，数値目標等の具体的な目標を掲げて比較的容易に策定されたのである。

C　障害者プランの骨格

障害者プランは,「障害者対策に関する新長期計画」(計画期間は平成5年度〜14年度)の具体化を推進するための重点施策実施計画として,新長期計画の最終年次に合わせ,平成8年度〜14年度の7カ年計画で,新長期計画が掲げるリハビリテーションとノーマライゼーションの理念を踏まえつつ,次の7つの視点から施策の重点的な実施を図ることとしている[8]。

1)　地域で共に生活するために　ノーマライゼーションの理念の実現に向けて,障害のある人々が社会の構成員として地域の中で共に生活が送れるように,ライフステージの各段階で,住まいや働く場ないし活動の場や必要な保健福祉サービスが的確に提供される体制を確立する。

2)　社会的自立を促進するために　障害者の社会的な自立に向けた基盤づくりとして,障害の特性に応じたきめ細かい教育体制を確保するとともに,教育・福祉・雇用等の各分野との連携により障害者がその適性と能力に応じて,可能な限り雇用の場に就き,職業を通じて社会参加ができるような施策を展開する。

3)　バリアフリー化を促進するために　障害者の活動の場を拡げ,自由な社会参加が可能となる社会にしていくため,さまざまな政策手段を組み合わせ,道路,駅,建物等の生活環境面での物理的な障壁の除去に積極的に取り組む。

4)　生活の質(QOL)の向上を目指して　障害者のコミュニケーション,文化,スポーツ,レクリエーション活動等自己表現や社会参加に通じた生活の質の向上を図るため,先端技術を活用しつつ,実用的な福祉用具や情報処理機器の開発・普及を進めるとともに,余暇活動を楽しむことのできるようなソフト・ハード面の条件整備等を推進する。

5)　安全な暮らしを確保するために　災害弱者といわれる障害者を,地震,火災,水害,土砂災害等の災害や犯罪から守るため,地域の防犯・防災ネットワークや緊急通報システムの構築を急ぐとともに,災害を防ぐための基盤づくりを推進する。

6)　心のバリアを取り除くために　子どもの頃から障害者との交流の機会を拡げ,ボランティア活動等を通じて障害者との交流等を進めるとともに,さまざまな行事・メディアを通じて啓発・広報を積極的に展開することにより,障

害および障害者について人々の理解を深める。また，障害者に対する差別や偏見を助長するような用語，資格制度における欠格条項の扱いの見直しを行う。

7) わが国にふさわしい国際協力・国際交流を　「アジア太平洋障害者の10年」の期間中であり，わが国の障害者施策で集積されたノウハウの移転や障害者施策推進のための経済的支援を行うとともに，各国の障害者や障害者福祉従事者との交流を深める。

上述の「障害者対策に関する新長期計画」および「障害者プラン」は，わが国の障害者福祉の進むべき方向づけをしたものとして評価されるが，そこにはなお，障害者対策推進本部（平成8年1月からは障害者施策推進本部）の策定による国の障害者基本計画が，実施主体である地方自治体のそれとどこまで一体化して実施されていくか，という課題が残されていた。

d　障害者福祉制度

わが国の障害者福祉に関する法律には，医療，教育，雇用，所得，福祉等に及ぶ法律があるが，現実の障害者福祉サービスにかかわる代表的なものは，①児童福祉法，②身体障害者福祉法，③知的障害者福祉法，④精神保健及び精神障害者福祉に関する法律（精神保健福祉法）である。これら4つの法律の枠組みはおよそ表1-5のようにまとめられる。

1) 身体障害児・知的障害児の福祉　戦後，悲惨な状況におかれていた児童を保護し，次代の社会の担い手を健全に育成することが急務とされ，児童福祉法は，障害児も含めて18歳未満のすべての児童を対象にして，早くも1947（昭和22）年に制定された。同法により，児童相談所および肢体不自由児施設，盲聾唖児施設等が設置され，肢体不自由，視・聴覚障害等の身体障害児に対して保護・指導の措置がとられることになり，さらに1949（昭和24）年には，満18歳以上の身体障害者の更生を援護する目的で身体障害者福祉法が制定された。児童福祉法は，その後，障害の種類に応じた施設の細分化，車いす等の補装具の交付，育成医療の給付等，数々の施策が行われるように改正されていった。また，児童福祉法の制定により，児童相談所と知的障害児施設等が設置され，知的障害児に対する保護・指導の措置がとられることになった。しかし，同法の対象が満18歳未満児を対象としていたため，昭和30年代になると年齢超過者

表1-5 障害者福祉に関する4つの法律の枠組み[6]

法名称・略称	児童福祉法	身体障害者福祉法	知的障害者福祉法	精神保健福祉法
制定年	1947(昭和22)年	1949(昭和24)年	1960(昭和35)年	1950年 精神衛生法 1987年 精神保健法 1995(平成7)年 現行名称
目的	心身ともに健やかに育成する	自立と社会経済活動への参加を促進するため、援助し、必要に応じて保護する	自立と社会経済活動への参加を促進するため、援助し、必要な保護を行う	国民の精神保健の向上、精神障害者の医療と保護、社会復帰の促進、自立と社会経済活動への参加の促進のために必要な援助を行う
対象	17歳以下の児童	18歳以上の身体障害者	18歳以上の知的障害者	精神障害者(年齢を問わない)
障害者(児)の定義	特にない	法別表の身体障害をもち都道府県知事から身体障害者手帳の交付を受けた者	特にない	精神分裂病、中毒性精神病、知的障害、精神病質その他精神疾患をもつ者
実施機関 (◎=中心機関)	◎児童相談所 福祉事務所 保健所 市町村	◎市町村 福祉事務所 身体障害者更生相談所	◎福祉事務所 知的障害者更生相談所 市町村	◎保健所 精神保健福祉センター 市町村
専門行政職員	児童福祉司	身体障害者福祉司	知的障害者福祉司	精神保健福祉相談員
民間の相談員	児童委員	身体障害者相談員	知的障害者相談員	特になし
手帳制度	身体障害者手帳、療育手帳の制度を利用	身体障害者手帳	療育手帳(法律ではなく通知で実施)	精神障害者保健福祉手帳
審議会	児童福祉審議会(国/都道府県は必置、市町村は任意)	身体障害者福祉審議会(国に必置、その他は規定なし)	規定なし	地方精神保健福祉審議会(都道府県に必置、その他規定なし)

がふえてきたことから、児童から成人に至るまでの知的障害者に関する援護事業の整備を目的として、1960(昭和35)年に知的障害者福祉法が制定された。さらに、1967(昭和42)年には重度の身体障害に加えて重度の知的障害を併せもつ、重症心身障害児についても、児童福祉法の改正により、その施設の法制化が図られた。また、重度の障害者については児童福祉施設において20歳を超えても引き続き在所できるように改められるとともに、身体障害者更生援護施

設にあっても成人知的障害者施設にあっても，児童である15歳からでもこれらの施設へ入所できることになった．

　このようにして進められてきた身体障害児（者）福祉対策，知的障害児（者）福祉対策は，とかく施設施策が中心であったが，昭和40年代からは障害児を養育する家庭に対する在宅施策の重要性が認識されるようになり，とくに近年は家庭に対する福祉施策が数多く進められてきている．今日では，身体障害児・知的障害児に対する福祉施策は，①障害の予防，早期発見，早期療育施策，②在宅福祉施策，③施設施策の3分野から，所得保障や教育等にきめ細かい配慮をして総合的に推進されている．

　2) 身体障害者福祉　身体障害者福祉法では，身体障害者の自立と社会参加の機会の確保を理念として，これの実現のために身体障害者本人の努力はもちろん，国および地方公共団体も援助する．そのために身体障害者に対して各種の相談に応じたり，必要な指導を行うほか，更生医療の給付，日常生活上の便宜を図るための用具の交付，さらに更生に必要な訓練や治療を行うために身体障害者更生援護施設への入所などの措置を講じたりしている．

　身体障害者の分野では，ノーマライゼーションの実現に結びつく在宅福祉サービスが進んでおり，かつては施設施策の対象とみなされていた重度身体障害者に対しても，①日常生活用具給付制度，②家庭等へホームヘルパーを派遣する在宅介護事業，③身体障害者自立支援事業を行っている．その他，身体障害者全体の社会参加にかかわる施策として，①市町村障害者社会参加促進事業，②「障害者の明るいくらし」事業，③都道府県身体障害者社会参加促進センター運営事業，④市町村障害者生活支援事業，⑤障害者や高齢者にやさしいまちづくり推進事業，⑥身体障害者デイサービス事業，⑦在宅重度障害者通所援護事業等が行われている．

　3) 知的障害者福祉　18歳以上の知的障害者に対しては，知的障害者福祉法にもとづき知的障害者援護施設として更生，授産，通勤寮，福祉ホームの4種類の施設が設けられている．知的障害者更生施設は，知的障害者を入所させ保護するとともに更生に必要な訓練を行う施設である．知的障害者授産施設は，知的障害者のうち雇用されることの困難な者を入所させ自活に必要な訓練を行うとともに，職業を与えて自活させることを目的とする施設である．

知的障害者のうちには施設外での社会生活への適応が難しいために，就職できても再び施設にもどってくる者がいる。そのような状態が続くと施設外の人々との対人関係の向上はなくなる。そこで施設と社会との中間になる施設をつくって段階的に社会復帰を図らせる必要が生じ，昭和46年度から知的障害児施設，知的障害者更生施設等を退所した，または養護学校等を卒業して就職した知的障害者を職場へ通勤させながら，一定期間入所させて自立に必要な指導を行うために設置されたのが知的障害者通勤寮である。さらに昭和54年度からは就労している知的障害者で住居を求めている者を対象に社会参加の推進を図るために知的障害者福祉ホーム（1ホーム約10人）が設置されている。

4) 精神障害者福祉　精神障害者は，「精神保健及び精神障害者福祉に関する法律」第5条で，「統合失調症，中毒性精神病，知的障害，精神病質その他の精神疾患を有する者」と定義されている。第2次世界大戦後の精神障害者対策は，1950（昭和25）年の「精神衛生法」の制定からで，同法によって都道府県に精神病院の設置を義務づけ，精神障害者の医療・保護とその発生予防を目的とした精神保健対策が開始され，戦前から行われてきた私宅監置は廃止された。1965（昭和40）年には法改正を行って通院医療を重視する考えから通院医療費の公費負担制度の創設，都道府県への精神衛生センター（現在の精神保健福祉センター）の新設等が行われた。1987（昭和62）年には精神障害者の人権に配慮した適正な医療の確保や精神障害者の社会復帰の促進等を盛り込んで精神衛生法が「精神保健法」に改正された。1993（平成5）年には改正された障害者基本法に精神障害者が明確に位置づけられるとともに，国・都道府県および市町村は，精神障害者を含めて障害者計画の施策の総合的推進を図ることになった。1995（平成7）年には「精神保健」の立場からは，精神障害者を「精神疾患を有する者」と医学的にとらえて，精神障害の予防，治療，リハビリテーションを必要とするものとした。また，「精神障害者福祉」の立場からは，精神障害者を「精神障害により長期にわたり日常生活又は社会生活に相当の制限を有する者」で自立と社会参加の援助を行う必要があるものとした。これらの関係を整理して，「精神保健法」から「精神保健及び精神障害者福祉に関する法律」が成立したのである。その際，「精神障害者の自立と社会参加の促進のための援助」という福祉の要素が位置づけられた。そして，精神障害者社会

表1-6　障害種別福祉施設一覧[9]

対象障害 施設	身体障害者 (18歳以上)	身体障害児, 知的障害児	知的障害者 (18歳以上)	精神障害者
	身体障害者更生援護施設	児童福祉施設	知的障害者援護施設	精神障害者社会復帰施設
更生・訓練・治療・養育施設	肢体不自由者更生施設 視覚障害者更生施設 聴覚・言語障害者更生施設 内部障害者更生施設 重度身体障害者更生援護施設	知的障害児施設 自閉症児施設 知的障害児通園施設 盲児施設 ろうあ児施設 難聴幼児通園施設 肢体不自由児施設 肢体不自由児通園施設 肢体不自由児療護施設	知的障害者更生施設（入所及び通所）	精神障害者生活訓練施設（援護寮） 精神障害者ショートステイ施設（援護寮に併設） 精神障害者通所機能付援護寮
生活施設	身体障害者療護施設	重症心身障害児施設		
作業施設	身体障害者授産施設 重度身体障害者授産施設 身体障害者通所授産施設 身体障害者福祉工場		知的障害者授産施設（入所及び通所） 知的障害者福祉工場	精神障害者授産施設（入所及び通所） 精神障害者福祉工場
地域利用施設	身体障害者福祉センター（A型, B型） 身体障害者デイサービスセンター 障害者更生センター 補装具製作施設 点字図書館, 点字出版施設 聴覚障害者情報提供施設		知的障害者デイサービスセンター	
福祉ホーム等	身体障害者福祉ホーム	―	知的障害者福祉ホーム 知的障害者通勤寮	精神障害者福祉ホーム

復帰施設は，精神障害者生活訓練施設（援護寮），精神障害者授産施設，精神障害者福祉ホーム，精神障害者福祉工場の4類型に整理された．

　精神障害者施策については，「精神病院から社会復帰へ」「社会復帰施設から地域社会へ」という大きい流れの中で，障害者基本法や精神保健福祉法が成立

したことで，制度的枠組みは一応整備されたが，精神障害者に対する福祉対策は緒に就いたばかりで，精神病院の中で多数の精神障害者が入院生活を余儀なくされているなど残された課題は大きい。

5) **障害種別福祉施設**　　上述の1)〜4)で言及してきた施設と重複するところもあるが，障害種別福祉施設は表1-6のような一覧表にまとめられる。それは，大まかには，①主としてリハビリテーションや職業訓練を行う更生・訓練・治療・養育施設，②在宅生活が困難な重度障害者に介護を提供するなどして生活を支援する生活施設，③雇用困難な障害者が入所または通所によって就業の機会を得る作業施設，④施設が備えている機能を地域で生活している障害者が利用する地域利用施設，⑤10人規模のもので，社会的自立が困難な障害者を対象に社会参加の支援を図る福祉ホーム等に分類できる。

6) **支援費制度**　　障害者福祉サービスの提供において，厚生労働省は，ノーマライゼーションの理念の具体化を図るため，行政がサービスの受け手を特定し，サービス内容を特定する「措置制度」から，新たな仕組みである「支援費制度」に2003（平成15）年4月から移行することを決めている。支援費制度は，障害者の自己決定を尊重し，利用者本位のサービスの提供を基本に，事業者等との対等な関係において，障害者自らがサービスを選択し，契約によってサービスを利用する仕組みである。支援費制度は，平成12年の社会福祉法の改正と同時に，その基本部分は，身体障害者福祉法，知的障害者福祉法，児童福祉法が改正される中で法定化されている。なお，やむを得ない事情で支援費制度の利用が困難な場合には，市町村が「措置」により，障害者福祉サービスの提供や施設への入所を決定することもできる。

3　障害者の教育

a　就学基準の改正

社会のノーマライゼーションの進展等を踏まえて，従来の学校教育法施行令は，平成14年4月24日付けの政令第163号において，その一部が改正された。改正の趣旨と内容は，障害のある児童生徒一人一人の特別な教育ニーズに応じた適切な教育が行われることを目指したもので，それは，次の3点である。

表1-7 心身の故障の程度（就学基準）

区分	程度
盲者	両眼の視力がおおむね0.3未満又は視力以外の視機能障害が高度なもののうち，拡大鏡等の使用によっても通常の文字，図形等の視覚による認識が不可能又は著しく困難な程度のもの
聾者	両耳の聴力レベルがおおむね60デシベル以上のもののうち，補聴器等の使用によっても通常の話声を解することが不可能又は著しく困難な程度のもの
知的障害者	1 知的発達の遅滞があり，他人との意思疎通が困難で日常生活を営むのに頻繁に援助を必要とする程度のもの 2 知的発達の遅滞の程度が前号に掲げる程度に達しないもののうち，社会生活への適応が著しく困難なもの
肢体不自由者	1 肢体不自由の状態が補装具の使用によっても歩行，筆記等日常生活における基本的な動作が不可能又は困難な程度のもの 2 肢体不自由の状態が前号に掲げる程度に達しないもののうち，常時の医学的観察指導を必要とする程度のもの
病弱者	1 慢性の呼吸器系疾患，腎臓疾患及び神経疾患，悪性新生物その他の疾患の状態が継続して医療又は生活規制を必要とする程度のもの 2 身体虚弱の状態が継続して生活規制を必要とする程度のもの

備考） 1 視力の測定は，万国式試視力表によるものとし，屈折異常があるものについては，矯正視力によって測定する。
2 聴力の測定は，日本工業規格によるオージオメータによる。

1）医学・科学技術の進歩等に基づいて，教育学，医学の観点から盲・聾・養護学校に就学すべき児童生徒の障害の程度（就学基準）を改正したこと。2）就学基準に該当する児童生徒について，その障害の状態からみて，就学に係る諸事情を踏まえて，小・中学校において適切な教育を受けることができる特別な事情があると市町村の教育委員会が認める，いわゆる「認定就学者」の場合は，小・中学校への就学を可能とするように就学手続を弾力化したこと。3）障害のある児童生徒の就学に当たり，市町村の教育委員会は専門家の意見を聴くものとしたこと。

　医学や科学技術の進歩等を踏まえて，見直された就学基準（学校教育法施行令（以下「施行令」）第22条の3関係）は，表1-7に示す通りである。この基準は，盲者，聾者，知的障害者，肢体不自由者及び病弱者の障害種ごとに規定されている。

b　就学手続の見直し

　従来の就学手続では，就学基準に該当する児童生徒は，盲・聾・養護学校に

就学することになっていたが，就学基準が改正された今日では，障害の状態が，就学基準に該当する児童生徒でも，市町村教育委員会が，学校の施設設備の整備状況などから，当該児童生徒を認定就学者と判断すると，小・中学校に就学させることになる。

　就学手続には，就学予定者の場合でいえば，①市町村の教育委員会は，毎年翌学年の初めから5か月前（10月31日）までに，10月1日現在で当該市町村に住所を有する翌学年就学予定者について，学齢簿を作成することから始まる。②市町村の教育委員会は学齢簿の作成後11月30日までに，就学予定者の健康診断を行う（学校保健法施行令第1集，施行令第22条の3）。③就学予定者が就学基準に該当する程度の障害のある児童生徒である場合は，市町村の教育委員会は，都道府県の教育委員会に盲・聾・養護学校へ就学させるべき旨を翌学年の初めから3か月前（12月31日）までに通知する。ただし，認定就学者については，この限りではない（施行令第11条第1項）。④市町村の教育委員会は，都道府県の教育委員会に学齢簿の謄本を送付する（施行令第11条第2項）。⑤都道府県の教育委員会は，保護者に盲・聾・養護学校への入学期日等を翌学年の初めから2か月前（1月31日）までに通知する（施行令第14条第1項）。⑥就学予定者が，盲・聾・養護学校への就学基準に該当しない盲者等以外の者の場合，又は，市町村の教育委員会が認定就学者と判断した場合は，市町村の教育委員会は，保護者に小・中学校の入学期日等を翌学年の初めから2か月前（1月31日）までに通知する（施行令第5条第1項），といった就学手続の流れがある。

　今回の改正で，就学手続で留意すべき点は，就学基準に該当する認定就学者が小・中学校に就学することになったことである。そのことは，盲・聾・養護学校の在学者が，障害の状態の改善によって認定就学者と判断された場合は，小・中学校への転学の手続へと連動することにもなる。

C　障害児（者）の教育制度

1）**特殊教育の対象児**　　特殊教育，いわゆる障害児教育は，障害児がその可能性を最大限に伸ばし，もっている力を十分発揮することができるよう，特別な配慮のもとに手厚く，きめ細かく指導する教育のことである。この教育は，

盲学校・聾学校・養護学校の教育並びに小学校・中学校の特殊学級の教育および通級による指導または通常の学級で留意した指導で行われている。盲学校・聾学校・養護学校にはほとんどの学校に小学部と中学部が設けられており，幼稚部や高等部を置く学校もある。障害が重くて通学できない児童生徒に対しては，教師が家庭，施設，病院などに出向いて指導する訪問教育を行っている。通級による指導とは，児童生徒は小・中学校の通常の学校に在籍していて，ほとんどの授業を通常の学級で受けながら，障害の状態の改善・克服を目的とした指導などを特別の指導の場で受ける教育形態で，主として，言語障害，情緒障害，弱視，難聴などの児童生徒が対象になっている。

養護学校は，さらに知的障害，肢体不自由，病弱の3障害種別養護学校に，また，特殊学級は，弱視，難聴，知的障害，肢体不自由，病弱，情緒障害，言語障害の7障害種別特殊学級に，それぞれ大別される。2000（平成12）年5月1日現在，国，公，私立の盲・聾・養護学校は，盲学校71校，聾学校107校，養護学校814校（知的障害523校，肢体不自由196校，病弱95校）で合計992校，これらの学校に在学する幼児児童生徒数は幼稚部1,636人，小学部28,503人，中学部20,689人，高等部39,276人で合計90,104人であるが，このうち義務教育段階の盲・聾・養護学校に在学する児童生徒数は49,192人である。また全国の約5割の小学校と中学校に設置されている特殊学級の在籍者は72,921人である。このほか，通級による指導を受けている児童数は小学校で26,718人，生徒数は中学校で829人，小・中学校の在籍者の合計は27,542人である。以上のうち，義務教育段階で特殊教育を受けている者の合計は149,655人で，これは全学齢児童生徒数の約1.3%に当たる。なお，障害による就学猶予・免除者数は，140人となっている。

その他，養護学校教育の義務制実施以降，とくに重複障害の児童生徒の在学率の増加がみられ，2000（平成12）年5月1日現在，特殊教育諸学校幼稚部，小・中学部，高等部の全学級のうちの12,006学級47.6%が重複障害学級である。また，幼稚部から高等部までの全幼児児童生徒数中に占める重複障害児童生徒数は，31,738人でその在籍率は35.2%に達している。

2）**児童生徒1人当たりの教育費**　1996（平成8）年度の特殊教育諸学校の児童生徒1人当たりの教育費は，約953.5万円であるので，これを小学校の児

童1人当たりの教育費約84.4万円，中学校の生徒1人当たりの教育費約91.8万円とそれぞれ比べると，小学校児童1人の約11.3倍，中学校生徒1人の約10.4倍という教育費がかかっている[5]。それは，特殊教育諸学校では施設・設備等補助，就学奨励費，学級編制及び教職員定数等において，特別に手厚い配慮がされているからである。

3) 施設・設備等の補助

(1) 施設についてみると，公立小・中学校の特殊学級校舎の新築・増築，公立盲・聾学校の小・中学部の校舎，屋内運動場および寄宿舎の新築・増築に関しては「義務教育諸学校施設費国庫負担法」により，また，公立養護学校小・中学部の校舎，屋内運動場および寄宿舎については，「公立養護学校整備特別措置法」により，それぞれ国が2分の1を負担している。なお，公立特殊教育諸学校の幼稚部・高等部の校舎，屋内運動場（高等部のみ）および寄宿舎についても，毎年度予算の範囲内で，その経費の一部を国が補助している。

(2) 設備については，特殊教育諸学校および特殊学級において各障害に適した教育の実施に必要な設備の充実のため，盲学校における点字教材製作設備，聾学校における集団補聴設備，養護学校設備，病弱・肢体不自由養護学校の閉回路テレビ設備，盲学校・聾学校・養護学校における自立活動設備，寄宿舎設備，スクールバス購入，さらに特殊学級設備等に関して，予算の範囲内で，必要な経費の一部を国が補助している。

(3) 教材費については，国は，教材の充足，更新を図るために，教材基準に掲げられた品目，数量を標準として，盲・聾学校の小・中学部では「義務教育費国庫負担法」に，また，養護学校の場合は「公立養護学校整備特別措置法」に，それぞれもとづいて，教材に要する経費の2分の1を負担している。

特殊学級にかかわる教材費の国庫負担には，小・中学校の学級としての教材費のほか，特殊学級として特別に必要な教材（品目は，特殊教育諸学校の教材基準を準用）費が加算されている。

(4) 特殊教育就学奨励費　特殊教育諸学校は，小・中学校にくらべて，数が少ないこともあって，就学している児童生徒は，しばしば，遠距離から通学したり，学校付設の寄宿舎に居住したりしている。そのため，通学費や帰省費，寄宿舎の生活費などがかかり，保護者の経済的負担が重くなる。そこで，その

ような負担を軽減して，障害児の特殊教育諸学校や特殊学級への就学を容易にするために，保護者に対して，その負担能力に応じて，特殊教育就学奨励費が支給されている。その支給は，①交通費，②学用品購入費，③学校給食費，④修学旅行費，⑤寄宿舎居住にともなう経費（寝具・日用品購入費，食費）等に及んでいる。就学奨励費は，現行の「盲学校，聾学校及び養護学校への就学奨励に関する法律」が1954（昭和29）年に制定されたことに端を発している。

(5) 学級編制　公立盲・聾・養護学校および公立小・中学校の特殊学級にあっては，児童生徒の障害の状態や能力・特性等が多様であるため，少人数で学級が編制されている。学級編制の標準は，小・中学校の特殊学級について1学級の児童または生徒の数は8人，盲・聾・養護学校小・中学部の場合は6人（学校教育法施行令第22条の3に定める程度の心身の故障を2つ以上併せ有する児童生徒で編制する，重複障害学級にあっては3人）である。同高等部の場合は，1学級の生徒数8人が，また，重複障害学級では小・中学部と同じく生徒数3人が，それぞれ標準である。なお，盲・聾・養護学校小・中学部および小・中学校特殊学級の1学級当たりの平均人数は3人である（平成10年5月1日現在)[5]。

(6) 盲・聾・養護学校の学校教職員数　2000（平成12）年5月1日現在，992の盲・聾・養護学校の在籍者総数は90,104人で，本務教員数57,574人，本務職員数16,339人（うち寮母5,032人）が勤務している。教員1人当たりの幼児児童生徒数は約1.6人となる。

4）当面の課題　わが国の課題は，21世紀の特殊教育の在り方に関する調査研究協力者会議が2001（平成13）年に公表した「21世紀の特殊教育の在り方について」（最終報告）を踏まえていえば，次のようになる。

①ノーマライゼーションの理念の実現に向け，障害のある児童生徒等の自立と社会参加を支援する。②就学事務が国から地方の自治事務に代わり，就学事務は教育委員会の判断と責任で行うことになったことを機に就学指導の在り方を医学・科学技術の進歩等を考慮して教育的観点等から見直す。③特別支援教育を必要とする学習障害児，注意欠陥・多動性児等の教育に積極的に対応する。④特殊教育教諭免許状の保有率の向上に加えて，障害の重度・重複化等に対して，障害種別を超えて教育的対応ができるゼネラリストの教員養成を図る。

■引用・参考文献
1）石部元雄・伊藤隆二・中野善達・水野悌一（編）　ハンディキャップ教育・福祉事典Ⅰ・Ⅱ巻　福村出版　1994
2）厚生省大臣官房統計情報部（編）　WHO国際障害分類試案（仮訳）　1985
3）文部科学省初中局特別支援教育課　特殊教育資料（平成12年度）　2001
4）文部科学省初中局特別支援教育課（編）　特別支援教育，No.1　2001
5）文部省　生きる力をはぐくむために　大蔵省印刷局　1999
6）佐藤久夫　障害者の定義と障害者福祉の法とサービス体系　定藤丈弘他（編）　現代の障害者福祉　有斐閣　1996，p.38
7）総理府（編）　平成7年版障害者白書　大蔵省印刷局　1996，pp.3-4
8）総理府（編）　平成8年版障害者白書　大蔵省印刷局　1997，pp.7-15
9）総理府（編）　平成10年版障害者白書　大蔵省印刷局　2000
10）総理府（編）　平成12年版障害者白書　財務省印刷局　2001

2章　障害教育・福祉のあゆみ

1　欧米の障害教育・福祉事情

a　障害教育・福祉成立の背景

1）社会的背景　生産力の低い原始・古代社会においては，多くの障害児（者）の遺棄・殺害が行われたようである。生産力が向上し，キリスト教が普及すると家族や地域内の相互扶助という形で保護・救済が行われるようになる。相互扶助からもれた者に対しては，教会や修道院が対応した。封建社会が確立すると，封建的支配の代償として国王・領主による保護・救済も行われるようになった。

中世末期になると，資本主義の成立，封建社会の崩壊によって地域共同体が解体し，相互扶助の機能が弱まった。宗教改革の広がりにともない，これまで相互扶助からもれた者を保護・救済してきた修道院なども閉鎖された。一方，この頃は，土地を追われた失業者が大量に出現する時期でもある。こうして，従来の保護・救済の場を失った人々と働く場を失った人々が都市に流入して浮浪乞食化し，社会不安をもたらすようになった。

このような事態に対して，国家や都市が「救貧」といわれる貧民対策にのり出すようになる。この対策は，社会不安の除去と秩序維持，救貧費削減を主眼としたため，労働能力の有無によって貧民を区別し，労働能力のある貧民には厳しい対応をとり，労働能力のない貧民は施設において保護した。施設は前者の貧民が入所を敬遠するように悲惨な環境下におかれていたが，障害者は労働能力のない貧民としてここに収容された。

18世紀に普及した啓蒙・博愛思想は，人間の自由・平等の立場からこれらの状況を批判し，貧困からの解放の手段として子どもや障害児（者）の教育や訓練に着目するようになる。

2）障害児（者）観の変化と教育可能性の発見　救済や保護が行われたといっ

ても，中世までの障害児（者）は無能あるいは有害とみなされ，差別，蔑視，嘲笑の対象であった。人々が宗教的信条や迷信・偏見に支配されていたからである。しかし，宗教改革やルネッサンス，科学の発達により新しい障害者観が出現する。

　16世紀の初め，モア（More, T.）は『ユートピア』において，障害者を笑うことは笑う人自身の恥辱であり，不名誉であるとする見方を示している。

　15～16世紀頃から，生理学の発達によって聾唖児の教育可能性が認識されはじめる。アリストテレス以来，聾唖者には理性がないと信じられていたが，アグリコラ（Agricola, R.）やカルダーノ（Cardano, G.）らは，ひとつの感覚を失っても他の感覚により補うことができるので，読み書きによって聾児の教育が可能であることを主張した。17～18世紀には，ロック（Lock, J.）やコンディヤック（Condillac, E. B.）らによって，人間の心は本来白紙のようなもので，認識は感覚をとおした経験により成立するという経験主義の思想が成立した。これは環境からの働きかけによる教育の可能性を強調しており，他の感覚や既有の感覚をとおした障害児教育の可能性を理論づけた。この思想を受けて，ディドロ（Diderot, D.）は盲人の思考過程を分析し，盲教育の可能性を主張した。ここで主張されている聾児や盲児の教育可能性は，16世紀以降レオン（de León, P.）やペレール（Pereire, J. R.）などが貴族階級の聾唖児の教育に成功したことあるいは盲の数学者の出現によって実証された。

b　障害児教育の成立

1）聴覚障害児と視覚障害児の教育　　前述の社会的・思想的状況を背景に，18世紀後半になって庶民子弟を対象とした近代的・組織的障害児教育が発足する。まず，1760年にド・レペ（de l'Epée, C. M.）が，たまたま聴覚障害をもつ姉妹の教育を頼まれたことをきっかけにパリで聾唖学校を設立した。その後，ドイツではハイニッケ（Heinicke, S.）が，イギリスではブレイドウッド（Braidwood, T.）が聴覚障害児の教育を始める。方法的には，レペは手話法によって，ハイニッケとブレイドウッドは口話法によって教育したが，まもなく口話法は衰退し，100年ほどは手話法が主流となる。

　盲学校はアユイ（Haüy, V.）が1784年にパリに創設したのが最初である。

そこで使われた文字は，当初は文字を浮きあがらせた凸字であった。1829年にブレイユ（Braille, L.）が現在のような6点点字を発明すると，徐々に点字が普及していく。これら初期の学校は，教育よりは慈善的保護の側面が強かった。教育の内容は職業訓練が中心であり，在籍者の年齢も高かった。

2）知的障害児と肢体不自由児の教育　17世紀にコメニウス（Comenius, J. A.）が知能の働きの低い者や鈍い者であればあるほど教育が必要であると述べているが，実際に教育が試みられることはなかった。18世紀末から19世紀にかけて，重度知的障害者の保護に対する関心は高まるが，教育は不可能だと考えられていた。重度知的障害児が教育の対象としてとらえられるきっかけは1799年に発見された「アヴェロンの野生児」の教育実験であった。彼は当時の著名な精神科医ピネル（Pinel, P.）によって教育不可能だと判定されたが，イタール（Itard, J. M. G.）は5年間にわたって彼の訓練を行った。当初想定されたほどの成果をあげることはできなかったが，話しことばをかなり理解し，人間らしくふるまうまでに大きな成長をとげた。

イタールの試みを継承し，知的障害教育の方法を確立したのはセガン（Séguin, E. O.）である。彼は1837年，イタールとともに重度知的障害児の教育を開始し，その後，感覚を重視した生理学的方法を開発した。1850年，アメリカに移住し，アメリカの知的障害児教育の発展に大きな貢献をした。同じ頃（1841年），スイスではグッゲンビュール（Guggenbühl, J. J.）がアーベントベルクにクレチン病施設を設立し，そこで治療教育を開始している。

肢体不自由者の保護施設は，18世紀にドイツで設立されているが，現存する最古の施設はクルツ（von Kurz, J. N. E.）が1832年に設立したものである。ここでは職業訓練と教育が行われた。19世紀後半には医療，教育，職業訓練の3つの機能を併せもつクリュッペルハイムの形態となる。同じ頃（1851年），イギリスでは肢体不自由児のための職業学校が設立されている。

C　障害児教育の発展

盲学校と聾学校は18世紀末から19世紀にかけて他の欧米諸国でも設立され，学校数は増加していった。当初の保護救済施設的側面は19世紀半ばまでには薄れ，学校としての体裁を整えていった。対象も子どもへ移った。そこには，障

害児教育の発展という側面と同時に通常の初等教育の発展によって排斥された子どものための学校をつくったという側面もある。

　救貧対策における「救貧から防貧へ」の転換，産業革命の進展にともなう児童保護，産業発展のための基礎教育の重視という観点から，19世紀半ばから各国で初等教育の義務制が実施されていく。しかし，通常の教育方法では対応できない障害児はその対象から除外され，彼らに対する教育が別途考えられたのである。したがって，スタートの遅れた知的障害児や肢体不自由児の教育も19世紀後半には各国で始められた。ただ，知的障害児の場合は，19世紀後半頃から教育よりも保護収容に重点が移ってくる。対象が重度の知的障害児であり社会的自立が難しかったこと，指導方法が確立していなかったこと，さらには優生学（思想）の台頭等がその理由である。（注：優生学（思想）とはもともとは遺伝的側面に働きかけることによって人種・民族の改良と悪化防止をめざす学問であり思想である。実際には，遺伝性の疾病や障害をもつ人々を隔離したり，断種したり，「安楽死」という名目の殺害を行うことを正当化する根拠となった。現代では，出生前診断をめぐる議論の中に優生思想が隠されていることがある。）

　こうして，初等教育の義務化から除外され，別途に展開した障害児教育もやがて義務教育化の動きを迎えることになる。視覚障害児と聴覚障害児の教育を義務教育とする考えは設立当初からあったが，実現するのは19世紀後半以降である。1870年にハンブルクで盲・聾唖児の就学義務が制定されたのをはじめとして，その後，ドイツ各地で同様の規定が定められた。アメリカでは，1874年にカリフォルニア州で盲・聾唖児の就学義務が規定され，以後，各州でも規定されていった。イギリスでは，1893年に「盲・聾初等教育法」により盲・聾児教育が，1914年に軽度知的障害児教育が，1918年に肢体不自由・病弱児教育が，それぞれ義務化された。アメリカやイギリスで重度知的障害児も含めた障害者全員就学が実現したのは，1970年代においてである。

2　日本の障害教育・福祉の創始と展開

a　障害教育・福祉の創始

1）前　　史　　わが国の障害児（者）も，原始，古代社会においては欧米

と同様の苛酷な運命をたどったようである。仏教が伝来し普及するにつれ，共同体での扶養からはみ出た障害児（者）が寺院や神社等に収容される例も出てくる。

室町時代頃になると，盲人の一部には平家琵琶等の芸能家や鍼治等の医療家，盲僧等の宗教家として生活する道があった。彼らは後継者養成のための教育も行っていたといわれ，江戸時代には幕府の保護と恩恵によって巨大な富を築いた者もいる。しかし，多くの障害児（者）は，依然として迫害，侮蔑の対象となっていた。

江戸時代には，寺子屋における庶民教育が盛んになるが，そこではかなりの数の盲児，聾啞児，肢体不自由児が特別な工夫による教育を受けていた。

幕末から明治維新にかけて，欧米の書物の翻訳や幕府の使節・藩の留学生の見聞をとおして欧米の障害児教育や福祉の事情が紹介された。その頃，欧米各国では視覚障害児と聴覚障害児の学校が続々と設立され，義務教育化への動きが始まりつつあった。これら留学生などは障害児の教育可能性を確認し，教育の必要性を認めた。たとえば，かつての長州藩留学生で当時の政府高官である山尾庸三は，1871（明治4）年に盲学校と聾啞学校設立の意見書を政府に提出している。それはわが国の盲・聾者の窮状を憂い，欧米諸国のように盲・聾学校を設立し，教育や職業訓練によって彼らの自立を図り，国家経済の利益を図ろうというものであった。

この意見書は実現されなかったが，翌年の「学制」には，学校の種類として廃人学校が掲げられている。廃人学校とは，当時の慣用から，盲・聾・知的障害等の学校を総称したものと考えられるが，設立されてはいない。

2) 盲啞学校の発足　わが国の障害児教育は，1878（明治11）年，京都に盲啞院が設立されたことに始まる。盲啞院の設立は，1875（明治8）年頃，古川太四郎らが頼まれて京都府上京区第19番校（後の待賢小学校）において聾啞児の教育を始めたことに端を発する。その後，盲児を加え，盲啞学校設立の意見書が知事に出されるなどの経過を経て盲啞院として設立された。翌年には京都府立盲啞院となった。

同じ頃，東京でも盲啞学校が設立されている。イギリス人宣教師・医師フォールズ（Faulds, H.）を中心に中村正直らの啓蒙思想家が組織した楽善会によ

って，1880（明治13）年に楽善会訓盲院が設立された。開校後まもなく聾児も受け入れ，1884（明治17）年に訓盲唖院と改称された。1887（明治20）年には経営難により文部省に移管され官立東京盲唖学校となった。

京都では小学校教育を基盤にもった下からの運動として，東京では，訓盲院設立時に山尾が楽善会員であったように，欧米をモデルにした文明開化的事業として出発した。しかし，2つの学校（院）がともに，欧米諸国と異なり，盲学校と聾学校が統合された「盲唖学校」という形態で出発したのは注目される。これらの学校は当初，初等普通教育を目的としていたが，教育方法の未熟により教育効果が思うようにはあがらなかったこと，父兄の教育要求と合致しなかったことなどのため職業教育中心に変わっていった。石川倉次が1890（明治23）年に日本訓盲点字を考案すると盲児の教育効果は著しく向上した。聾唖児の教育は，当時世界的には口話法が主流となっていたにもかかわらず，手話法を採用していた。

3） 知的障害児施設と特殊学級の発足　明治初期には，救貧施設や孤児施設に重度知的障害児が収容される例もあったが，わが国最初の知的障害児施設は石井亮一が設立した。

彼は，1891（明治24）年の濃尾大地震により孤児となった者を引き取って孤女学園を開いた。その中に知的障害児が含まれていたことを契機として，知的障害児の指導に取り組むことになった。渡米してセガン未亡人からセガンの教育方法を学んで帰国，1896（明治29）年に滝乃川学園を創設し，知的障害児の指導にあたった。

一方，軽度の知的障害児に対しては，1890（明治23）年，松本尋常小学校（長野県）に落第生学級が，次いで1896（明治29）年，長野尋常小学校に晩熟生学級が開設された。これらは小学校への就学率が向上するとともに問題となってきた，学習についていけない子どもの特別学級であり，厳密には知的障害児学級ではないが，現在の知的障害児特殊学級の先駆である。これらの学級は，学業不振児と知的障害児を判別する方法がなかったこともあり長続きしなかった。知的障害学級といえるものは，ビネーの知能テストが翻訳されて以降，大正期後半になって設立されていく。

表 2-1 就学義務猶予・免除規定の変遷[1]

法　令	就学義務の猶予	免　除
第1次小学校令 明治19.4	事由：疾病，家計困窮，其他止ムヲ得サル事故 （府知事県令の許可）	な　し
第2次小学校令 明治23.10	事由：貧窮，疾病，其他已ムヲ得サル事故 （監督官庁の許可を受けて市町村長が）	
第3次小学校令 明治33.8	事由：病弱又ハ発育不完全 事由：保護者の貧窮 （いずれも監督官庁の許可を受けて市町村長が）	事由：瘋癲，白痴又ハ不具廃疾
国民学校令 昭和16.3	事由：病弱，発育不完全其ノ他已ムヲ得サル事由 （市町村長は地方長官に報告）	事由：瘋癲白痴，不具廃疾 （地方長官の認可を受けて市町村長が）
学校教育法 昭和22.3	事由：病弱，発育不完全その他やむを得ない事由 （監督官庁の定める規定により，都道府県教委の認可を受けて市町村教委が）	

b　就学猶予・免除規定と障害児

　小学校での教育が困難だと思われていた盲児や聾児を就学の対象から除外することは，行政的には「学制」以来行われていた。明治10年代から30年代にかけて義務教育が整備される過程で，障害児は法的にも義務教育の対象からはずされていく。

　はじめて就学義務を明確にしたのは「第1次小学校令」であるが，そこでは障害児が就学義務の猶予対象者とされた。「第2次小学校令」は市町村に小学校の設置義務を課したが，そこでは盲唖学校が対象から除外され，障害児は就学義務の猶予または免除の対象とされた。「第3次小学校令」では，病虚弱児は猶予，盲・聾唖・知的障害・肢体不自由児は免除と，障害の種類・程度によって猶予・免除規定が精緻化された（表2-1）。手続きは，第2次小学校令では「保護者の申し立てにより」ということも含まれていたが，基本的には府県知事や市町村長による就学不可能の認定であった。

　小学校への就学義務の履行を徹底させるために就学義務の猶予・免除対象者をより明確にしたのであろうが，障害児の就学義務の猶予・免除をあたりまえ

のことにしてしまった。そこで，これ以降，小学校教育から除外された障害児に対する，慈善的立場からの学校や施設の設立がめだってくる。

C 盲・聾教育の整備と障害児教育の多様化

1) 盲学校および聾唖学校令の制定　明治20年代から大正初期にかけて，盲学校，盲唖学校が次々に設立された。しかし，これらの学校の多くが経営基盤の弱い小規模の私立学校であったこと，法令上「小学校に類する各種学校」という低い位置づけであったことなどにより長続きしなかった。したがって，視覚障害児，聴覚障害児の教育を受ける機会は限られていた。

このような状況打開のため教育令制定運動が進められ，ようやく1923（大正12）年に「盲学校及聾唖学校令」が制定された。この令では，①盲学校，聾唖学校の目的が普通教育と職業教育とされ，②道府県に盲学校，聾唖学校の設置義務が課され初等教育が無償となり，③初等部と中等部の設置を原則とすることによって中等教育への途が開かれた。

同時に改正された小学校令によって，盲学校，聾唖学校の初等部在籍児は正式な就学児童と認められたことも重要である。すなわち，これまで盲学校や聾唖学校へ就学するためには就学猶予・免除の手続きが必要であったが，義務教育を受けているとみなされるようになったのである。

こうして，盲学校，聾唖学校は通常の学校と法的に同格のものとして公教育体系の中に明確に位置づけられ，従来の慈善的施設から教育施設へと転換することができた。しかし，設置義務の延期が認められたり，就学義務の規定がなかったなどの問題点もあった。

この令の制定以降，欧米にはない学校形式であった盲唖学校が盲学校と聾唖学校に分離されたり，盲学校や聾唖学校が新設されていく。教育の内容・方法面でも，盲学校，聾唖学校用教科書の発行，聾唖学校における口話法の普及等により，盲，聾教育は大きく発展していった。

2) 障害児教育の対象の拡大　盲学校，聾唖学校教育の進展と大正期後半の大正新教育運動による個性尊重や画一的教育批判を背景に，知的障害児やその他の障害児の教育にも関心が向けられるようになる。

(1) 知的障害児教育

重度の知的障害児を対象にした知的障害児施設は，大正から昭和初期にかけて設立が続いた。一方，知能検査の日本版が作成されたこともあり，大都市を中心とする公立小学校内に知的障害児学級が設置されはじめる。1940（昭和15）年には大阪に最初の知的障害児学校である大阪市立思斉（しせい）学校が開設された。同校は小学校に類する各種学校であり，学校教育としての位置づけは弱かった。

(2) 肢体不自由教育

肢体不自由教育の必要性は，明治30年代以降の整形外科学の発達を背景に認識されてくる。1932（昭和7）年頃から高木憲次はドイツのクリュッペルハイムのような施設の必要性を主張していたが，最初の肢体不自由児施設は1921（大正10）年に柏倉松蔵が開設した柏学園である。この学校は医療体操や機能訓練を行ったが，医療の面は弱かった。今日の医療・保護・教育の機能を備えた肢体不自由児（者）施設としては，1942（昭和17）年設立の整肢療護園が最初である。

学校としては，1932（昭和7）年設立の東京市立光明（こうめい）学校が最初である。これも小学校に類する各種学校としての位置づけであった。

(3) 病弱教育

20世紀になると欧米で病弱児のための学校が林間学校形式で開設されはじめる。その影響と明治20年代以降の乳幼児死亡率の上昇や国家の発展・国防の基礎としての国民の体位向上の必要性からわが国でも病・虚弱児の施設が設けられはじめる。短期間自然環境のよい所で生活させる休暇集落は明治30年代から実施されているが，1909（明治42）年には常設の施設として東京市養育院安房分院が設立された。最初の病弱児学校は，1917（大正6）年に白十字会が神奈川県茅ヶ崎に設立した白十字会林間学校である。

大正末から昭和にかけて多くの病・虚弱児学級が設置された。戦時体制に移行するにつれ虚弱児学級は急増した。

(4) 軽度の障害児教育

眼科学や耳鼻科学の発達によって盲児，聾児と弱視児，難聴児は教育上区別すべきであるという考えが現れた。1933（昭和8）年には東京の南山尋常小学校に最初の弱視児学級が設置された。補聴器の開発により残存聴力の活用が重

視され，難聴児学級も開設される。最初の難聴児学級は，1926（大正15）年に東京聾啞学校に設置された。小学校の難聴児学級は，1934（昭和9）年に東京の礫川(れきせん)尋常小学校に設置されたのが最初である。

新しい試みとしては，1926（大正15）年に東京の八名川尋常小学校に吃音児学級が設けられた。

3　盲・聾学校教育の義務化と施設福祉

a　盲・聾学校教育の義務化

「盲学校及聾啞学校令」制定によって教育体系に明確に位置づけられたとはいえ，盲・聾学校の就学率は向上せず，在籍児の年齢も高いままであった。関係者は義務制の必要を訴え続け，教育審議会が義務制の答申を出したりもしたが，戦時体制下では実現することなく，戦後を迎えた。

第2次世界大戦後の教育は，1947（昭和22）年に制定された「教育基本法」の理念にもとづき，同年制定された「学校教育法」によって進められた。教育基本法は，憲法とともに，すべての国民に教育を受ける権利と教育の機会均等を保障し，学校教育法は，学校の種類として小・中学校等と並んで盲・聾・養護学校を掲げ，義務教育学校として位置づけた。したがって，条文上は障害児の義務教育が実現するはずであった。しかし，就学猶予・免除規定が設けられ，附則において盲学校，聾学校，養護学校の設置義務，就学義務については別に政令で定めるとされたため，これらの学校の義務教育化は延期されることになった。その理由のひとつとして，6・3制の新しい教育体系を推進するために新制中学校の義務化が最優先されたことがあげられる。

盲・聾学校の教育は，1948（昭和23）年から学年進行で義務化され，1956（昭和31）年に9年間の義務教育が完成した。養護学校教育の義務化は1979（昭和54）年まで実現しなかった。盲・聾学校教育だけが義務化された理由としては，「盲学校及聾啞学校令」の設置義務により，当時すでにかなりの盲・聾学校が実在していたが，養護学校はほとんど存在していなかったことがあげられる。

盲・聾学校教育が義務化されても，1県に1校か2校という設置状況では寄

宿舎が必要であったり，通学が可能でも多額の交通費が必要であったりと保護者の経済的負担が大きい。そこで，1954（昭和29）年に就学を促進するための「盲学校，聾学校及び養護学校への就学奨励に関する法律」が制定された。

b　特殊学級の整備と養護学校設置

1）特殊学級　　学校教育法によって，障害児教育機関は，盲・聾・養護学校と特殊学級であることが明確にされた。そして「教育上特別な取扱を要する児童生徒の判別基準」（昭和28年）によって重度障害児は就学免除，中度障害児は養護学校か特殊学級，軽度障害児は特殊学級か通常学級という基準が示された。しかし，養護学校教育の義務化が延期され，養護学校が実質的に存在しない状況下では，知的障害児，肢体不自由児，病・虚弱児の実質的教育機関は特殊学級が担うことになる。なお，学校教育法制定当時は養護学校の対象として病弱児は認知されていなかった。

知的障害児学級の場合，戦前にあった特殊学級は閉鎖されていたため，学校教育法において特殊学級が制度化されたことを契機に復興する。しかし，戦後まもなくの特殊学級はいろいろな障害児の混合学級であったり，浮浪児や学業不振児が在籍したりしていた。知的障害児学級として整備され増設されはじめるのは，盲学校と聾学校教育の義務化が完成する昭和20年代末から30年代にかけてである。昭和30年代後半からは数次にわたる計画設置が推進され，知的障害児学級は急増していった。

肢体不自由児学級は，「児童福祉法」（昭和22年制定）による肢体不自由児施設が設置されるにともない施設内学級として設置された。肢体不自由児施設は児童福祉施設であると同時に整形外科病院でもあり，長期入院時の教育を保障する必要があったのである。昭和20年代末には入院治療を要しない肢体不自由児のために通常の学校にも肢体不自由児学級が設置されはじめた。

病弱児が制度上に現れるのは，1957（昭和32）年の判定基準からである。それまでは特殊学級の対象として虚弱児が示され，病気療養中の子どもは教育の対象とはみなされていなかった。虚弱児学級は，戦後の栄養不良や結核の蔓延に対応して戦後まもなくから多数設置された。やがて結核やハンセン病の療養所においても院内学級が設けられるようになる。

2) **養護学校**　1956 (昭和31) 年に「公立養護学校整備特別措置法」が制定され，養護学校の設置が促進された。これまで，①小（中）学校であれば，義務教育として国からの財政的援助が得られるが，義務教育になっていない養護学校ではそれが得られない，②義務教育ではない養護学校に就学するためには，就学猶予・免除の手続きが必要である，という事情があり，養護学校設置が進まなかった。そのため，戦前からあった「光明学校」や「思斉学校」すら「光明（思斉）小・中学校」と名乗り，戦後新設された学校も「○○養護学校」ではなく「○○小（中）学校」という名称であった。この法律は，これらの問題点を解消し，養護学校の設置を促進する画期的な法律であった。この法律制定をきっかけに，少しずつ養護学校数が増加していく。

とくに肢体不自由児と病弱児の養護学校数は順調に伸びていった。それは，1961 (昭和36) 年に病弱児が養護学校の対象として学校教育法上正式に認知され，「教育上特別な取扱いを要する児童・生徒の教育的措置について」(昭和37年) によって，中度障害以上は養護学校という教育措置の基準が示されたことによると思われる。

知的障害養護学校も増加していったが，必要数に対しては著しく不足する状態が続いた。中度以上は養護学校としながら，別に重度知的障害児は猶予・免除と明記されていたことによると思われる。こうして就学猶予・免除になった子どもは，重度知的障害児を中心として，昭和40年代前半まで2万人を超える状況が続くのである。

C　福祉施設

1) **就学猶予・免除児の受け皿としての施設**　児童福祉法に規定された障害児施設は，当初，知的障害児施設と療育施設であったが，1950 (昭和25) 年までに知的障害児施設，盲聾唖児施設，虚弱児施設，肢体不自由児施設に分化した。そして，知的障害児施設と肢体不自由児施設は，就学猶予・免除となった障害児の実質上の受け皿として機能することになる。たとえば，1965 (昭和40) 年の段階で知的障害養護学校55校に4,923人が在籍したのに対して知的障害児施設（通園施設を含む）では275施設に16,244人であった。施設内学級が普及していた肢体不自由児の場合でも，養護学校47校に7,931人，特殊学級186

学級に1,862人，肢体不自由児施設62施設に6,232人という状況であった。
　知的障害児施設も肢体不自由児施設も施設内ですべての生活が営まれる居住施設であったが，1957（昭和32）年に知的障害児通園施設が制度化された。入所要件は，中度の知的障害をもち就学猶予・免除になった学齢児であった。ここで，一方では就学を促進するために養護学校の設置を進め，他方では，就学猶予・免除を入所要件とする通園施設の設置を進める，という矛盾が生じることになった。養護学校が少ないために，事実上，軽度障害児は特殊学級，中度障害児は施設という措置になり，教育と福祉の分断であると批判された。
　2）重度児対策　施設数が不足していること，知的障害児施設の目的が「独立自活に必要な知識技能を与える」であったこと，重度児に対する処遇能力がなかったことなどによって，重度児は施設にすら入所できない状況があった。そこで，昭和39年に知的障害児施設重度棟が制度化された。
　障害種別ごとの施設体系では，知的障害と肢体不自由を重複する子どもが入所できる施設がなかったが，1967（昭和42）年に重症心身障害児施設が児童福祉施設となった（医療法にもとづく病院でもある）。これは小林提樹（島田療育園設立）や糸賀一雄（びわこ学園設立）などの先駆的実践によるところが大きい。
　なお，1960（昭和35）年に「精神薄弱者福祉法」（現在の知的障害者福祉法）が制定され，成人施設が設置されるようになった。児童福祉施設は18歳未満を原則とするが，重度児は終生保護が必要であるという観点から設置されたものである。しかし，児童と成人で法律や実施機関が異なり保護指導の一貫性に欠けるという意味では問題も残した。

4　養護学校教育の義務化と多様な教育・福祉サービス

a　養護学校教育の義務化

「公立養護学校整備特別措置法」制定以降，養護学校は少しずつ増設されていった。しかし，義務教育ではないのでその速度は緩かった。1971（昭和46）年の中央教育審議会答申「今後における学校教育の総合的な拡充整備のための基本的施策について」が養護学校の義務化を提言したことにより，ようやく養護

(学校数)

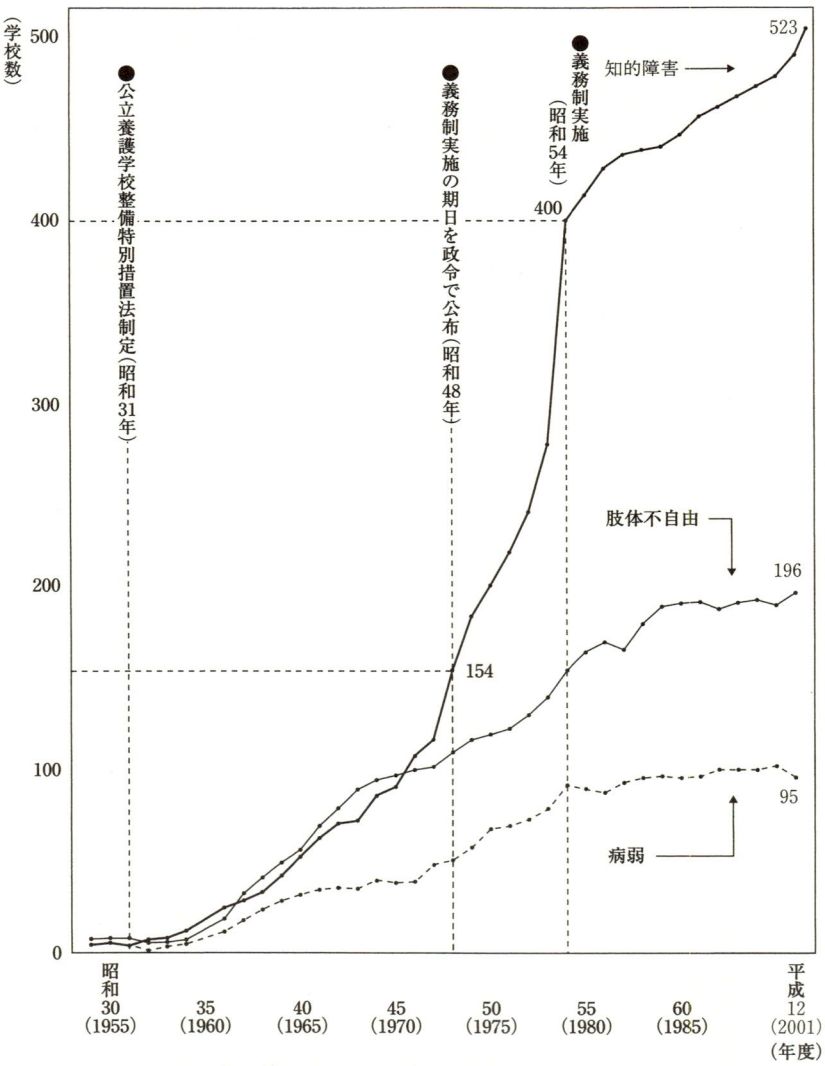

● 公立養護学校整備特別措置法制定（昭和31年）

● 義務制実施の期日を政令で公布（昭和48年）

● 義務制実施（昭和54年）

知的障害 → 523

肢体不自由 → 196

病弱 → 95

154

400

昭和30(1955)　35(1960)　40(1965)　45(1970)　50(1975)　55(1980)　60(1985)　平成12(2001)
(年度)

(注)　1　昭和47年以前には沖縄県が含まれていない。
　　　2　学校数には分校が含まれている。
　　　3　文部省調べ。毎年5月1日現在。

図2-1　養護学校数の推移

学校教育の義務化実現へ向けて動き出した。文部省は，養護学校教育の対象となる障害児のすべてを就学させるに必要な養護学校を設置することを目標とする整備計画を策定するとともに，1973（昭和48）年に，昭和54年度から養護学校義務化を実施することを予告する政令を公布した。予告政令を受けて養護学校は急ピッチで増設された（図2-1）。

義務化に備え，「教育上特別な取扱いを要する児童・生徒の教育措置について」（昭和53年）において，知的障害の中度以上とは重度および中度であることが明記され，就学猶予・免除は治療や生命・健康維持のために療養に専念する必要のある場合に限定して慎重に行うこととなった。ここに重度の障害児も本当の意味で学校教育の対象となった。

しかし，障害が重度であったり重複するため通学困難な子どもは教育を受けられなくなるおそれがある。そこで，昭和54年度の義務化と同時に訪問教育制度が実施された。訪問教育の先駆的形態は，昭和40年代前半から一部の自治体で行われていた就学猶予・免除対象児に対する訪問指導である。昭和49年度からは国の補助金が交付されることになり，すでに全都道府県で実施されるようになっていた。指導時間数，指導内容や方法など課題も多いが，移動の困難な最重度の障害児に教育を保障した意味は大きい。

なお，養護学校教育が義務化されることによってすべての子どもが就学可能となるという意味で「全員就学」とも呼ばれたが，この全員就学は，欧米各国とも1970年代に実現している。東京都は全国に先駆け，1974（昭和49）年度から障害児の希望者全員就学を実施している。

b　通級による指導

1962（昭和37）年の教育的措置の通達以降，特殊学級の対象が明確にされたことによって弱視児学級，難聴児学級，言語障害児学級が急増していく。聴能学の発達によって昭和30年代半ばから難聴児学級が設置されはじめる。難聴児学級の増加は聾学校の難聴児学級設置も促進することになった。眼科学の発達により残存視力を活用することが強調されるようになり，弱視児学級が発達する。弱視児学級も盲学校設置と通常の学校設置の2つの形態で発達する。

昭和40年代以降，とくに言語障害児特殊学級の増加は著しい。言語障害児学

級の特徴は設置当初から通級制や巡回指導が試みられたことである。

1961（昭和36）年には児童福祉施設として情緒障害児短期治療施設が設置され，翌年から施設内学級が設置された。昭和40年代半ばになると通常の学校にも設置されるようになる。情緒障害児学級は昭和40年代末から50年代にかけて急増する。

言語障害児学級にみられた通級という指導形態は，難聴児や弱視児などの一部にも有効であるということから，知的障害児を除く軽度障害児を対象として，1993（平成5）年度から通級による指導が正式にスタートした。

C　多様な福祉サービス

障害児の場合，早期発見・早期治療（教育）の重要性が強調されるが，早期発見は福祉や小児保健の領域である。1961（昭和36）年に3歳児健康診断が制度化され，それでは遅いということで1973（昭和48）年に乳児健診が，次いで1977（昭和52）年に1歳6カ月児健診と先天性代謝異常検査が制度化された。

早期治療（教育）においては，盲学校と聾学校の幼稚部は早くから比較的整備されたが，養護学校の整備はきわめて遅れた（現在もきわめて不十分である）。そのため，知的障害児や肢体不自由児の場合，乳幼児期の療育における福祉機関の比重は大きい。肢体不自由児施設では1963（昭和38）年に通園部門が設置され，1965（昭和40）年には母子入園療育が開始された。これらは入所施設としての肢体不自由児施設に設置されたものであるが，1969（昭和44）年には独立した肢体不自由児通園施設が制度化された。

知的障害児の場合，知的障害児通園施設が学齢児を対象としていたため，早期療育の機会はほとんどなかった。しかし，1974（昭和49）年に年齢制限が撤廃され，昭和54年度から学齢児が義務教育を受けるようになったため，通園施設は事実上幼児施設となった。

軽度や中度の障害児は，昭和49年度から保育所や幼稚園で保育を受けることも多くなった。昭和49年度に保育所における障害児保育が制度化された。これは軽度児を対象とした制度であったが，昭和54年度からは中度児までが対象となった。この制度は障害児施設が不足しているのでというような消極的なものではなく，積極的に障害のない子と一緒に保育しようとした点で画期的な制度

でもあった。昭和49年度からは障害児を受け入れている私立幼稚園に対する助成も開始された。新しい児童福祉施設として1980（昭和55）年には自閉症児施設が制度化された。知的障害児施設の一種としての位置づけであるが，第1種自閉症児施設は病院としても位置づけられている。

5　障害教育・福祉の新しい動き

障害教育・福祉においては，20世紀末から21世紀にかけて，国際的にも国内的にもいくつかの変化がみられる。

国連は，長く続いてきた障害者の権利侵害に対して，「障害者の権利宣言」（1975年）の決議，「国際障害者年」の制定，「障害者に関する世界行動計画」（1983年）の策定によって障害者の権利保障の枠組みを示し，その実現を加盟国に求めた。しかし，アメリカにおける「障害をもつアメリカ人法」（ADA，1990年）をはじめとしてオーストラリア（1992年）やイギリス（1995年）のように障害者差別禁止法が成立している国もあるが，なかなか実現するに至らず，国連は「障害者の機会均等化に関する規準原則」（1993年）によって障害者の権利保障をよりいっそう確実にしようとしている。この過程で，1950年代末に北欧に始まったノーマライゼーションの動きは，国際的に拡大し，地域での生活保障，自己決定，生活の質（QOL）の追求が進められてきた。

教育においては，統合教育が推進され，アメリカやイギリスでは教育法によって統合教育を原則としている。ユネスコでは，サラマンカ宣言（1994年）によってインクルージョンを推進しようとしている。インクルージョンとは，障害児を含めすべての子どもが地域の学校で学習することを原則にするというものである。その際，障害児を含め特別な対応を必要とする子どもは，特別な教育的ニーズをもつ子どもとしてとらえようとする考え方が優勢となっている。

わが国においては，従来の行政が福祉サービス利用の可否や内容を決定する措置制度から利用者が決定する契約制度への転換や，福祉サービスの実施主体を市町村に移管する地方分権化が図られている。1994（平成6）年に障害者が利用しやすい建築物の建築を促進する法律が制定されるなど，バリアフリーも進みつつある。教育では平成12年度から養護学校高等部の訪問教育が実施され，

学習障害等の特別な教育的ニーズをもつ子どもの教育の実践的研究が始められた。このように，個々のサービスでは国際的動きに対応しているが，障害者差別禁止法の制定や統合教育を原則とするなど枠組みの変更までには至っていない。

■引用・参考文献
1) 荒川　勇他　日本障害児教育史　福村出版　1976
2) 石部元雄・溝上　脩（編）　世界の特殊教育（改訂版）　福村出版　1982
3) 文部省　特殊教育百年史　東洋館出版社　1978
4) 仲村優一他（編）　社会福祉の歴史（講座社会福祉2）　有斐閣　1981
5) 中野善達（編）　国際連合と障害者問題──重要関連決議・文書集　エンパワーメント研究所　1997
6) 精神薄弱問題史研究会（編）　人物でつづる障害者教育史──世界編　日本文化科学社　1988
7) 精神薄弱問題史研究会（編）　人物でつづる障害者教育史──日本編　日本文化科学社　1988
8) 津曲裕次他　障害者教育史──社会問題としてたどる外国と日本の通史　川島書店　1985
9) 津曲裕次　障害者の教育・福祉・リハビリテーション入門──共に生きる社会をめざして　川島書店　1997
10) 梅根　悟（監修）　障害児教育史（世界教育史体系33）　講談社　1974

3章　視覚障害児（者）の理解と指導

1　視覚障害とは

a　眼の構造と障害原因

　人間が獲得する情報のうち，80%が視覚に依存しているといわれている。それゆえ，視覚に障害があることは日常生活を送るうえで，大きな支障をもたらす。

　図3-1は眼球の水平断面図（右眼）を示したものである。外界から眼に入った光は，虹彩によって光量が調節され，さらに，水晶体で屈折されて，網膜に像を結ぶことになる。人間の眼はカメラにたとえることができ，虹彩は絞りに，水晶体はレンズに，網膜はフィルムに当たる。網膜に結ばれた情報は，視神経等を経て，大脳の後頭葉の視覚中枢に伝達され，視覚が生じる。この一連の過

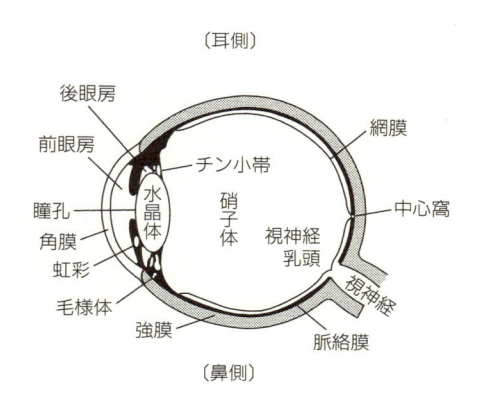

図3-1　眼球の水平断面図

表3-1　視覚障害原因と主な眼疾患[4]

視覚障害原因	人数	(%)	主な眼疾患の部位と症状
伝染性疾患	100	(2.2)	視神経萎縮
外　傷	147	(3.2)	視神経萎縮，網膜剥離
中　毒	570	(12.6)	未熟児網膜症
腫　瘍	315	(6.9)	網膜芽細胞腫，視神経萎縮
全身病	329	(7.2)	糖尿病性網膜症，ベーチェット病
先天素因	2,553	(56.2)	網膜色素変性症，白内障，小眼球
原因不明	526	(11.6)	視神経萎縮，緑内障
計	4,540	(100.0)	

程のいずれかに問題が起きると，視覚障害が生じることになる。

　表3‐1は1995年に筑波大学の香川邦生らが実施した盲学校児童生徒の視覚障害原因等に関する全国調査の結果を示したものである。従来は，伝染性疾患や全身病が原因である視覚障害が多かったが，医学の進歩，衛生環境の改善，生活水準の向上等にともない，先天素因によるものが過半数を占めるようになっている。眼疾患別にみると，視神経萎縮（13.7％），網膜色素変性症（12.1％），未熟児網膜症（12.1％），白内障（8.52％）が主要な疾患となっている。

b　視覚障害の分類

　視覚障害は，「盲」と「弱視」に大別される。一般に，盲とは，矯正視力が0.02未満の者を指し，視覚による教育を受けたり，視覚を用いて日常生活を行うことが困難であり，聴覚や触覚などのほかの感覚器官を利用することが必要な者をいう。盲の場合，活字の使用が困難であるため，点字を使用することになる。それに対して弱視とは，矯正視力が0.04以上0.3未満の者を指し，視覚による教育を受けたり，視覚を用いて日常生活を行うことは可能ではあるが，活字を拡大したり，レンズ等の補助手段を利用することが必要な者をいう。矯正視力が0.02以上0.04未満の者（従来は準盲と呼ばれていた）については，障害原因，障害の程度，失明年齢，学習効率，将来の見とおし等を考慮して，点字を使用するか活字を使用するかを決めることになる。なお，盲児（者）や弱視児（者）という表現に対して，視覚に障害のない者のことを晴眼児（者）または正眼児（者）と呼ぶことがある（本章では，以下，正眼児（者）と記す）。

　また，盲については，視覚障害を被った時期によって，生まれつきの盲を先天盲，生後失明（中途失明）した者を後天盲とする分類がなされている。先天盲の場合は，視覚的なイメージ（視覚表象）をもっていない場合が多いので，後天盲の場合とは物のとらえ方が異なっている。そのため，教育方法にも特別な配慮が必要となる。なお，後天盲においても，5歳以前に失明した場合は，視覚表象をもっていないことが多いので，指導に際しては，先天盲と同じような工夫が必要となる。

　法令上は，学校教育や福祉の分野において，視覚障害の基準が定められている。学校教育に関しては，学校教育法施行令第22条の3において盲学校に就学

表3-2　身体障害者福祉法で定める視覚障害の範囲と等級区分

身体障害の範囲	次に掲げる視覚障害で，永続するもの 1　両眼の視力（万国式試視力表によって測ったものをいい，屈折異常がある者については，矯正視力について測ったものをいう。以下同じ）がそれぞれ0.1以下のもの 2　1眼の視力が0.02以下，他眼の視力が0.6以下のもの 3　両眼の視野がそれぞれ10度以内のもの 4　両眼による視野の2分の1以上が欠けているもの	
身体障害者障害程度等級表	級別	視　覚　障　害
	1級	両眼の視力の和が0.01以下のもの
	2級	1　両眼の視力の和が0.02以上0.04以下のもの 2　両眼の視野がそれぞれ10度以内でかつ両眼による視野について視能率による損失率が95パーセント以上のもの
	3級	1　両眼の視力の和が0.05以上0.08以下のもの 2　両眼の視野がそれぞれ10度以内でかつ両眼による視野について視能率による損失率が90パーセント以上のもの
	4級	1　両眼の視力の和が0.09以上0.12以下のもの 2　両眼の視野がそれぞれ10度以内のもの
	5級	1　両眼の視力の和が0.13以上0.2以下のもの 2　両眼による視野の2分の1以上が欠けているもの
	6級	1眼の視力が0.02以下，他眼の視力が0.6以下のもので，両眼の視力の和が0.2を越えるもの

する児童生徒の視覚障害の基準が定められている（1章：表1-7参照）。また，原則として，重度の視覚障害者の場合は盲学校で，軽度の場合は特殊学級か通級指導教室で教育を受けている。福祉の分野においては，表3-2に示すとおり，身体障害者福祉法別表において，視覚障害の基準が定められており，さらに，同法施行規則別表第5号に1級から6級までの等級区分が明示されている。学校教育および福祉のいずれの分野においても，視覚障害の基準が，視力と視野という観点からとらえられている。

2　視覚障害児（者）の特性

　一口に視覚障害といっても，その様態は，障害の原因，種類や程度，障害を受けた時期，生育歴や環境によってさまざまである。それゆえ，視覚障害児

（者）の特性を画一的にまとめることはできない。以下では，この点を踏まえたうえで，視覚障害児（者）の一般的な特性について述べることにする。

a　視覚障害児（者）の運動発達

　視覚障害児の場合，離れている人やものを見ることができないため，対象物に近づきたいという動機づけに欠け，その結果，自発的に移動したり，運動したりすることが少なくなる。たとえば，遠くにあるオモチャを見つけてハイハイして行ったり，テーブルの上にあるボールを取ろうとしてつかまり立ちをするといった行動がみられないのである。このように，運動量が不足するため，筋肉の発達が遅れ，その結果，身体発達や運動発達にも遅れがみられる。たとえば，歩きはじめの時期が正眼児に比べて数カ月から数年遅れている。また，学齢段階になっても，身長，体重，胸囲，座高などの値が正眼児の平均値よりも低く，平衡感覚，走力，敏捷性，巧緻性，筋力，瞬発力などの運動能力の発達にも遅れがみられる。さらに，運動不足による肥満傾向が視覚障害児（者）にはみられることが多い。

　また，視覚を通じて，自分の体の動きをフィードバックできないために，「歩きながら頭や手を振る」「体が前後左右に傾いたり，曲がったりする」といった姿勢や動作の悪さがみられる者もいる。

b　視覚障害児（者）の知的・認知発達

　視覚障害児の知的発達は，正眼児とほとんど変わらないといわれている。しかし，視覚障害児の場合，発達や学習の基本である「見て，模倣する」こと，いわゆる視覚的模倣が困難であるため，学習に際して大きな支障を被ることになる。

　また，視覚の代わりに触覚を用いて情報を獲得することが多くなるため，学習上，さまざまな制約を受けることになる。たとえば，視覚を用いた場合，情報を一度にまとめて獲得することができるのに対して，触覚の場合は，部分的に時間をかけてものを認知しなければならないため，全体的な把握が困難になる。さらに，大きすぎるもの（山，海，ビル等），小さすぎるもの（アリ，虫等），遠くにあるもの（太陽，月，雲等），こわれやすいもの（蜘蛛の巣等），

危険なもの（熱湯，火，化学薬品等），動いているもの（電車，自動車等）などは直接触れることが難しいため，その認知が困難になる。さらに，色の概念の獲得も難しいといわれている。その一方で，視覚の代わりに聴覚を用いて情報を獲得する機会が多くなるため，人の名前や声を覚えたり，電話番号を暗唱したりすることが得意な者もいる。

c　視覚障害児（者）の言語発達

視覚障害児は，一般に，話しはじめるのが正眼児にくらべて1年ほど遅れる。この理由としては，①対象となる人やものが見えないために話しかけようとする動機づけに欠けること，②話をしている人の口の動きを模倣することができないこと，③自分が声を発した人の反応を視覚的に確認することができないこと，などが考えられる。しかし，年齢を重ねるにつれて，ことばの数はふえていき，学齢時には正眼児と同等またはそれ以上になることさえある。

その一方で，視覚障害児は，聞き覚えたことばを，その意味を十分に理解しないまま使用する傾向がみられる。これは，唯言語主義（バーバリズム）と呼ばれており，実際の経験的背景が乏しいことに由来している。それゆえ，視覚障害児に対しては，直接的な体験をできるだけ多くもたせたり，実物や模型など有用な教材・教具を活用し，触覚や聴覚を積極的に用いて，ことばの裏づけとなる的確な概念やイメージを獲得させることが重要となる。

d　視覚障害児（者）の社会的発達

視覚障害児の場合，対人関係を形成するうえできわめて重要である視線を合わせること，いわゆるアイ・コンタクトが難しいため，とくに，乳児期の母子関係における愛着行動に問題が生じたり，人見知りの時期が遅れたりすることがある。

視覚障害児（者）のパーソナリティの特性としては，自己中心性や協調性の欠如があげられている。この原因としては，家族を含めた周囲の者の過保護や甘やかしが考えられる。また，視覚障害があるために，他者の存在についての意識が乏しくなるため，周囲の状況に応じた行動をとるのが難しくなることがある。さらに，周りの状況を認知できなかったり，ひとりで移動することが困

難なために，周囲の人に頼るようになり，その結果，依存心や依頼心が強くなる傾向もみられる。加えて，視覚障害児（者）の中には，引っ込み思案であったり，友人とあまりつきあわず，ひとりでいることを好むなど退行的傾向がみられる者もいる。そのほか，視覚障害児（者）は，新しい状況や未知の場面に順応することが難しいため，固執性が強い点も指摘されている。しかし，その一方で，順応した後は，忍耐強く，粘り強いといった特性も認められている。

視覚障害児には，「目を押す」「頭を振る」「身体を揺する」「頭を手でたたく」「目の前で手を振る」「特定の場所でグルグル回る」などの行動がみられることがある。これは，一般にブラインディズム（blindism）と呼ばれている。この理由としては，視覚障害児は視覚的刺激が不足しているため，自分で身体的な刺激を与えることを通じて充足感を得ている，という説が有力である。ブラインディズムは成長とともに消失していくことが多いが，こうした行動を減らすためには，遊びなどを通じて，外界に対する興味・関心をもたせ，体を使って積極的にものに働きかける喜びをもたせることが重要となる。

3　視覚障害児（者）の指導と一般的配慮

a　盲児（者）の場合

盲児（者）が教育を受ける場として盲学校が設置されており，その数は2000（平成12）年の時点で71校である。盲学校のほとんどは，小学部，中学部，高等部の各部を設置しており，さらに幼稚部を置く学校もある。また，盲学校には，遠隔地からの通学が困難な児童生徒のために，多くの場合寄宿舎が設けられている。

幼稚部における教育は，幼児期に期待される諸領域の発達を総合的に促進させることをねらいとしているが，とくに，日常生活のさまざまな動作や習慣，歩行，諸感覚の活用に着目した個別指導やグループ指導に力が注がれている。

小学部および中学部における各教科，道徳，特別活動のそれぞれの指導内容は，小学校や中学校に準じた教育が行われ，点字教科書を使用し，主として触覚や聴覚を活用した学習がなされている。さらに，盲学校の教育課程には，視覚障害にもとづく種々の困難を克服させるための領域として「自立活動」が設

けられており，①触覚・聴覚などの有効な活用の仕方（点字指導を含む），②歩行訓練，③コンピュータやワードプロセッサーの活用方法，などの特別な指導が行われている。なお，近年，小・中学部においては，児童生徒数が減少し，少人数学級が多くなってきており，音楽・体育等のある程度の集団が必要な教科については，学年を越えたグループ指導も工夫されている。

中学部卒業生のうち，ほとんどの者が高等部の本科に進学する。高等部の本科は高等学校に準じた教育を行い，普通教育を主とする学科と専門教育を主とする学科が置かれている。専門教育を主とする学科としては，保健理療科（あんま・マッサージ・指圧に関する職業教育），家政科，音楽科などがある。また，高等部には，本科を卒業した後，高度な専門教育を行う場として専攻科が設置されており，保健理療科，理療科（あんま・マッサージ・指圧，はり，きゅうに関する職業教育），理学療法科（主として身体に障害のある者のリハビリテーションに従事する医療技術に関する職業教育），音楽科などが置かれている。これらの職業学科においては，それぞれ社会自立を目指した職業教育が行われている。

盲児（者）の指導に際しては，①各種の点字図書や録音テープ，②実物・模型・標本，③凸線で描かれた地図などの触覚教材，④点字盤や点字タイプライターなどの各種点字器，⑤表面作図器（レーズライター），⑥そろばん・物差し・時計などの各種盲人用計測器，⑦立体コピー，⑧オプタコン等，盲児（者）用のさまざまな教材・教具があるので，それらを有効に活用することが重要になる。また，近年，ワードプロセッサーやパーソナルコンピュータなどの発達により，盲児（者）でも使用が可能な情報機器がふえてきており，これらの機器を上手に使いこなせるような指導も重要になっている。

最後に，盲児（者）を指導したり，彼らと接したりする際の一般的な配慮事項をあげてみる。

① 簡単なことばの説明をそえて，実物や模型などいろいろなものに触れさせたり，観察させる。なお，触らせる場合は，まず全体を大まかにつかませてから部分的な特徴をつかませるようにする。

② 盲児（者）の手や腕を取って動作を教える場合は，正面からではなく，背後から行う方が有効なことが多い。

③「そこ」「あそこ」などの指示代名詞は避け，盲児（者）を基準にした方向や距離を具体的に示す。たとえば「右〇〇センチ」などと指示する。
④そっと近づいたり，黙っていては，盲児（者）が相手の存在に気がつかないので，正眼児（者）が先に声をかけるようにする。
⑤介添誘導の時は介添者が半歩先に立ち，肘上を軽く盲児（者）に握らせる。その際，介添者は脇を締め，危険な側を歩くようにする。けっして，盲児（者）を後ろから押したりしてはならない。

b 弱視児（者）の場合

　弱視児は，盲学校か通常の小・中学校に設置されている弱視学級で教育を受けている。香川邦生らによれば，平成8年度において，全国で弱視学級が設置されている学校は，小学校73校，中学校25校である。しかし，在籍児童生徒が1名という学校が過半数を占めており，毎年，開級や閉級が生じ，その数は流動的であるのが実情である。近年，統合教育の理念の浸透にともない，通常の学級に在籍する弱視児もふえており，彼らの中には，通級による指導を受けている者もいる。

　弱視児の指導について歴史的に振り返ってみると，弱視児に眼を使わせると視力はいっそう低下するとされ，活字を用いた指導に対して消極的な時代があった。しかし，現在の弱視教育では，眼の積極的使用に問題のないことを認め，効果的に眼を使うこと，つまり，眼を上手に使いこなすことにより，学習効率を高めることに主眼を置いた指導が行われている。

　その際，まず第1に重要となるのが，見やすい環境条件を整備することである。弱視児は，視力だけでなく，視野や色覚にも障害がある場合も多く，周囲の環境によって見え方に差があるため，ひとりひとりの眼疾患や見え方の様子をよく把握し，それぞれにもっとも適した条件を整えるようにしなければならない。一般的には，教室全体の照明は明るい方がよく，700〜1,000ルクスが必要である。ただし，眼疾患によっては，まぶしさを訴える場合がある（網膜色素変性症，視神経萎縮，無虹彩，白児眼，全色盲など）ので，その際には配慮を要する。机の位置は黒板等が見やすい位置にし，灰緑色または黒色の黒板の場合には，白または黄色のチョークを用いる方がよい。また，子どもの見え具

合を確かめながら，太く大きくはっきりと板書するようにしなければならない。机は，作業がしやすいように机面が広くやや高めのものを用い，必要に応じて書見台や書写台を活用するようにする。

　第2に，弱視児の指導に際しては，教材・教具の工夫と機器の活用が重要となる。弱視児が対象物をよく見ることができるようにするためには，コントラストも大切ではあるが，網膜像を拡大することがもっとも重要である。その方法としては，眼を対象に近づけるのがひとつの手段であるが，その他に，①文字や絵など対象そのものを拡大する（拡大教科書，拡大コピー），②弱視レンズ（近用と遠用がある）を活用する，③閉回路テレビ（拡大読書器）を利用するなど，弱視児用の教材・教具や機器を有効に活用することも大切である。さらに，見やすい教材を作成するためには，④絵や図など対象を単純にする，⑤見やすい配色にする，⑥鉛筆の濃さやノートのマス目の大きさなどを工夫する，といった配慮が重要となる。

　その他，弱視児（者）に対する主な配慮事項をあげると，以下のとおりである。

①小眼球，緑内障，強度近視など衝撃により壊れやすい眼には外圧を与えないように留意する。
②左右の視力に差がある場合は，片眼で物を見ていることが多く，その場合は立体感や遠近感がとらえにくいので事故に注意する必要がある。
③色覚障害がある場合，色で区別されているグラフなどは，黒い線などで境界を縁どると見やすくなる。

■引用・参考文献
1）原田政美　眼のはたらきと学習　慶應通信　1989
2）石部元雄（編）　現代心身障害学入門　福村出版　1987
3）石部元雄・伊藤隆二・中野善達・水野悌一（編）　ハンディキャップ教育・福祉事典Ⅰ・Ⅱ巻　福村出版　1994
4）香川邦生代表　全国盲学校及び小・中学校弱視学級児童生徒の視覚障害原因等調査研究　筑波大学心身障害学系　1996
5）文部省　特殊学校諸学校学習指導要領解説（盲学校編）　海文堂出版　1992
6）佐藤泰正（監修）　わかりやすい心身障害学　文化書房博文社　1989
7）佐藤泰正（編）　視覚障害学入門　学芸図書　1991

4章 聴覚障害児（者）の理解と指導

「音が聞こえない」ということは，身のまわりの音が理解できないだけではない。音そのものの処理は大脳で行われるが，音のもつ意味，すなわちことば，音声などの意味は，学習されなければならない。話しことばを含めた言語は，主に聞くことを介して習得されるのである。

聴力の損失は，ことばを聞き取り，ことばを模倣することにきわめて困難な状況をもたらす。聴覚は，言語の発達に大きな役割を担っていることから，聴覚の障害は，ことばの理解ならびに産出における障害，すなわちコミュニケーションの障害としてとらえることができる。

1 聴覚障害とは

a 音と聴覚

音とは，物理的事象であり，空気中に密なところと疎なところが生じ，その状態が次々に伝わる波である。これが音波といわれるものであり，この疎密の状態が耳を通じて音として感じられるのである。それに対し，聞くこと，つまり聴覚は，視覚，味覚，触覚，嗅覚と同様に，感覚のひとつを意味するのであって，人間は，あらゆるすべての音を聞き取ることはできない。ここに聴覚と音とを区別する理由がある。音波といわれる波動は，強さ（パワー）と振動数，そして波形によって表現される。心理的には，音の大きさ（ラウドネス）と音の高さ（ピッチ），音色に対応する（表4-1）。

音が大きいとか小さいとか（ラウドネス）は，聞き手の心理的判断である。これを物理的には音の強度として，デシベル（dB）で表わし，0 dBを基準（最小可聴値）として，音のレベルを表わす。人間の聴覚は，その器官を守るために，一定レベル以上の大きさの音を聞くことはできない。普通，その上限は115〜140dBといわれている。このレベル以上になると強い痛みをともなう（飛行機の近くで聞く，ジェットエンジン音は約120〜160dB程度）。

音が高いとか低い（ピッチ）は、聞き手の心理的事象であるが、これに対し、物理学では、1秒当たりの振動数を意味する周波数（Hz）で表わす。波長が短く、つまり速い音ほど、周波数は高くなる。反対に波

表4-1　音の物理的並びに心理的属性

物理的属性	心理的属性
音圧	音の大きさ（ラウドネス）
周波数	音の高さ（ピッチ）
波形	音色

長が長くなれば、周波数は減少し、低い音として感ずる。周波数もまた、聴取できる範囲に制約があり、約16Hz～20,000Hzくらいまでといわれている。とくにことばに関しては、300～4,000Hz（500～3,000Hz）の範囲が重要な周波数レンジとなる。

b　聴覚障害

外界で生じる音は、単純な音の集積ではない。なかでも、人間の発する音声は、さまざまな周波数、音圧レベルの変動から構成されており、音声を処理する過程は、複雑である。

聴覚中枢、つまり聴覚の中心的役割を担うところは、外界から隔絶された大脳の中に位置する。大脳では、基本的に電気的信号、すなわち神経インパルスによってさまざまな情報の伝達が行われているので、音という空気の疎密波は、電気的な信号に変換される必要がある。

音を処理する過程は、大別して3つのプロセスからなる。①空気の疎密波を振動へと変換するプロセス、②振動を増幅するプロセス、③増幅された振動を電気的信号へ変換し、聴覚中枢へ伝達するプロセスである。それぞれのプロセスに、外耳、中耳、内耳が対応する（図4-1）。

①空気の圧力変化を振動エネルギーへ変換するプロセス
　外耳　｜　耳介　→　外耳道　→　鼓膜　へ　｜

②振動エネルギーを増強するプロセス
　中耳　｜　鼓膜　→　耳小骨（ツチ骨・キヌタ骨・アブミ骨）→　｜

③音響的エネルギーを電気的信号へ変換するプロセス
　内耳　｜　蝸牛（卵円窓→リンパ液→コルチ器の有毛細胞→蝸牛神経）｜→聴覚中枢

図4-1　聴覚情報処理過程

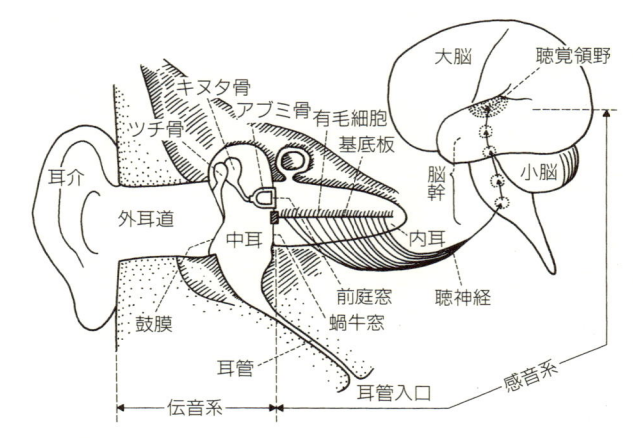

(注) この系統のどのレベルに欠陥があっても難聴は生じうる。ただし難聴の性質は欠陥がどのレベルにあるかにより異なる。

図 4-2　臨床解剖学的にみた聴覚系統

　疎密波である音は，耳介から外耳道を経て，鼓膜へぶつかる。外耳と中耳（鼓室）とを遮断している鼓膜は，その内側と外側とで圧力差があるため，鼓膜そのものが音波に応じて振動する。この鼓膜の振動エネルギーが耳小骨（ツチ骨・キヌタ骨・アブミ骨）のテコの原理により増幅され，内耳（卵円窓）へと伝えられる。内耳（蝸牛）はリンパ液で満たされており，耳小骨の運動エネルギーがリンパ液の波動を導き，リンパ液の波動が有毛細胞を刺激し，電気的信号を生じさせる。つまり，内耳において，音波の音響学的エネルギーが電気的信号へと変換され，神経インパルスが蝸牛神経路をとおり，大脳皮質の聴覚中枢に至るのである（図4-2）。

　距離にしてわずか10数cmであるが，これらの経路のどこかに異常があると，聴く能力，つまり聴力は影響を受けることになる。この聴力の損失を聴覚障害という。

C　聴力検査

　音が大きさと高さで，つまり音圧（dB）と周波数（Hz）で表せるように，聴力もこの2つの側面から測定され，聴力の程度を意味する聴力レベルが特定

される。どの周波数がどのくらいの大きさで聞こえるのかを知るために,普通,音刺激として純音を用いる。

聞こえるか聞こえないかの自覚を求める自覚的検査と行動などの応答をみる他覚的検査に大別される。

d 聴力の程度

平均聴力レベルにもとづき,これまで,軽度,中等度,高度,聾といった表現が用いられることが多かったが,世界保健機関(WHO)は,表4-2にあるような区分を行い,厚生労働省はこれに対応する仮訳をつけている。学問的(診断的・教育的)には,従来の表現が用いられることもある。また91dB以上であっても,まったく聞こえないわけでなく,ほとんどの場合,低い周波数の聴取は可能であるという知見から,聾という表現が避けられ,「軽度,中等度,高度,重度」という表現が使われる場合もある。

聴力レベルで聴力の程度を知ることは可能だが,その解釈はそれほど単純ではない。15dBくらいの聴力レベルの子どもでも,聴くことに困難を示す場合があり,25dBを越える場合でも,何ら日常的に問題をもたない子どももいる[4]。そこには,聴力型(オージオグラムにおける各周波数ごとの聴力レベルの変化)による違い,先天的か後天的か,両側耳にわたる障害か一側耳だけの障害か,一過性か永続的なものか,また補聴器を用いた聴覚活用の程度などのさまざまな要因がかかわってくるからである。とくに聴力の損失が軽度である場合は,重度とくらべてその診断が難しい。言語の理解や表現にめだった問題がみられないからであり,軽度の難聴という事実に気づくことなく,注意欠陥,落ち着きがないなどの行動上の問題としてとらえてしまうことがある。専門家による診断が不可欠である。

表4-2 世界保健機構(WHO)による分類

平均聴力レベル	程　　　度	(厚生省仮訳)
26〜40dB	mild	軽　度
41〜55dB	moderate	中等度
56〜70dB	moderately severe	準重度
71〜90dB	severe	重　度
91dB以上	profound	最重度

2 聴覚障害のタイプと原因

空気の振動，疎密波は，①伝音系（外耳，中耳）を経て，②感音系（内耳，上位聴覚中枢路）へ至ることから，これらの部位の障害にもとづき一般に聴覚障害は，①伝音性難聴，②感音性難聴，③混合性難聴とにわけられる。さらに，①伝音性難聴は，外耳性難聴と中耳性難聴，②感音性難聴は，内耳性難聴と中枢性難聴に細かくわかれる。

a 伝音性難聴

外耳から内耳に至る過程において，何らかの異常・障害が原因となって聴力の低下をまねく。一過性の，軽度から中等度の難聴を生じる。しかし内耳については何ら損傷はなく，大脳への伝達は正常に機能している。したがって，空気の波動を，中耳を介することなく，内耳へ直接伝達可能にすれば，聴力の改善は可能である。

この原因には，先天性奇形，炎症，外傷性損傷などがある。とくに中耳炎は，児童において，伝音性難聴をもたらす大きな原因となっている。中耳炎には，急性，慢性，滲出性，真珠腫性などいくつかのタイプがあるが，一般に，いわゆる風邪やウイルス性の細菌による感染・炎症が耳管機能に影響を与え，中耳腔（鼓室）内の圧力を低下させることが主な原因と考えられている。抗ヒスタミン剤や抗生物質などの投与で回復することが多いが，長期にわたる場合は，圧力の安定，分泌液を除去するために，鼓膜切開術などの外科手術が必要になる。医学的な治療により，聴力は回復・改善する可能性が高い。

b 感音性難聴

内耳である蝸牛あるいは蝸牛神経系に異常・障害が生じたことによる難聴である。この難聴は，伝音性難聴と異なり，医薬や医学的処置による回復は難しい。しかも一過性でなく，永続する傾向があり，また進行性のものもある。聴力の損失は，中等度から重度に及び，聾学校に在籍する生徒のほとんどはこの感音性難聴である。主な原因としては，先天性・遺伝的な要因によるところが

多い。ゆえに聴力の障害だけでなく，他の障害を併せもつこともある。

　胎生期における母体のウイルス感染は，重度の聴力の損失をもたらす。風疹のような感染のほか，抗生物質などの薬物中毒，梅毒などがある。とくに妊娠3カ月以内に風疹感染したことが原因で難聴児が生まれた症例は，過去に数多く報告されている（現在は，ワクチンが開発されこの風疹感染による症例はほとんどみられない）。乳幼児期における，麻疹，流行性耳下腺炎，インフルエンザなどによる感染症もまた内耳の障害を導く。周産期の酸素欠乏症，未熟児，分娩外傷，Rh不適合，髄膜炎などもまた，感音性難聴の原因とされている。

c　混合性難聴

　永続的な感音性難聴に一過性の中耳疾患が併発した場合，伝音性と感音性の合併症に至ることが多い。このタイプをとくに混合性難聴という。

d　中枢性難聴

　中枢性難聴は，とくに聴力の損失は認められず，音を聞くことは可能だが，意味を理解することに困難を示す。脳幹や大脳の聴覚中枢神経系における聴覚情報の処理に問題があるとされているが，その診断は難しく，原因は不明である。このタイプは，末梢性レベルの神経系には何ら異常が認められないのに対し，それ以上の処理レベルで問題をもつと仮定されている。騒音のある状況下での聞き取りが困難であり，語音明瞭度の低下，方向感覚の悪化などの問題がみられる。また注意持続が短く，異常行動もめだち，言語学習に遅れを示すことから，行動上の障害と診断されることもあり，今日では特異的学習障害の範疇に入れることもある。

3　聴覚障害の出現率と理解

a　出現率

　聴力の損失が軽度である難聴児は，聾児（重度聴覚障害児）のおよそ15～25倍と推定されている。出現率をみると，軽度の聴力の損失をも含めた場合は，全体のおよそ5％，聾に限るとその率は，0.1％と報告されている[7]。諸外国

をも含めた難聴の出現頻度は，0.043～0.245％との指摘もある[1]。一般に聾児（重度聴覚障害児）の出現率は，難聴児とくらべてかなり低いといえるだろう。聾学校在籍児童数は，1959（昭和34）年の20,744人をピークに，1999（平成11）年現在6,824人。それに対し，難聴学級に在籍する児童は，1977（昭和52）年の2,120人がピークで，1999（平成11）年現在では1,061人であり，難聴児も聾学校在籍児童もともに減少傾向にある。

b 言語発達

言語習得以前の失聴は，言語習得以後の失聴よりも言語発達に大きな影響を及ぼす。発声・発語の面でいえば，聴覚障害児は，その明瞭さに問題をもつ。子音，とくに無声子音の省略などが顕著である。基本的に，発声・発語はみずから聞いたように発声されるからである。子音は，とりわけ聴き取りにくく，無声音であればなお困難である。その他，①母音の引き延ばし，②母音の鼻音化，③無声音の有声化などの傾向がある。

言語能力は，①聴力の程度，②知能，③聴覚活用の程度，④失聴の時期，⑤両親指導など，さまざまな要因による影響がはたらき，個人差も著しい。語いレベルでは，難聴児で，2年の遅れがみられ，聾児では4～5年の遅れがみられるといわれる。その他，①慣用表現の習得が困難，②辞書的意味を超えた文脈的理解が難しい，③同意語の使用が制限されているなどの問題を示す。そして，助詞の使用を含めた文法規則の習得もまた難しく，文法的な誤りが数多くみられるのが特徴とされている。

c 認知発達

生まれながらに聴力が失われた子どもは，言語を学習する面だけでなく，知的能力の面においても，その影響を強く受けることは否定できない。認知発達の中でも，知的機能に関しては，これまで健聴児との比較において，知能検査が行われ，その発達特性が研究されてきた。その結果，①言語性検査と動作性検査との違いが著しく，言語性において遅れがみられ，②非言語性の認知課題では，具体的なものでは健聴児とほとんど差はないが，絵画配列，図形類推といった抽象的課題で発達的な遅れがあると報告されている[8]。一般に，発達的

な遅れならびに視覚的なスキルに偏った処理が，特徴といわれている。しかしながら，知的能力が健聴児よりも劣るのかどうかについて，今日，潜在的な能力という点では必ずしも劣るわけではなく，質的には何ら違いがないとする見解もある。

d 学力

学習が言語的スキルに依存することから，聴力の損失による影響は，言語能力のみならず，教科学習へも強く及んでいる。学力の面について，これまで聴覚障害児の多くは，小学校4年生レベルで停滞してしまうといわれてきた。

いわゆる「9歳レベルの壁」であり，教科内容がそれまでの具体的なものから抽象的なものへ移行する段階で，つまずくことが指摘されている。視覚的な具体物への依存傾向，ゆえに視覚的にはとらえにくい抽象的概念の理解が困難になるとの解釈がなされている。具体的には，算数などの論理的思考を要求する科目にはそれほど問題はみられないが，言語力が必要とされる国語などの科目において遅れがめだつ。

授業場面では，できるだけ具体例をあげながら，抽象的概念の理解を促す指導が試みられている。しかしながら，具体物を例示することにも限りがあり，また語い力ならびに言語能力の制約も加わり，学力の向上を目的とした指導は，困難であるのが現状である。

e パーソナリティ

これまで，聴覚障害児（者）のパーソナリティについては，①自我構造の未分化，②固執性があり，③無邪気，素直，依存心が強いなどの情緒面での未熟さ，④衝動性，⑤自己中心性などの傾向が指摘されてきた[6]。しかしながら，聴覚障害に特有のパーソナリティが存在するかどうかについては，特性といえるほどのものは存在しないとする見解が広く浸透している。ただし，対人的なコミュニケーションの問題から生じる派生的傾向として，とくに指導者側は考慮しておく必要はあろう。

こうした傾向を生む背景には，これまでの教育環境や家庭環境の影響が考えられる。聴覚障害児は，就学以前から，少人数のクラスで教育を受け，また個

別指導も頻繁に行われ，毎日の日課の中で母親からの集中的な指導を繰り返し体験する。また家庭内では，両親から受ける，過保護，過干渉，あるいは拒否的態度などがあり，また家庭以外の他者の態度も少なからず，パーソナリティに影響を与えるはずである。その体験が幼児期であればあるほど，その態度が否定的であればあるほど，パーソナリティを形成していくうえで大きな影響があることは否定できない。

これまで指摘されたパーソナリティの傾向は，自我であるアイデンティティがいまだ確立されていないことに集約できるかもしれない。聴覚障害児の場合，幼児期からとくに言語指導などで1日の大半をともにするほど，母親とのかかわりが大である。自我の確立には，その基礎に，他者へ依存する段階が必要とされるが，過度の依存あるいはその質的差異はその後の自立への移行を困難にするのかもしれない。

4 聴覚障害児の教育

a 就学指導

主として聴力レベルならびに聴覚活用の程度によって，就学する場がわかれる。「聾学校」「小中学校にある難聴特殊学級」，平成5年度から実施されるようになった「通級による指導」，そして従来からの「通常の学級で留意して指導」のいずれかの場で教育を受けることになる。教育の場は，主として，障害の程度によって判断されるが，難聴学級には，本来なら聾学校に就学するような児童，すなわち聴力レベルが100dBを超える児童も在籍しているのが現状である。

b 早期教育

最早期教育ということばがあるように，聴覚障害児の場合は，できるだけ早くから指導することの重要性が指摘されている。保健所などにおける1歳6カ月児健康診査，3歳児健康診査が，厚生労働省の管轄のもと，各市町村レベルで実施されている。幼稚部入学以前の，1～2歳の幼児に対する指導が，聾学校では，教育相談という形で実施されている。また学校以外では，福祉・医療

機関の療育サービス（厚生労働省管轄の「難聴幼児通園施設」など）が，聴覚障害の早期発見・早期療育に努めている。そこでは，コミュニケーションの成立から言語習得を導く指導を中心に，①親への（障害の受容も含めた）援助指導，②個別指導，③遊びをとおしての集団指導などが行われている。

c 自立活動

1999（平成11）年学習指導要領の改訂にともない，養護・訓練は「自立活動」に名称が変更された（12章160～162頁参照）。聴覚の損失による障害（ディスアビリティ）の主体的な改善・克服を目的として，主に①聴覚活用，②発音・発語指導を含めた言語指導が中心として位置づけられている。

具体的には，①補聴器を効果的に活用し音を聞くことを訓練する「聴覚学習」，②発音の明瞭度を高める「発音指導」，アクセント，抑揚なども取り入れた「発語指導」，口形・表情からことばを読み取る「読話指導」，そして言語表現，語いの習得をねらいとした「言語指導」などがある。その他，手話などのコミュニケーション手段の習得，生活全般にわたる指導なども含まれる。

とくに発音・発語指導については，従来から口話法教育において培われた系統的な指導手順・方法が確立されており[5]，近年では，視覚的にフィードバックする発音訓練用機器が開発され，より効果的な訓練が行われている。

d コミュニケーション手段

聴覚障害児の教育に関して，とくに学校教育において用いられるコミュニケーション手段は，現在それぞれの学校によって違いがみられる。それは，学校教育以外の，聴覚障害児（者）のコミュニケーション形態が近年多様化していることを反映している（図4-3）。

聾学校幼稚部では，主に「口話」（聴覚口話法を含む）中心の指導がなされている。しかしながら，「口話」のみの割合は，小学部，中学部，高等部と学部があがるにつれ，極端に低下していく傾向にある。

それに対し，指文字・手話などの手指メディアの割合が高くなることが報告されている。

従来の口話法は，補聴器の性能向上とともに聴覚活用を重視した「聴覚口話

```
トータル          ┌ 手指メディア ──┬ キューサイン
コミュニケーション │              │ 指文字
                  │              └ 手話（日本手話・中間型手話・日本語対応手話）
                  │
                  └ 音声言語メディア ┬ 口話（読話）
                                    │ 聴覚口話
                                    └ 聴覚活用
```

図4-3　コミュニケーション手段

法」という形態に変わり，また子音を示す手指サイン（キューサイン）を用いることにより，読話・発声を補う「キュード・スピーチ」を使用する学校が多くみられるようになった。栃木聾学校の同時法のように，指文字を早期から導入しているところもある。

　また，早期から手話を導入し口話への移行をはかる金沢方式（金沢大学），早期から手話と口話とを併用する聴覚手話法（足立ろう学校）など，教育の場においても，さまざまなコミュニケーション手段が用いられるようになった。

　アメリカにおいては，早期からトータル・コミュニケーションが台頭し，世界的には手話をひとつの言語として認める考えが広まっている。こうした背景のなか，1993（平成5）年文部省は「聴覚障害児のコミュニケーション手段に関する調査研究協力者会議」報告により，中学部，高等部において手話を用いた指導を認める提言を行った。これまでの口話中心主義の経緯があったなかで，はじめて手話を聾学校教育において位置づけるまでに至ったのである。

　聾学校教育におけるコミュニケーション手段は，今後ますます多様化していくものと思われる。しかしながら，①日本語の習得を第一におく文部科学省の方針，②バイリンガル教育の「手話は聾者の第一言語である」との考えがわが国においていまだ浸透していないという背景，③手話を使える教師の不足，④幼少の子どもはコミュニケーション手段を選ぶ立場にない，などの多くの課題がある。

　いずれにしても，教育の場においては，子どもの既有の言語能力や語い力を知ること，そして現時点で使えるコミュニケーション手段を指導場面で生かし，子どものニーズを満たすことは，時代とともに変わることのない，必要不可欠

な基本的事項であるといえる。

■引用・参考文献
1) 星　龍雄　聴力障害児　小林　登他（編）　新小児医学大系第26巻　中山書店　1985
2) 文部省大臣官房調査統計課　学校基本調査報告書　1996
3) 文部省特殊教育課特殊教育研究会　特殊学級設置校特殊教育諸学校のための教育実践ハンドブック　第一法規出版　1993
4) Northern, J. & Downs, M., *Hearing in children*. Baltimore: The Williams and Wilkins, 1978
5) 岡　辰夫　たのしいはつおんきょうしつ　コレール社　1996
6) 岡田　明　聴覚障害の心理的特性　岡田　明（編）　聴覚・言語障害の教育と福祉　日本図書文化協会　1978
7) Ross, M. & Giolas, T. (Eds.), *Auditory management of hearing-impaired children*. Baltimore: University Park Press, 1978
8) 吉野公喜　聴覚障害児の教育　五十嵐信敬他（編）　障害児教育　コレール社　1995

5章　知的障害者の理解と指導

1　知的障害とは

a　用語問題

　1990年頃より「精神薄弱」という用語の見直しをめぐって，「精神薄弱」関連用語についての論議が盛んになされるようになってきた。すなわち，「精神薄弱」という用語は，精神が薄くて弱い，という語感からいっても望ましくない，また，障害の実態を正確に表現しえているわけでもない，さらには，差別的で侮蔑的な用語であり人格全体の否定につながる用語でもある，ということで不適切な用語である，とされている。上述の理由で官庁関係においても，1999（平成11）年4月1日から「精神薄弱の用語整理のための関係法律の一部を改正する法律」にもとづいて，「精神薄弱」という用語が「知的障害」という用語に改められた。

　ところで，専門家でない一般の人々は「精神薄弱」関係用語に対してどのようなイメージを抱いているのだろうか。筆者らは，「精神薄弱」「ちえ遅れ」「知的障害」「精神遅滞」「知能障害」「発達障害」の6つの「精神薄弱」関係用語に対するイメージの調査を行い，いかなる用語が望ましいのか，また，いかなる用語が望ましくないのかについて，大学生を対象として検討を行った[11]。その結果によると，6つの「精神薄弱」関係用語のうち，もっとも望ましいとイメージされた用語を特定することは困難であったが，もっとも望ましくないとイメージされた用語は「精神薄弱」であると考えられた。

　さらに，新聞などではどのような用語がよく使われているのだろうか。朝日新聞記事データベースにもとづいて，1985（昭和60）年以降の「精神薄弱」関連用語の使用状況について検討した。その結果，朝日新聞においては，記事中においても，見出し中においても，「精神遅滞」「知的発達障害」「知能障害」という用語は，それほど使用されてこなかったということがわかった。また，

1993（平成5）年を境にして，「知的障害」という用語が頻繁に使用されるようになり，「精神薄弱」「ちえ遅れ」という用語は使用されなくなりつつあることも明らかとなった[10]。

　筆者自身，概念の明確さからいっても，アメリカ精神遅滞学会（AAMR）において使用されている「精神遅滞」が適切な用語であると考えてきた。しかし，「精神遅滞」は，わが国の専門家の間では頻繁に使用される用語であるものの，一般社会の人はほとんど使用しないなじみの薄い用語であることが朝日新聞記事の分析をとおしても明らかとなった。そこで，本章においては，広く普及しはじめている用語を使用することが望ましいという観点から，知的障害を使用することとする。

b　定義と出現率

1）定　　義　　知的障害児（者）とはどのような人を指すのだろうか。
わが国の学校教育において最初に定義されたのは1953（昭和28）年で，それを見ると，精神薄弱者とは，「種々の原因により精神発育が恒久的に遅滞し，このため知的能力が劣り，自己の身辺の事がらの処理および社会生活への適応が著しく困難なもの」とされている。この定義において，「精神発育が恒久的に遅滞」という部分は，その後多くの批判を浴びることとなる。そういった経過もあり，文部省はこの定義を1962（昭和37）年に失効させている。

　その後の1966（昭和41）年の文部省の定義においては，「精神薄弱児とは先天性，または出産時ないしは出生後早期に，脳髄になんらかの障害（脳細胞の器質的疾患か機能不全）を受けているため，知能が未発達の状態にとどまり，そのため精神活動が劣弱で，社会への適応が著しく困難な状態を示している者をいう」としている。この定義は，昭和28年の定義に比べて，障害の原因についてより具体的に述べており，障害の部位も脳髄としている。また，「精神発育が恒久的に遅滞」という語句もなくなっている[16]。

　わが国の知的障害の理解の仕方に影響を及ぼしているものとして，上記のAAMRがAAMDといわれていた当時の定義がある。その1973年改訂版をみると，「精神遅滞とは，一般的知的機能があきらかに平均よりも低く，同時に適応行動における障害を伴う状態で，それが発達期にあらわれるものを指す」

となっている。ここで発達期とは18歳までの年齢を指す[3]。

最近のわが国のとらえ方についてみると，平成7年度に厚生省障害福祉課により実施された「精神薄弱児（者）基礎調査」において用いられた定義および判定基準では，精神薄弱の定義は以下のようになっている[5]。

定義に関しては，「知的機能の障害が発達期（おおむね18歳まで）にあらわれ，日常生活に支障が生じているため，何らかの特別の援助を必要とする状態にあるもの」とされている。判定基準に関しては，「知的機能」は，標準化された知能検査によって測定された知能指数がおおむね70までのものとなっている。また，「日常生活能力」は，自立機能，運動機能，意思交換，探索操作，移動，生活文化，職業等の到達水準を同年齢の日常生活能力水準と比較して決めることになっている。

このような見方は，知的障害児（者）を，知的機能の側面と日常生活への適応機能の側面との両方からとらえようとするものであり，AAMDのとらえ方の影響を受けたものということができよう。

1996（平成8）年の文部省のとらえ方をみても，「精神薄弱とは，発達の過程において起こり，知的機能の発達に遅れがみられ，適応行動の困難性を伴う状態」としていた[8]。

2) 出現率　出現率については，知的障害児（者）の定義の仕方によって異なってくる。すなわち，知能の障害だけに焦点を当てるのか，知能の障害がどの程度からを知的障害とするのか，知能の障害の原因を特定するのか，あるいは，たんに知的機能の障害ばかりでなく適応機能の障害についても考慮するのか，などによってその出現率は変わってくるだろう。たとえば，適応機能について考えると，学齢段階においては，知的機能が障害を受けていると，学校での適応は悪くなりがちである。ところが，学校を卒業し，就職して社会に出れば，適応機能の面では学校時代よりもよくなる。そうなると，知的障害ということを問題としなくてもすむこととなり，学齢を過ぎた知的障害者の出現率は下がってくることになるだろう。学齢段階では，学業成績に重きがおかれるので，他の年齢段階にくらべて知的障害の出現率が高いのが通例である。なお，知能だけに焦点をあて，IQが－2SD以下（ウエクスラー法の知能検査ではIQ70以下，ビネー式知能検査では68以下）の者を知的障害とするならば，そ

表5-1 知的障害児（者）総数[6]

(単位：人)

	総　数	在　宅	施設入所
総　　数	413,000	297,100	115,900
18歳未満	96,300	85,600	10,700
18歳以上	300,500	195,300	105,200
年齢不詳	16,200	16,200	―

※在宅は，今回の調査結果による。施設入所は，社会福祉施設調査（平成7年10月1日）等による。
※施設入所とは，知的障害児施設（自閉症児施設を含む），重症心身障害児施設，国立療養所委託病床（重症心身障害児），知的障害者更生施設，知的障害者授産施設の各施設である。

の出現率は理論上およそ2.3％となる。

　最近のわが国の出現数に関しては，平成7年度の厚生省の「精神薄弱児（者）基礎調査結果の概要」をみると，知的障害児（者）の総数は413,000人（18歳未満96,300人，18歳以上300,500人，年齢不詳16,200人）と推計されている（表5-1）。したがって，出現率は，0.5％以下になる。

C　障害の程度

　知的障害児（者）の障害の程度については，最重度，重度，中度，軽度という4段階の分類方法がしばしば採用されてきた。すなわち，IQがおおむね20以下を最重度，おおむね21〜35を重度，おおむね36〜50を中度，おおむね

表5-2　障害の程度別にみた知的障害児（者）数（在宅者）[5]

(単位：人，％)

	最重度	重　度	中　度	軽　度	不　詳
総　　数	37,100 (12.5)	91,200 (30.7)	87,700 (29.5)	71,700 (24.1)	9,400 (3.2)
精神薄弱児 (18歳未満)	11,300 (13.2)	26,700 (31.3)	22,700 (26.6)	22,800 (26.7)	2,000 (2.3)
精神薄弱者 (18歳以上)	24,700 (12.6)	60,700 (31.1)	60,500 (31.0)	45,400 (23.2)	4,000 (2.0)
不　　詳	1,000 (6.2)	3,700 (22.8)	4,500 (27.8)	3,500 (21.6)	3,500 (21.6)

資料：厚生省「精神薄弱児（者）基礎調査」（平成7年）

51〜70を軽度としてきた。障害の程度別にみると、最重度・重度者が43.2％、中度・軽度者が53.6％である[6]。（表5‐2）。要するに、発達期を過ぎ成人した段階において、知能の発達段階がおよそ3歳程度以下の人を最重度、発達段階がおよそ3〜5.5歳程度の人を重度、発達段階がおよそ5.5〜8歳程度の人を中度、発達段階がおよそ8〜11歳程度の人を軽度とみなしてきた。

そして、このような基準にもとづいて、障害基礎年金や療育手帳の等級なども決められてきた。

AAMRにおいても、従来は、最重度、重度、中度、軽度という分類方法を採用していた。ところが、1992年の分類において、AAMRは、上述のようなIQの程度別による分類ではなく、サポートの程度による分類を採用している[1]。すなわち、

(1) 一時的（intermittent）：必要な時だけのサポート。たとえば、失業した時とか、急性の病気の時など、必要な時に提供されるサポートである。

(2) 限定的（limited）：期間限定であるが、継続的な性格のサポート。たとえば、期間限定の雇用訓練あるいは学齢から成人に達するまでのある期間の過渡的サポートである。

(3) 長期的（extensive）：ある環境においては継続的に提供されるサポート。たとえば、職場や家庭での規則的なサポートや長期の時間限定のない家庭生活サポートである。

(4) 全面的（pervasive）：いろいろな環境で、長期的に、しかも強力に提供されるサポート。恒常的に、高密度にさまざまな環境にまたがって、生活を維持するために提供されるサポートである。

これは、従来の、どの程度障害されているのか、何ができないのか、という観点に立ったものではなく、どのようなニーズをもっているのか、どのようなサポートが必要なのか、という観点に立った分類である。この観点からの分類では、その人が何を必要としているのかを判定し、社会はその人に対してどのような援助を提供できるのかを判定することとなる。したがって、この分類は、知的障害者本人の側に立った分類ということができるだろう[13]。

2 知的障害児（者）の理解

ここでは，知覚，言語，行動類型から知的障害児（者）の特性をみていく。

a 知 覚

知的障害児（者）の知覚に関しては，知的発達が遅滞しているということもあり，未分化性，体制化の未発達，などが指摘されている。たとえば，知覚の未分化については，精神年齢（MA）が高くなると分化してくることが明らかになっている。すなわち，正方形分割図形，蜂の巣図形（図5-1）においては，MA 8～9歳以上になると，分化した知覚が可能となり，正しく模写できるようになる[2]。

知的障害児の知覚の特徴ということになると，脳損傷型知的障害児と非脳損傷型知的障害児との比較において論じられることが多い。すなわち，非脳損傷型知的障害児の知覚は，精神発達の遅れという観点から説明できる。しかし，脳損傷型知的障害児の知覚については，脳の損傷ということを考慮しないと説明できない。脳損傷型知的障害児の知覚の特性としてもっとも特徴的だとされるのは，図-地関係の知覚障害である。

シュトラウス（Strauss, A.A.）らは図5-2に示したような絵画テストのカード（全部で9枚）を使って，7～10歳の健常児，MAが7～11歳の非脳損傷型知的障害児，MAが7～11歳の脳損傷型知的障害児の3つのグループを対象として，図-地関係の知覚検査を行った。絵画テストのカードを1枚ずつ瞬間露出器で1/5秒間提示し，「何が見えたか」を尋ねた。その結果，背景（地）に対する反応の平均は，健常児では全反応の9％，非脳損傷型知的障害児では14％であった。ところが，脳損傷型知的障害児では75％と他の2グループにくらべて多かった[15]。

シュトラウスらは視知覚領域における背景に妨害されて図を正しくとらえられないという，このような図-地障害が視知覚を含むあらゆる学習過程の中で脳損傷児のハンディキャップとなっているとした。

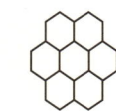

図5-1 正方分割図形と蜂の単図形

b 言　語

　自分の身のまわりのものごとに興味や関心をもち，その性質や特徴を認知する中でことばが形成され，そのことを他者に伝達したり自身で確認するとき，われわれはことばを使用する。また，自分の要求や意志を確認したり，周囲の人に表現したりする時もことばを使う。さらには，他者の要求や意志をことばをとおして理解する。したがって，自分自身や他者あるいはものごとについて，以上のような心理的，知的機能が働かないところでは言語は育ちにくいし，言語の必要性も少ない。

　このように，言語の本質が知能と密接に関連しているということもあって，知的障害児の言語については障害が認められたり，遅れがみられたりする。

　知的障害児は，概して，ことばの発達が遅く，2～3歳になってもことばが出ない，3～4歳になっても1～2語文程度の表現である，語い数が乏しい，具体物の名詞の数が多く，動詞，形容詞，副詞，助詞などの数が少ない，表現内容が単純で，現前していることに関してのみ話し，過去のこと，将来のことは話せないし，理解できない，ことばの配列や使い方がおかしい，ことばによる指示や話の理解が劣る，事物の属性（色，形，大きさなど）の理解があいまい，発音異常や構音障害がめだつ，知っていることばの応用力が劣るなどといわれている[7]。

　知的障害の程度に注目すると，軽度の知的障害者にあっては，日常生活を送っていくうえではほとんど言語面での障害がない人もいる。他方，重度の知的障害児では，成長してもことばを話すことができない人もしばしば見受けられる。概して，重度の知的障害児（者）は，言語のうちでも，「新聞をもってい

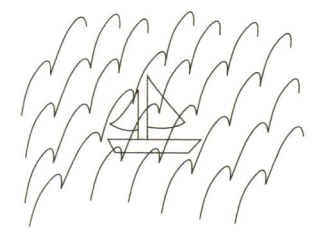

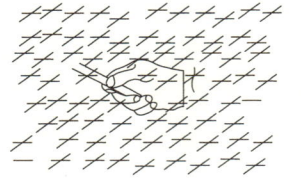

図5-2　絵画テストのカード[15]

らっしゃい」といった簡単な命令を実行するようなことばの理解（理解言語）にくらべて，ことばを発すること（表出言語）の発達遅滞がよりいっそう著しい。

C 行動類型

　従来より，知的障害児の行動をいくつかの類型に分類する試みは多くなされてきた。ここでは，脳障害の有無に着目した立場からの分類，三木安正による子どもの現象面に注目した立場からの分類，ソビエト（現ロシア）の高次神経活動の立場からの分類，などについてみていくこととする。

　1) 脳障害の有無に着目した立場からの分類　　シュトラウスやレーチネン (Lehtinen, L.E.) らは脳損傷型知的障害児と非脳損傷型知的障害児とをわけてその行動特性を比較検討し，脳損傷型障害児の行動特性を明らかにしようとした。それによると，脳損傷型知的障害児は非脳損傷型知的障害児にくらべて，移り気で，非協調的である，自制心がない，禁止がきかない，人に好かれない，ということが示されている。また，脳損傷型知的障害児は多動的であり，制止がきかない。一見，意気盛んなようであるが，困難に直面した時などは激しく泣き出したりする。また，脳障害児には，知覚領域同様，行動領域においても固執性が認められる。たとえば，「飛行機はどうして動くの？」といったような型にはまった質問を，いくらていねいに説明されてもなお，何回も何回も繰り返し行ったりする。

　2) 三木による子どもの現象面に注目した立場からの分類　　三木は，脳障害の有無というような知的障害の原因に着目するのではなく，現象面から知的障害児の行動類型を明らかにしようとした[17]。そして，経験的に，①幼弱型（おとなしい，先生のいうことをよくきく，素直である，年齢に比して子どもっぽい行動をする，知能的に単純で幼稚である，等），②固執型（自分の気のむいたことならいつまでも続けている，服装などきちんとしないと気がすまない，一度自分で決めたことをつねに守って変えない，自分の持ちものに他人がさわったりするといやがる，一度始めたことをやめさせようとしてもなかなかやめない，等），③興奮・衝動型（すぐかんしゃくをおこす，理由なしに突然人をけったり頭をぶったりする，少し興奮するとすぐものを投げたり，ものをこわし

たりする，少し興奮すると誰のいうこともきかない，衝動的にあぶないことも平気でする，等），④支離滅裂型（することに一貫性がなく，いきあたりばったりである，そのときの状況とまったくかかわりのない行動をする，ひとりでとりとめのないことをしゃべっている，気分の変動がはげしい，とっ拍子もないことをする，等），⑤夢遊型（周囲の出来事に無関心である，いつもひとりであてもなくぶらぶらしている，することが次々に変わっていく，何かに憑かれたような状態でいることがある，人を避けるようにしている，等）の5類型を提唱した。

この分類において，たとえば，①幼弱型の行動はシュトラウスやレーチネンらの非脳損傷型知的障害児に認められる行動特徴と，また，③興奮・衝動型はシュトラウスやレーチネンらの脳損傷型知的障害児にみられる行動特徴と重なる部分も多いと思われる。

3） ソビエト（現ロシア）の高次神経活動の立場からの分類 この分類は，知的障害児の行動にみられる差異を，大脳皮質における神経過程の障害によって類型化しようとするものである。興奮過程と制止過程が平衡を保ちながら，全体として神経過程が不活発なものを基本型，興奮過程と制止過程の平衡が破れ，興奮過程が制止過程よりも相対的に優位なものを興奮型，興奮過程と制止過程の平衡が破れ，制止過程が興奮過程よりも相対的に優位なものを制止型，と分類した[17]。基本型，興奮型，制止型のそれぞれの行動特性を簡単に示すと以下のようになる。

(1) 基本型：情緒的に安定している，行動は正常で比較的まとまりがある，勤勉で従順である，質問にはよく考えて答える，学校の決まりを守る，親きょうだいに対して愛情を示す，等。

(2) 興奮型：落ち着きがなくむら気である，制止が一般的にきかない，集中できない，一般的な興奮が高い，友だちとうまく遊べない，教室でおとなしく座っていることはまれである，等。

(3) 制止型：疲労しやすい，不活発である，反応がきわめて遅く鈍い，動作が緩慢，貧弱，かつ単調である，全体として口数が少なく静かで表情がなく，ゆっくりとあやふやな話し方をする，人のいいなりになりやすい，等。

上述のような行動類型的な見方に関して，必ずしも明解に各類型に分類でき

る子どもばかりではない，といった批判もある。しかし，実際に学校や施設その他の場において見かける知的障害児（者）の中には，脳損傷型の人だなとか，興奮型の人だなとか，と推測される場合があることも事実である。行動類型的な見方にあまりにもとらわれすぎてもいけないが，知的障害児（者）の行動の理解には役立ってきているといえよう。

3　知的障害児（者）の指導

a　早期教（療）育

　母子保健の普及により，母胎内または出産時の原因による障害のうち，防止できるものが少なくないといわれている。しかし，実際には完全に予防することが難しいので，早期発見・早期教（療）育が重要となってくる。

　近年は，医学の進歩や乳幼児健康診査などにより，障害の早期発見がなされるようになり，かなり早期からの教（療）育も可能になってきている。とはいっても，乳幼児については，心身の発達が不十分であるために，正確な診断ができない場合も多い。そうした場合，診断や障害の種類を特定できなくとも対応していく必要がある。

　児童相談所は，1歳6カ月児健康診査や3歳児健康診査の結果を受けて，事後指導を行い，必要に応じて通園施設などへの入所措置を行っている。

　知的障害児通園施設では，集団遊びや音楽，絵画，運動などをとおして，生活リズムの確立や健康の保持・増進，意欲的で安定した生活習慣・生活能力の獲得，身体運動機能の向上，言語機能や社会性の伸長など，子どもの全面的発達の援助を行っている。また，通園施設は地域に密着した施設でもあるので，たんに措置児童の療育だけではなく，地域の療育センターとしての役割を果たすことも期待されている。実際に，措置児以外の児童の外来相談や外来療育などをとおして，障害児の早期療育に大きな貢献をしている[12]。

　福祉事務所は，家庭児童相談室を開設したりして，言語発達や精神発達についての相談を行い，事後指導を行っている。保健所も，同様な相談・指導を行っている。

　また，幼稚園や保育所において，障害幼児が受け入れられ，保育を受けてい

る。その他，民間の教育や療育機関に多くの障害幼児が通い，早期教（療）育や訓練を受けたりしているのが実状である。

なお，知的障害養護学校に幼稚部を設置しているところは2000（平成12）年5月時点で11校であり，養護学校の幼稚部で早期教育を受けている知的障害児の数は48名と少ない。

b 学校教育

知的障害児の学校教育は，知的障害養護学校，知的障害特殊学級を中心に行われている[8]。

知的障害養護学校においては，知的発達の遅れの程度が重度・中度の子ども，遅れの程度が軽度であっても社会的適応の面で困難を有する子どもなどを対象として教育を行っている。

2000（平成12）年5月現在の知的障害関係の養護学校の在籍数をみると，小学部においては16,670名，中学部においては12,847名，高等部においては27,513名である。このことからも明らかなように，高等部に在籍する生徒数が多いことがわかる[9]。

養護学校の教育目標は，ひとりひとりの全人的発達を図るという点では，基本的には小学校，中学校，高等学校と同じである。しかし，もう一方で，在学児童生徒の特性を考慮して，身辺自立の技能と習慣を身につけさせるなどして，社会に参加していくための知識，技能および態度を養うことに重点を置いている。その教育課程は，子どもの生活を中心として編成されていることに特色があるといえる。知的障害の程度が重度・中度の子どもにあっては，抽象的な思考が困難でもあるので，実際的な場面で具体的な生活経験をとおして学習するとともに，教科の内容を系統的に学習する必要がある。

知的障害特殊学級においては，知的発達の遅れの程度が軽度の子どもを主な対象として教育を行っている。特殊学級での教育は，児童生徒の特性に応じて特別な教育課程を編成するとともに，指導方法を工夫している。

2000（平成12）年5月現在の知的障害関係の特殊学級の在籍児童生徒数は，小学校が31,558名，中学校が17,154名である[9]。

小学校の特殊学級では，体力づくり，基本的生活習慣の確立，社会生活を送

るうえで必要な言語の理解や表現などを指導の中心にしている。また，通常の学級の児童と活動する機会を多く設けて集団生活への参加が円滑に行われるよう配慮している。

中学の特殊学級では，対人関係や集団参加を円滑にするための指導や，職業生活，家庭生活に必要な知識，技能，態度を身につけるための指導が中心になっている。さらには，作業学習の指導をとおして，働くことの意義を理解し，働く態度，喜びなどを身につけて，将来の職業生活へ向けて努力している。

C 進路指導

2000（平成12）年3月の知的障害養護学校中学部の卒業生の進路をみると，93.9％の者が進学し，4.0％の者が福祉施設や医療機関へ入所している。就職者は0.2％である。また，中学校特殊学級（知的障害以外の特殊学級を含む）の卒業生の進路を見ると，83.4％の者が進学し，7.3％の者が福祉施設や医療機関などへ入所している。就職者は4.6％である[9]。

同様に，平成12年3月の知的障害養護学校高等部の卒業生の進路をみると，0.7％の者が大学・専攻科等へ進学し，2.3％の者が教育訓練機関等へ入学している。そして，58.0％の者が福祉施設や医療機関へ入所し，就職者は27％である。

以上のような数字をみても，知的障害児が一般企業へ就職することは難しいことがわかる。この理由として，経済不況による雇用の悪化ということもあるだろうが，別の理由としては，養護学校高等部や高等養護学校に在籍する生徒の障害の重度化，多様化が考えられるであろう。したがって，養護学校高等部や高等養護学校の教育においては，社会参加や自立を目指した職業教育に力点を置くだけではなく，福祉的就労をも視座に入れた教育目標を掲げることも必要となってこよう。

知的障害者の一般的就労に必要な条件として，①基本的な生活習慣や日常生活に必要な知識・技能・態度の習得，②社会生活に必要な常識，たとえば集団参加能力（協調性・協力性・公共心・移動能力）の習得，③精神発達と円滑な人間関係の調整，④職業的なレディネスの成長，の4つがあげられている。したがって，一般就労を目指した指導においては，これらの知識・技能・態度を

育てるべく，職業教育の実践に努める必要があるだろう[14]。

また，作業所での福祉的就労をする障害児のための教育内容においては，次にあげるような力や体験が必要だと述べられている[18]。すなわち，①単独通所する力，②地域の商店を利用する力，③食事づくり，おやつづくり，④みんなと一緒に共同行動する力，⑤ふれあい，交流体験，である。

d　本人参加へ向けて

知的障害者は，言語発達の面で遅れを示す人が多い。そのため，本人の主張はこれまであまり取り上げられてこなかった。もっぱら，親や教育関係者，福祉関係者らが本人の代弁者となってきた[4]。

ところが，ノーマライゼーション思潮がしだいに浸透しはじめ，自己決定，自己選択，権利擁護（アドボカシー）の検討がなされるにつれ，代弁者の声ではなく，知的障害者本人の主張を聞くべきだという考え方が生じてきた[4]。

1989（平成元）年，育成会全国大会においてはじめて本人分科会が開かれ，本人主体のレクリエーションと発言の場が設けられた。さらに，1990年には，国際知的障害者育成会連盟（ILSMH）の世界会議がパリで開催されたとき，わが国からはじめて知的障害のある青年5名が参加した。わが国から出席した知的障害者たちは，アメリカやスウェーデンからの参加者がみんな堂々と発言することに圧倒されたりした。そして，自分たちも発言できるようにならなければ，という切実な思いをいだくようになっている。

1991（平成3）年の育成会全国大会では，知的障害者本人の発言の場を提供しようとして，意見発表をしたい人を公募し，35名が応募して自分の意見を大勢の前で発表した。

1994（平成6）年の育成会全国大会においては，本人分科会の企画・運営を全国の本人の会の代表が集まって行った。この大会では，全国大会を土・日に開いてほしい，私たちに関することは私たちを交えて決めてほしい，私たちが発言できるように応援してほしい，私たちが地域で生活できるようにしてほしい，「精神薄弱者」という呼び名を早く別のことばに変えてほしい，といった内容を盛り込んだ「本人決議」文を発表した。育成会全国大会への本人参加がよりいっそう明確になってきたといえよう。

また，育成会から，『元気の出る本』のシリーズとして，本人たちが記述し，編集した書物がすでに1993（平成5）年以来8冊刊行されている[19]-[26]。これらの書物の中から，社会の人々に対する知的障害者の要望に関連した文をみると，子ども扱いしないでほしい，会社の人は「明日から来なくていい」といわないでほしい，障害者に貸してくれるアパートがほしい，この会は自分たちでつくって進めていくので，援助者は手を出さないでほしい，などといった声があり，さまざまな思いを読みとることができる。

知的障害児（者）の教育や福祉に携わる者にとって，本人の主張に耳を傾けることの重要性は，いうまでもない。今後，本人の意向を取り入れたかたちで知的障害児（者）の教育や福祉がよりいっそう進展していくものと期待される。

■引用・参考文献

1) アメリカ精神遅滞学会（AAMR）編　茂木俊彦（監訳）　精神遅滞　第9版　1992　学苑社　1999
2) 足立正常・木村敦子　精神遅滞児の知覚特性　小宮三弥・山内光哉（編著）　精神遅滞児の心理学　川島書店　1993
3) グロスマン, H.（編）　村上氏廣（訳・監修）　精神遅滞の用語と分類――米国精神薄弱学会（1973年改訂版）　日本文化科学社　1975
4) 本間弘子　第4部　福祉　8　本人参加　日本精神薄弱者福祉連盟（編）　発達障害白書戦後50年史　日本文化科学社　1997, pp.251-255
5) 厚生省　平成7年度精神薄弱児（者）基礎調査――調査の手引き　厚生省　1995
6) 厚生省　平成7年度精神薄弱児（者）基礎調査結果の概要　厚生省大臣官房障害保健福祉部　1996
7) 松坂清俊　トータルアプローチによることばの育て方　日本文化科学社　1987
8) 文部省　一人一人を大切にした教育――障害等に配慮して　文部省　1996
9) 文部省　特殊教育資料（平成12年度）　文部省初等中等教育局特殊教育課　2001
10) 生川善雄　「精神薄弱」関連用語の出現頻度の年次別推移　日本心理学会第61回大会発表論文集　1997, p.205
11) 生川善雄・安河内幹　「精神薄弱」関係用語に対する大学生のイメージ　東海大学健康科学部紀要第3号　1998, pp.89-94
12) 日本精神薄弱者愛護協会　精神薄弱施設運営の手引き（改訂版）　日本精神薄弱者愛護協会　1992

13) 岡田喜篤　精神薄弱問題の現状と課題　旭川荘研究年報，**28**(1), 1997, 1-10
14) 白崎研司　一般就労と学校教育　柚木　馥・伊藤征治・中坪晃一（編著）　巣立つ青年　コレール社　1995
15) シュトラウス, A. &レーチネン, L．伊藤隆二・角本順次（訳）脳障害児の精神病理と教育　福村出版　1979
16) 菅田洋一郎　精神遅滞児（者）の特性と指導　石部元雄（編著）　現代心身障害学入門（改訂版）　福村出版　1993
17) 山口　薫・上出弘之　精神遅滞児の病理・心理・教育　東京大学出版会　1988
18) 柚木　馥　作業所での活動と学校教育　柚木　馥・伊藤征治・中坪晃一（編著）　巣立つ青年　コレール社　1995
19) 全日本育成会　私たちにも言わせて──希望へのスタート（元気のでる本）　全日本精神薄弱者育成会　1995
20) 全日本精神薄弱者育成会　私たちにも言わせて──ぼくたち私たちのしょうらいについて（元気のでる本）　全日本精神薄弱者育成会　1993
21) 全日本精神薄弱者育成会　私たちにも言わせて──ゆめときぼう（元気のでる本）　全日本精神薄弱者育成会　1993
22) 全日本手をつなぐ育成会　私たちにも言わせて──もっともっと（元気のでる本）　全日本手をつなぐ育成会　1996
23) 全日本手をつなぐ育成会　みらいにはばたこう──北のくにから愛をこめて（元気のでる本⑤）　全日本手をつなぐ育成会　1997
24) 全日本手をつなぐ育成会　かがやくみらい──北のくにから愛をこめて（元気のでる本⑥）　全日本手をつなぐ育成会　1998
25) 全日本手をつなぐ育成会　家族へのてがみ（元気のでる本⑦）　全日本手をつなぐ育成会　1999
26) 全日本手をつなぐ育成会　聞いて!!（元気のでる本⑧）　全日本手をつなぐ育成会　2000

6章　肢体不自由児（者）の理解と指導

1　肢体不自由とは

a　肢体不自由の定義

　肢体不自由とは，手足や身体の不自由を表すために高木憲次（1888-1963）により創案された用語で，今日もそれが教育や福祉等の分野でひろく使用されている。肢体とは四肢と体幹を指し，四肢は上肢（肩関節から手足の部分）と下肢（股関節から足指の部分）をいい，また体幹とは脊椎を中軸とし頸椎を含む上半身をいう。ただし，体幹には胸部や腹部の内臓器は含まない。そして，不自由とは四肢および体幹の運動機能の障害を指すもので，その外形上の形態異常やその原因を問題にしない。しかも，その運動機能の障害が治療・訓練によって改善されても，永続的に残され，日常生活に不自由をきたす状態をいう。

b　肢体不自由の原因

　肢体不自由とは肢体の運動機能の障害をもつことでは共通しているが，その運動機能の障害の範囲や程度はさまざまであり，またその原因や症状も多様である。したがって，その分類には，障害部位・障害程度に基準をおくものもあるが，肢体不自由を引き起こす起因疾患にもとづき分類すれば，表6-1のようになる。近年は医学・医療技術の進歩・普及と早期対策の進展によって，脳性まひに代表される脳性疾患が，肢体不自由養護学校在籍児の70％を越える比率を占めている。

c　主要な起因疾患

　表6-1の疾患のうち，主要なものには肢体不自由の原因が脳中枢の損傷に起因する脳性まひと，他の末梢性の運動器障害群とに大別することができる。
　1）脳性まひ（cerebral palsy：CP）　　脳性まひとは，発育途上（受胎

表6-1 肢体不自由児の起因疾患

脳性疾患	脳性まひ,脳外傷性後遺症,もやもや病など
脊椎・脊髄疾患	脊髄損傷,二分脊椎,脊柱側彎症など
神経・筋疾患	脊髄性まひ(ポリオ),進行性筋ジストロフィー症,重症筋無力症など
骨疾患	骨形成不全症,胎児性軟骨形成異常症,くる病,ペルテス病,骨髄炎,モルキオ病,脊椎カリエスなど
関節疾患	先天性股関節脱臼,関節リウマチ,アルトログリポージス,関節炎など
形態異常	内反足,フォコメリアなど
外傷性後遺症	変形治癒骨折,切断,瘢痕拘縮など

から生後4週間)の脳に,何らかの非進行性の病変が生じ,その結果,主として永続的な運動障害がもたらされるものをいい,また種々の随伴障害をともなう。原因としては,3大危険因子と呼ばれる出生時の新生児仮死,低出生体重,新生児重症黄疸があるが,出生前では妊娠中毒症による脳内出血,風疹などの母体感染,出生後では脳炎,髄膜炎,頭部外傷などがある。

脳性まひには,筋の伸展反射が異常に亢進し円滑な運動ができない痙直型と呼ばれるものや,意図に反した不随意運動があるアテトーゼ型と呼ばれるもの,そのほかに混合型,失調型,強剛型などの病型がある。

また,運動障害が四肢のどの部位にあるかによって,四肢まひ,片まひ,対まひ,単まひなどに分類される。

2) その他の疾患

(1) 二分脊椎 脊椎披裂とも呼ばれ,胎児初期に何らかの原因で神経管の閉鎖不全が起こり,脊椎が二分されたものをいう。下肢の知覚性・運動性まひやぼうこう・直腸障害などが現れる。

(2) 骨形成不全症 先天的に骨の形成が不良で,骨折しやすい疾患である。骨折は思春期以降は減少し,成人での骨折はまれになる。

(3) 脊髄損傷 脊椎骨折などの外傷,脊髄腫瘍などによって脊髄の機能が失われ,損傷部位以下の知覚性・運動性まひとぼうこう・直腸障害が現れる。

2　肢体不自由児の行動の特徴

　肢体不自由児は，運動機能障害や随伴する障害などの器質的な一次的要因と彼らをとりまく環境的な二次的要因とによって発達や適応のうえで多くの阻害要因にさらされている。しかし，肢体不自由児であるから発達に遅れや歪みがあるとは一概にいえず，むしろ肢体不自由児の発達は健常児と同じであると考えるほうがいいであろう。ただ，動作が不自由であることに関連して心理・社会的な発達を阻害する要因を二次的に作り出すことがあるかもしれない。そのような発達上とくに考慮すべき特性には，以下のものがある。

a　学習レディネス——経験の不足

　一般に子どもは小学校へ入学するまでに教科学習に入るだけの準備性（学習レディネス）を獲得する。新生児期から乳幼児期にかけてさまざまな感覚器をとおして外界の情報を認知し，さらに外界に自分の行動を適応させることを学習する。しかし，肢体不自由児は，生活環境や行動半径が制限されることから，直接観察，直接経験などの学習レディネスとなる経験的背景が乏しく，社会的な経験や見聞も狭くかつ浅い。その結果，感覚や行動による感性的な認識が貧弱となり，また概念や言語による理性的認識もまた十分に育成されない。こうした経験の不足を補充して認識の基礎を培うためには，より多くの体験的活動を用意する必要がある。

b　社　会　性

　子どもは母親，家族，周囲の人々等と人間関係を拡大し社会性を獲得していく。ある程度の社会性が発達すると，集団の中でも適応行動がとれるようになる。ところが肢体不自由児の遊びをみると，かなりの年齢になっても屋内でも静的な遊びが主で，相手も少数で，家族とか年少児に限られている。これには運動障害のほかに，親の過保護，施設での治療・訓練などで時間がさかれることが影響していると考えられる。こうした他者との接触や近隣社会との交流が著しく制限されると，社会性の発達が阻害されることがある。

c パーソナリティ

子どものパーソナリティ形成に関係する要因には，親や家族，周囲の人々の態度，偏った経験，障害そのものに対する本人の態度がある。なかでも直接に大きな影響を与えるのは親，とくに母親の養育態度であろう。肢体不自由児はとかく親から過保護の状態におかれることが多く，消極的，依存的など問題となるパーソナリティが形成されやすい。したがって，このような不適切な親の態度を早期から親への相談支援をとおして防止し，健全なパーソナリティ形成を促すよう配慮しなければならない。

3 脳性まひ児の発達特性

脳性まひ児の発達の特徴として，①健常児や他の肢体不自由児とくらべて，運動面だけでなく，精神的にも発達の遅れが大きい，②同じ脳性まひ児でも重症心身障害児といわれる発達がきわめて制限されているものから健常児とほとんど遜色のない発達段階にあるものまで発達の個人差が著しい，③運動，言語，認知などの発達領域において発達がアンバランスであることがあげられる。脳性まひ児には，運動機能の障害のほかに，次に示すような知的障害，言語障害，知覚障害，行動特性などがみられる。

a 知的障害

脳性まひ児には，軽度から重度まで程度の異なる知的障害を併せもつものが多い。さらに知能の構造にもアンバランスがみられる。すなわち，言語理解の因子を含む言語性知能に比較して，空間や知覚の因子を多く含む動作性知能が劣っている。ただし，脳性まひ児の知的障害は，一次的障害によるものが多いが，環境的要因も関与していることを忘れてはならない。

b 言語障害

脳性まひ児にみられる言語障害には，言語発達の遅滞と言語の発語障害の2つがある。前者には親子の相互交渉，母子分離などにおける不適切な言語環境，知的障害，感覚障害などが関係している。後者は，発語器官である呼吸・発声

器官と構音器官（口唇，舌，口蓋，咽頭など）の機能に障害があるため，音声障害，構音障害，リズム障害など脳性まひ特有の障害をきたしているものである．とくに構音器官の機能は，食事摂取機能を基盤としているので，咀嚼・吸啜・嚥下（Chewing, Sucking, Swallowing：CSS）の困難として観察される．

c 知覚障害

脳性まひ児の知覚障害として，①方向・位置知覚の障害（形や字の順序を逆に見たり読んだりする．鏡映文字を書く），②図－地知覚の障害（物を知覚するとき，必要な本質的刺激〔図〕を取り出し，他の不要な刺激を背景〔地〕と識別できない），③統合困難（部分をひとつのまとまりのある全体として見たり，構成することができない），④視運動協応の障害（目と手の協応が円滑に働かないため，図形や文字を手本どおりに書けない）が指摘されている．

d 行動特性

脳性まひ児には，①被転導性（注意散漫：特定の対象に注意を集中することができず，無関係な刺激に容易に反応してしまう），②多動性（運動や行為をコントロールできず，絶えず落ち着きなく動き回る），③固執性（ひとつの刺激に固執して，他のものにすぐに転換できない）などの行動特性が，個人差は大きいものの，見出される．

4 肢体不自由児の教育課程と指導方法

肢体不自由児の実態は，運動障害の程度だけをみても比較的軽度の障害からきわめて重度の障害までさまざまで，それに脳性まひ児のように他の随伴障害などの臨床像をもつものを加えるとじつに多様である．とりわけ，養護学校に在籍する肢体不自由児の場合は，その障害が重度・重複化しており，ひとりひとりのニーズに即した教育の個別化が不可欠である．

肢体不自由児の教育課程は一般に図6－1に示すように，①A類型（知的障害のない肢体不自由児に対する通常学校の教育課程に準ずるもの），②B類型（学年相応の学習が困難な肢体不自由児に下学年〔学部〕の教育課程を適用す

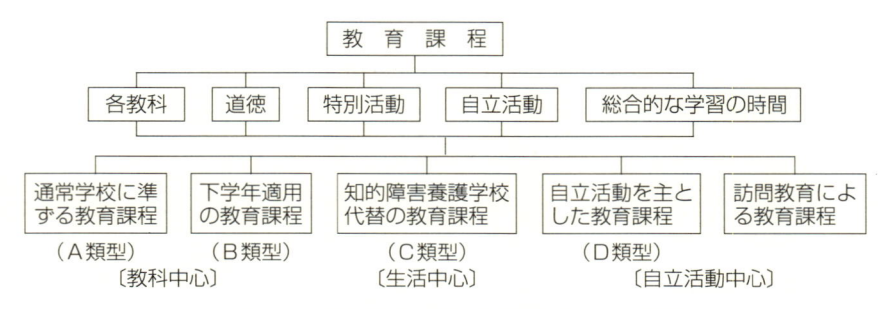

```
                    ┌─────────────┐
                    │ 教 育 課 程  │
                    └──────┬──────┘
     ┌────────┬────────┬───┴────┬────────┬────────┐
   各教科    道徳   特別活動  自立活動  総合的な学習の時間
```

通常学校に準ずる教育課程	下学年適用の教育課程	知的障害養護学校代替の教育課程	自立活動を主とした教育課程	訪問教育による教育課程
（A類型）〔教科中心〕	（B類型）	（C類型）〔生活中心〕	（D類型）〔自立活動中心〕	

図6-1　肢体不自由養護学校の教育課程の構造

るもの），③C類型（知的障害を併せもつ肢体不自由児に対して知的障害養護学校の教育課程を代替するもの），④D類型（重度の知的障害を併せもつ肢体不自由児（重度・重複障害児）に自立活動の指導を主体とするもの）の4つに類型化される。1998（平成10）年現在の養護学校における各類型別の対象児数は図6-2のように各学部ごとで差異があるが，多様化していることがわかる。

a　知的障害のない肢体不自由児

　知的障害のない肢体不自由児には，原則として通常学校と同一の教育目標と内容に準じた教育が行われる。ただし，障害の状態によって，たとえば，上肢の障害のため書写ができないなど，一部の教科の目標や内容の指導が困難であるとか，学習の遅れのため下学年の指導が必要である場合には柔軟に対応して

□ 通常学校に準ずる教育課程　　□ 下学年（学部）適用の教育課程
■ 知的障害養護学校代替の教育課程　　■ 自立活動中心の教育課程

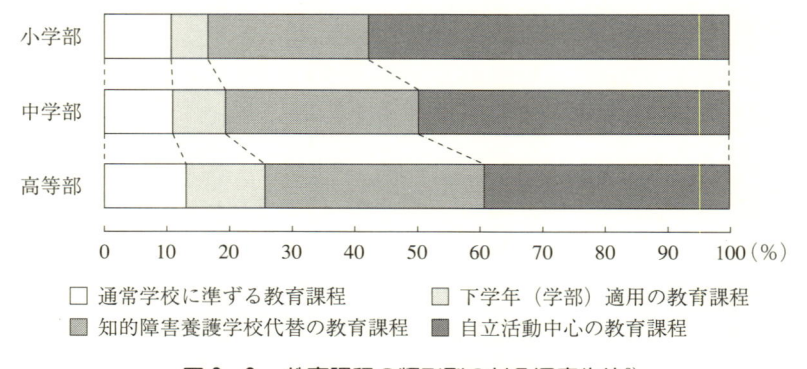

図6-2　教育課程の類型別の対象児童生徒[8]

よい。

　指導にあたっては，通常学校に比して授業時数が縮減されること，肢体不自由児の障害の状態および能力・適性等の多様性を考慮して，①教育内容の精選と重点化，②教育内容の系統性と関連性，③指導計画の弾力化に留意しなければならない。

　実際の指導に際しては，①個々の障害の状態に合わせて，適切な補助用具や補助手段を活用すること，②経験の量的，質的な不足を配慮して校外学習の実施，情報技術（IT）の活用，視聴覚教材の利用を積極的に進めること，③学習到達度の近似した子どもで学習集団を編成し効率化を図ることなどに努めるべきである。

b　知的障害を併せもつ肢体不自由児

　知的障害を併せもつ肢体不自由児には，運動障害に対する特別な指導と，知的障害を配慮した指導を併せて行わなければならない。その場合に，知的障害教育が参考にされる。指導形態も，教科・領域別の指導だけではなく，教科や領域を併せた合科・統合による指導が，日常生活の指導，生活単元学習，作業学習として行われる。

　その際に，体験的な学習を通じて彼らの興味・関心に訴えて学習への動機づけを図ること，内容を分析して一歩ずつ学習を進めていけるようにスモールステップによる指導を心がけることが大切である。

　しかし，知的障害を併せもつ肢体不自由児の障害の状態はたんに運動障害と知的障害が加算されたものとみるのではなく，より複雑にからみあったものとしてとらえ，指導において特別な創意工夫が求められよう。たとえば，作業学習においては，作業能力の獲得というよりも作業への知識理解や態度の育成に重点を置いたり，図6-3に示すような学習系

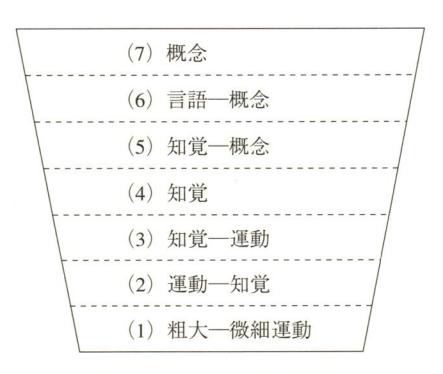

```
(7) 概念
(6) 言語―概念
(5) 知覚―概念
(4) 知覚
(3) 知覚―運動
(2) 運動―知覚
(1) 粗大―微細運動
```

図6-3　学習系列の構造図[2]

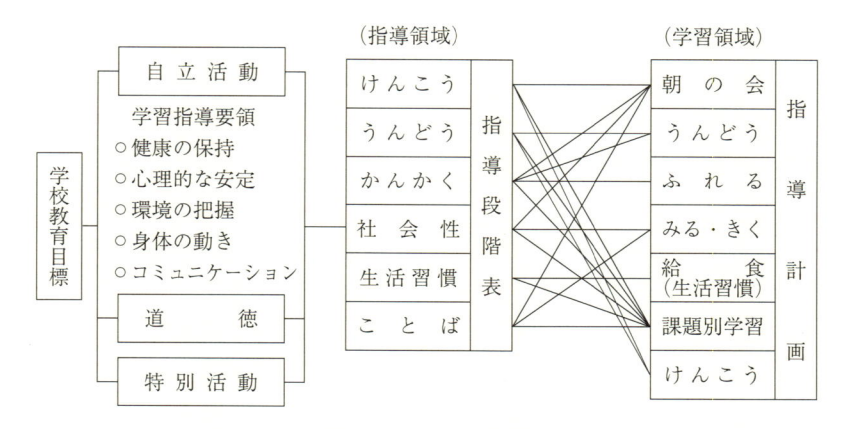

図6-4　中村養護学校の教育課程の構造図[7]

列に即して感覚―運動学習，知覚学習，概念といった各段階の順序性を重視した指導により，教科学習の基礎を培うなどである。

c　重度の知的障害を併せもつ肢体不自由児（重度・重複障害児）

今日肢体不自由養護学校には，重度の知能障害と重度の肢体不自由が重複した重度・重複障害児が多数在籍している。寝たきりで，意思の疎通もできず，全面的な介助を要する子どもに，たとえば，抱いて声かけを行うなどの働きかけを繰り返すことで反応が引き出され，自発性・自立性に向けた指導の取り組みが行われる。このような子どもには，図6-4のような教育課程のもとに，生命の維持や健康の増進，人やものとのかかわりの改善・向上，情緒の安定など自立活動の内容を中心とした指導が行われる。個別の指導計画にもとづき，個別指導や小集団指導およびチームティーチングによる集団指導が教育内容を考慮して適宜組み合わせることが重要である（11章参照）。

5　自立活動の指導

a　自立活動の類型

自立活動の教育課程における位置づけは，大きく図6-5のように2通りに

わかれる。類型(ア)は、各教科等と独立し並列的に位置づけられた自立活動で、主に身体の動きやコミュニケーションを中心に運動障害にもとづく困難を改善・克服するため、知的障害のない肢体不自由児を対象とするものである。類型(イ)は、各教科等の基礎として位置

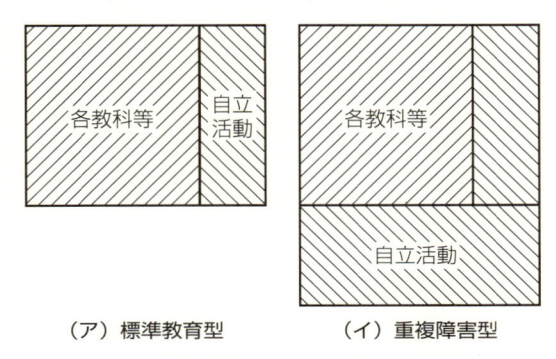

(ア) 標準教育型　　(イ) 重複障害型

図6-5　自立活動の類型[3]

づけられた自立活動で、人間としての基本的な行動を遂行するための発達の基盤を育成することをねらっており、重度・重複障害児を対象とする。しかし、障害の状態に応じて類型化はされるが、本来自立活動は、個別の指導計画を作成し、個々に指導方法を適切に定めて行われる、自立を目指した主体的な学習活動であることを銘記しておく必要がある。

b　自立活動の内容と方法

とくに肢体不自由養護学校で重要とみられる内容と方法は次のようなものである。

1) 健康の保持　重度の肢体不自由児の中には体温調節が困難であったり、睡眠と覚醒のリズムが不規則であったり、基本的生活習慣が確立されないでいるものがみられる。こうした子どもには家庭や施設と協力して規則正しい生活リズムや生活習慣を形成することが必要となる。日常的に痰の吸引、経管栄養、導尿、酸素吸入等の医療的ケアを必要とする肢体不自由児に対しては、医療機関と連携した支援体制のもとに学校としての教育的対応が求められる。

2) 心理的な安定　運動障害のために悩みや劣等感を抱き、学習意欲をなくす、そのほかの心理的問題を引き起こすような場合には特別な指導が必要である。また、自己の障害を受容させ、それを積極的に改善・克服しようとする意欲を喚起することは自立活動の指導内容であるが、生活指導の核でもある。これらの問題は、学級担任により個別に、教育活動全体の中で取り組まれるべ

3) **環境の把握** 脳性まひ児には視知覚障害があったり，あるいは概念形成が不十分なものがおり，それらは発達や学習に支障をもたらすので特別な指導が必要である。その際学習系列を踏まえて，発達状態やつまずきに即した指導内容が個別に決定されるべきである。知覚―運動理論にもとづいた視知覚訓練，ムーブメント教育，感覚統合訓練などの方法やそこで開発された教材・教具が利用できる。しかし，指導前・後の適正なアセスメントと評価，内容の系統的な配列に留意することを忘れてはならない。

4) **身体の動き** 肢体不自由児では，基本的な姿勢の保持・転換，上肢や下肢の運動・動作の習得や改善，関節の拘縮や変形の予防，食事・排泄・衣服の着脱等の日常生活動作 (activities of daily living: ADL) や作業能力の向上・改善が主要な内容となる。

その指導には，医療分野で確立された整形外科的訓練法，神経生理学的な立場からのボバース法 (Bobath method) や発達神経学的な立場からのボイタ法 (Vojta method)，心理学的な立場からの動作訓練法，さらに静的弛緩誘導法といった種々な方法が開発され，実施されている。

脳性まひ児の指導においては，損失した機能を回復させるというよりも，障害のない子どもの運動発達の順序に即して段階的に新たな動作を学習させることに主眼が置かれる。たとえば，姿勢の保持では，臥位の安定→頭のコントロール→下肢の交互運動→臥位での腕立て姿勢→四つばい姿勢→座位の安定といったステップへと進められる。年齢がある程度高くなり発達に即した指導が困難になれば，歩行から車いす移動の目標を変えるなど，代償機能を伸ばす学習へと移行すべきである。

5) **コミュニケーション** この指導は，言語の受容・表出と言語の形成にわけることができるが，脳性まひ児では発声障害，構音障害，リズム障害など言語の表出に関する指導が重視される。指導は，関係する身体部位（首，肩，腹部）の過緊張の弛緩や反射の抑制から始めて，呼吸調節・発声能力の改善，摂食動作を通じての発語器官の機能の向上，構音障害の改善へと進められる。構音器官の機能を改善するには，CSSの訓練が重要なものとなる。

音声言語によるコミュニケーションが不可能と思われる場合には，コミュニ

ケーションボード等コミュニケーション機器の使用を指導することも考えるべきである。

■引用・参考文献
1）五十嵐信敬他（編著）　教職教養障害児教育（2訂版）　コレール社　2000
2）石部元雄　肢体不自由児の教育　ミネルヴァ書房　1975
3）宮武宏治・糸永和文（編）　障害児の教育と心理　日本教育図書センター　1989
4）盲・聾・養護学校の未来（新・教育改革の全貌⑤）　教員養成セミナー　時事通信社　1999
5）佐藤泰正（編）　障害児教育概説（改訂版）　学芸図書　1991
6）高橋　純（編著）　脳性まひ児の発達と指導　福村出版　1983
7）横浜市立中村養護学校　学校要覧（平成12年度）　2000
8）全国特殊学校長会　研究集録（平成10年度）　1999

7章 病弱児(者)の理解と指導

1 病弱児(者)の理解

a 病弱児(者)の定義

 病弱児とは,病気が長期にわたるもの,または長期にわたる見込みのもので,その間医療または生活規制(健康状態の維持・改善などを図るために,身体活動や食事などについて制限などの配慮をすること)を必要とする者を指す。

 病弱教育には,身体虚弱児が含まれる。身体虚弱児とは,これといった病気はないのに身体機能に異常を示したり,病気に対する抵抗力が低下し,あるいはこれらの現象を起こしやすい状態を有するもので,そのため,健康状態を改善したり,体力を高めたりするため,長期の生活規制が必要となる者を指す。身体虚弱の一般的な状態として「頭痛,めまい,息切れなどを起こしやすい」「疲れやすく回復が遅い」「アレルギー体質など,体質的に特異な面がみられる」「病気にかかりやすく,治りにくい」などがある。

b 主な疾患

 病弱児の病気の種類は,多岐にわたっているが,気管支喘息,腎臓病(腎炎,ネフローゼ症候群など),進行性筋ジストロフィー症などが多い。また,近年登校拒否や神経症などが増加傾向にあり,以前多かった肺結核やカリエスはきわめて少なくなっている。

 1) **気管支喘息** 気管支喘息とは,気管支の筋肉が痙攣し,気道が閉鎖状態となり,呼気性の呼吸困難発作を繰り返す疾患である。発作が起きると,息が十分に吐けず息苦しくなり,呼吸につれてヒューヒュー,ゼーゼーという音がする。発作が治まれば,健康な子どもと同様な状態に戻る。

 原因は,アレルギー説,自律神経説,内分泌説や心因説などがあるが,もっとも多いと考えられているのがアレルギーである。アレルギーとは,異物が体

内に侵入した時に生体が起こす過敏反応で，その反応を引き起こす原因物質をアレルゲンという。アレルゲンには，ダニ，室内塵，花粉，カビ類，動物の毛などの吸入性アレルゲンや，卵白，牛乳，そばなどの食物性アレルゲンがあるが，薬品や食品添加物など化学物質もアレルゲンとなることがある。

　治療は，薬物により原因を取り除く方法と，発作を抑える対処療法がある。日常の健康管理では，室内塵等のアレルゲンを取り除く環境調整，自律神経や内分泌の機能を高めるための乾布摩擦や薄着の励行等の鍛錬，また，呼吸機能の改善には喘息体操や水泳などの運動が有効である。

2）　進行性筋ジストロフィー　　筋萎縮を症状とする疾患は，筋に原因がある筋原性のものと，神経に原因があり筋萎縮をともなう神経原性の2種類がある。進行性筋ジストロフィーは，筋原性の疾患であり，いくつかの型にわけられるが，共通項は筋萎縮と筋力の低下があり，進行性で，多くが遺伝性であるということである。もっとも頻度が高い型がデュシャンヌ型であり，進行性筋ジストロフィーの85％を占める。

　デュシャンヌ型は，伴性劣性遺伝により女性保因者をとおして男児にのみ出る疾病である。発症は2～5歳頃。歩きはじめがやや遅れることもあるが，多くは普通の発達を示していたものが，小さな段差などにつまづいてよく転ぶようになることから気づかれる。歩行時に両足を開き，身体を左右に揺らして歩く（動揺性歩行）ようになって，しだいに歩行困難となり，8～10歳くらいで車椅子の生活となる。病状の進行により，粗大運動ができなくなる等身体活動に著しい制限を受けても，手指等の運動機能は残るので，ワープロやコンピュータ等を活用できる。

　有効な治療法は現在のところなく，筋力維持と関節の拘縮や変形の予防のために，理学療法がもっとも効果的である。このようなリハビリテーションとともに日常生活の動作ひとつひとつすべてが訓練となる。

3）　心身症　　発症や経過に心理要因が密接に関与し，自律神経支配下の器官に身体症状が現れ，器質的または機能的障害にまで至るものをいう。子どもに多いものは，気管支喘息，起立性失調，過敏性腸症候群，過呼吸，思春期やせ症，緊張型頭痛等がある。ただし，アレルゲンによる喘息などのように，心因性以外の原因が明確なものは除く。

治療は，心因性とはいえ，身体疾患であるから身体的治療が優先する。その後，抗不安薬やリラクゼーションによって安定化を図りながら，カウンセリングなど心理的治療により発病のきっかけや背景となった要因を探る。

4) **神経症** 心理的な原因により，精神症状または身体症状を示す疾患である。症状として，不安神経症，ヒステリー症，強迫神経症，恐怖症，抑うつ症などがある。心理要因が関与しており，各種の身体症状を示すが，心身症と異なるのは器質性の疾患ではないという点にある。

親しい人の死や受験の失敗等がきっかけで症状が出たと考えられる場合があるが，このような状況は原因というよりきっかけにすぎない。真の原因は，心の内面にある気持ちのもつれや不安であり，性格的要因と不可分である。

治療は，心理療法や行動療法がある。心理療法はカウンセリングを主とし，原因を考えるなかで，症状や問題の改善に迫る方法である。行動療法は，問題となっている症状そのものに働きかけ，改善しようとする方法である。

近年，病弱教育の中で登校拒否の割合が増加している。治療にあたっては，個々の子どもの症状や経過を見極め，適切な対応が望まれる。

5) **肥　　満** 肥満とは，皮下脂肪組織に脂肪が必要以上に蓄積された結果，体重が生理機能の限界を超えて増加した状態をいう。肥満度の測定には，測定用具を使用して皮下脂肪量を測定するものと，身長と体重から算出する方法がある。後者は標準体重によるものと指数によるものがある。標準体重を用いた計算式は，

$$肥満度（\%）=\frac{実測体重-標準体重}{標準体重}\times 100$$

で表される。

これにより20〜30％多い場合を軽度肥満，30〜50％を中度肥満，50％以上を高度肥満としている。指数によるものとしてはカウプ指数，ローレル指数があり，前者は乳幼児に，後者は学童に用いられている。

肥満は大きく単純性肥満と症候性肥満とにわけられる。前者は摂取カロリーが消費カロリーを上回ることによるもので，肥満の大部分を占めている。後者は内分泌障害や代謝障害等の病気のひとつの症状としての肥満である。単純性

肥満は肥満の体質と過食，運動不足が重なって起こる。一般的に，身体を動かすことが億劫(おっくう)で疲れやすく，そのことが運動不足を助長し，さらに肥満度が増加するという悪循環に陥りやすい。肥満そのものよりそれにともなう障害が問題となる。子どもの場合でも中度肥満以上では，糖尿病，高脂血症，肝機能障害等の成人病を起こしていることがある。

　治療は食事療法が主である。食事の摂取量を制限し，運動療法を平行する。たんに食事制限をするのではなく，成長に必要な栄養（とくに蛋白質）の確保や，ジュースやスナックなどの間食をだらだら続けない等の食習慣の改善が必要となる。運動は，日常生活の中で身体を動かす習慣づくりが第一歩である。

6) **白血病**　血液のがんといわれ，骨髄やリンパ腺などの造血組織に病的な白血球細胞が増殖して各臓器に侵入し，出血や感染などの二次的合併症を引き起こすものである。白血病は小児期悪性腫瘍の約3分の1を占め，約80％が急性白血病である。原因は現在のところ不明である。治療としては，化学療法，放射線療法，骨髄移植などがある。急性白血病では，輸血などで体調を整えた後，抗ガン剤や副腎皮質ステロイド等化学療法剤を用いる治療が有効であるものが多い。

7) **ネフローゼ症候群**　蛋白尿，低蛋白血症，高コレステロール血症，浮腫を主な特徴とする疾患群のことで，単一の疾患を指すものではない。子どもでは，原因不明による糸球体濾過膜の変化により多量の血清蛋白が尿に出る腎疾患である特発性ネフローゼ症候群が多い。

　治療には，安静，保温，感染予防，食事療法，生活指導などの一般療法と，薬物療法がある。食事療法では，食塩，水分，蛋白質の制限が基本となる。薬物療法では，小児の特発性ネフローゼ症候群には，副腎皮質ステロイド剤の使用が有効であり，予後は良好である。

C　身体的特性

　身体的特性はひとりひとりの疾病やその症状・期間によってさまざまであり，一般的に身体発育や機能が劣るとはいえない。しかし，さまざまな原因により身体機能が低下しがちであり，疲れやすくしかも疲労回復が遅いこと，また病気に対する抵抗力が弱いため病気にかかりやすいなどの傾向がある。また，疾

患によっては幼児期や児童期など発育期に食事や運動などの制限を受ける場合がある。したがって，発症年齢が低く，治療のためのさまざまな制限を受ける期間が長いほど，身体発達や運動機能が標準より劣る傾向がみられる。

d 知的発達

一般的に病弱児の知的発達が，健康な子どものそれに遅れるとはいえない。しかし，発病が早期であるほど，正常な発達を阻害する要因の影響を受けやすい。度重なる入退院や活動の制限は，友だちと遊んだり，さまざまなことに直接触れる経験を狭める。その結果，学習に影響が現れ，知能検査の数値が若干低くなることもあるが，知的障害ということではない。

e パーソナリティ

個々の病弱児の疾患や病状，また子どもをとりまく環境はさまざまである。家庭のあり方によって，病弱である自己のとらえ方や生きる姿勢に大きな違いが生じると考えられる。したがって，病弱児であるがゆえの典型的なパーソナリティというものはないといえる。

しかし，発育期に病弱であるということの影響は計り知れないものがある。山本昌邦[5]は，「病弱に起因する二次障害」として，以下をあげている。「活動したいという欲求があるのに，親や医師に制限されることが多く，欲求不満をもちやすい」「行動を制限される結果，運動能力が劣ったり，遊びの種類が少なくなりがちとなる」「運動能力で周囲の子どもに対して劣等感をもつと，他の面で十分にカバーできるものをもたないと，生活全般にわたって自信を失いがちとなる」。これらのほかに「病気や症状の変化，治療などへの不安感や恐怖心」「療養生活からおきる社会経験の不足」「介護や保護を受ける機会が多く，甘えやわがままな気持ちを持ち易い」等々のマイナス側面がいわれる。その一方では，「忍耐強さ」「鋭い感受性」「弱い者への理解」「健康や生死についての理解」「人生への深い洞察」などプラスの側面も指摘される。

問題となる側面がみられる子どもにかかわる大人には，マイナス面の是正を指導する前に，子どもの心身の現状をあるがままに受け止め，望ましくないあり方をせざるをえない気持ちを理解し，「自分はどうありたいのか」「どうあっ

たらよいか」などを子どもと共に考えていく姿勢が求められる。

2 病弱児（者）の指導——自立・社会参加を目指して

a 学校教育の場

病弱児および身体虚弱児（以下，病弱児）が教育を受ける場は，病弱養護学校と病弱・身体虚弱特殊学級がある。

病弱養護学校では，慢性の疾患または身体虚弱の状態が，6カ月以上の医療または生活規制を必要とする程度の者を教育の対象にしている。そのため，病弱養護学校のほとんどが病院に隣接しているか併設されている。

また，病弱・身体虚弱特殊学級は病状が6カ月未満の医療または生活規制を必要とする程度の者を教育の対象にしており，病院内の学級（院内学級）と地域の小・中学校内の学級がある。院内学級の多くは，病院の近くにある小・中学校を在籍校として，病院内に設置している特殊学級で，入院している児童生徒が通う学級である。また，小・中学校の特殊学級は，入院を必要としない身体虚弱，肥満，比較的軽度の喘息および病気予後等の地域の児童生徒が通う学級である。

b 学校・学級数および児童生徒数

『平成12年版障害者白書』（総理府）によると，1999（平成11）年5月1日現在の病弱養護学校は95校であり，在学者数は4,364人（幼稚部3人，小学部1,615人，中学部1,554人，高等部1,192人）となっている。

また，病弱・身体虚弱児対象の特殊学級数は800学級（小学校569学級，中学校231学級）であり，在籍者数は1,866人（小学校1,391人，中学校475人）である。この数年在籍数は横ばい状態であるが，特殊学級数は，1996（平成8）年の658学級から1999（平成11）年の800学級へと142学級（小学校73学級，中学校69学級）増加している。これは，養護学校義務制発足後も病弱教育の遅れが大きく，とくに，病院入院中の子ども（病気療養児）の教育が課題であったことに対して，1996（平成8）年12月に出された"病気療養児の教育に関する調査研究協力者会議"の審議のまとめを受け，その教育の充実を図るため「院内学

表7-1 平成11年度全国病類・病名別調査集計表（全国病類・病名別調査結果による）

病類	学部 男女	小			中			高			合計		総計	割合 %
		男	女	小計	男	女	小計	男	女	小計	男	女		
1 結核などの感染症		7	10	17	5	5	10	4	1	5	16	16	32	0.6
2 腫瘍などの新生物		156	106	262	80	50	130	14	9	23	250	165	415	8.0
3 貧血などの血液疾患		33	25	58	25	14	39	4	2	6	62	41	103	2.0
4 糖尿病などの内分泌疾患		23	22	45	33	28	61	15	16	31	71	66	137	2.7
5 心身症などの行動障害		74	61	135	178	240	418	122	132	254	374	433	807	15.6
6 筋ジスなどの神経系疾患		133	84	217	165	58	223	230	90	320	528	232	760	14.7
7 目・耳・鼻疾患		7	2	9	1	2	3	1	1	2	9	5	14	0.3
8 リウマチ性心疾患等循環器系疾患		34	44	78	27	30	57	25	26	51	86	100	186	3.6
9 喘息などの呼吸器系疾患		232	134	366	121	97	218	26	26	52	379	257	636	12.3
10 潰瘍などの消化器系疾患		33	13	46	15	12	27	3	4	7	51	29	80	1.5
11 アトピー性皮膚炎等皮膚疾患		30	22	52	13	10	23	2	1	3	45	33	78	1.5
12 ペルテス病などの筋・骨格系疾患		55	50	105	17	29	46	7	8	15	79	87	166	3.2
13 腎炎などの腎臓疾患		107	81	188	67	43	110	31	11	42	205	135	340	6.6
14 二分脊椎などの先天性疾患		51	54	105	34	35	69	34	32	66	119	121	240	4.6
15 骨折などの損傷		39	10	49	19	8	27	6	5	11	64	23	87	1.7
16 虚弱・肥満など		145	111	256	41	28	69	8	3	11	194	142	336	6.5
17 重度・重複など		120	89	209	93	53	146	104	77	181	317	219	536	10.4
18 その他		71	57	128	29	20	49	21	15	36	121	92	213	4.1
合計		1350	975	2325	963	762	1725	657	459	1116	2970	2196	5166	99.9

* 上記分類にもとづいて，全国病弱虚弱教育連盟が，隔年おきに全国病類調査を実施している。
　平成11年度に前回までの病類分類方法に変更があった。

級」の設置が推進されたためである。

c　学校教育を受けている児童生徒の疾病集計一覧

　平成11年度全国病類調査によると，病弱養護学校および病弱・身体虚弱特殊学級で教育を受けている児童生徒の病気の種類と数は表7-1のとおりである。近年の特徴として，病種の多様化，慢性疾患での入院期間の短期化と頻回化（短期間の入院を頻繁に繰り返すこと），重複障害の重度化をはじめ，登校拒否など「心身症等」の増加があげられる。とくに，病類中もっとも多いものが「心身症などの行動障害」の15.6％であり，そのなかで登校拒否が約3分の1を占めている。その傾向は，小学校より中学校に顕著である。

d　教育課程と学習内容

　病弱児を対象とする養護学校においても特殊学級でも，小学校・中学校・高等学校それぞれの教育課程にもとづく教育を行うことが基本である。それと同時に，心身の障害にもとづくさまざまな困難を改善・克服するために必要な知識，技能，態度および習慣を養うことを教育の目的としている。

　そのため，教育課程の編成にあたっては，各教科，道徳，特別活動のほかに「自立活動」という特別の領域が設けられている。「自立活動」では，児童生徒の病弱の状態の改善や克服を目指して"健康の保持"の側面や，"心理的な安定"を図る側面等，医療機関との連携をとりながら，ひとりひとりに応じた指導を行っている。また，心身の障害の状態が重度の児童生徒については「自立活動」を主とした指導を行う等，その実態に即して教育課程を弾力的に組んでいる。

e　学習上の特性および配慮

　病弱児は，治療や生活規制などのために，一般に授業時数の制約，身体活動の制限などをともなっていることが多い。これらのことが学習上に及ぼす影響に，学習の空白と経験の不足や偏りがある。

　学習の空白は，病状が重く学習に参加できなかったり，検査や治療などで学校を欠席することが重なることから生じる。また，入院した病院に院内学級が

設置されていない，学校をかわる措置替えの手続きに時間がかかる等の教育環境が整っていないために生じる場合もある。学習の空白のために，未学習の学習内容が生じること，また，基礎的内容の学習がされていないために現在の学習内容を理解できず，学習意欲を失ったりすることがある。

また，病気のために身体を動かすことを制限されると，日常生活だけでなく，体育や校外学習等々の運動や移動をともなうさまざまな活動への参加も難しくなるなど，経験の不足や偏りが引き起こされる。

学習の空白がある場合は，個々の児童生徒の学習の実態を詳細に把握し，未学習内容を明らかにすることがまず求められる。次に，その実態に即した学習指導計画を作成する。この時に重要なことは学習内容の精選である。すべての未学習内容を指導することは，児童生徒の心身の状態や学習時間などの関係から難しいと考えられるので，基礎的・基本的な内容を核に精選することが重要である。さらに，指導においては学習効果を高めるために，個に応じた指導法や教材・教具の工夫が不可欠である。

また，通学できない状態の児童生徒に対しては，教師が病室に出向いて授業（ベッドサイド授業）を行ったり，視聴覚機器の活用で病室からでも教室の授業に参加できるようにするなど，最新の情報技術（IT）を活用してできうる限り学習に参加できる体制を整えることが必要である。

経験の不足や偏りには，直接経験の機会を多くするだけではなく，間接経験としての視聴覚機器の効果的な活用など，さまざまな経験が得られるような工夫と配慮が必要である。

f 情緒面のケアと配慮

病弱の子どもたちは，病気への不安や身体的制約から情緒不安に陥りやすく，情緒面のケアが欠かせない。

医療面の必要から出される身体活動の制限も，「なぜそのような制限が必要なのか」「どの程度の活動ならできるのか」などを，子どもと共に教師が理解し，病気の状態に応じた学習や学校生活の送り方を共に考えることが重要である。また，教師には，活動の制限という現実を見据えたうえで，子どもの辛い気持ちに耳を傾け，理解する姿勢が求められる。自分の気持ちを理解してくれ

る人の存在は，療養と学習に前向きに取り組もうとする子どもの気持ちを育むであろう。

とくに，心身症や神経症などの心理的要因が関与する疾病の子どもたちの「心理的な安定」のサポートは，教育活動全体をとおしてなされる必要がある。ケースによっては，母親や家族関係までも視野に入れたかかわりが求められる。

また，入院中や寄宿制の場合は，より細かな情緒面のケアが必要となる。それゆえに，子どもの担任や担当を短期間に替えないことや，顕著な情緒面の問題がある場合は一対一でかかわるなど，細かい配慮が必要である。

g 進路指導

平成12年度版『障害者白書』によると，1999（平成11）年3月現在病弱養護学校中学部の卒業生のうち566人（91％）が，高校や高等専門学校（297人），養護学校高等部（269人）に進学している。また，養護学校高等部卒業者322人のうち139人（43.2％）が施設・医療機関入所，50人（15.5％）が教育訓練機関等入学，34人（10.6％）が進学，30人（9.3％）が就職，その他69人（21.4％）となっている。

進学・就職をする者の他に，卒業後も施設や医療機関，または家庭で療養生活をする者が少なくない。進路指導においては，個々の疾患の状態の変化を見通し，長期的な観点から指導目標や計画を立てることが重要である。単なる就労による自立だけを目指すのではなく，「いかに生きるか」に視点をあて，「自分らしい社会参加のあり方」を教師と児童生徒が共に考える進路指導でありたい。その際には，「病気そのものはマイナスかも知れないけれども，病気の体験が本人の人生にとって少しでもプラスになるような配慮」をもった指導が強く望まれる。

h 保護者との連携

年齢が低いほど，子どもへの保護者の影響は大きい。病弱児をもつ保護者自身が，病気の不安というストレスにさらされたり，子どもの苦痛を受け止めきれずに，不安・過保護，または拒否という望ましくない対応となる場合がある。医療や教育を効果的に進めていくうえで，保護者との連携は欠かせないもので

ある。それには，子どもについて保護者と共に考えていこうとする教師の姿勢が大切であり，不適切な子どもへの保護者の対応を責めず，過保護，または拒否などの対応をせざるをえない親の立場を理解し，その心情を受け止めることから始めねばならない。保護者の立場への共感的理解が連携の基盤である。

i 他の機関等との連携

1）医療機関との連携　個々の児童生徒の病状や治療についての理解は，病弱児の指導を行ううえで必須であり，治療を受けている医師や看護婦，理学療法士やカウンセラーなどの専門職員から個々の児童生徒の病状や治療方針に関する情報の収集が不可欠である。定期的な会合での情報交換に加えて，教師がリハビリテーションなどを見学したり，医療関係者が学校での子どもの様子を観察するなど相互理解を深め，教育と医療の連携をより密にしてゆくことが重要である。

2）前籍校との連携　指導計画や指導内容を決めるにあたって，可能なかぎり児童生徒の前籍校での学習の状況や友達関係などについて把握することで，指導の一貫性を保つことができる。連携をとる際には，できる限り前籍校の前担任から直接聞くことが望ましい。とくに，それまでの指導の工夫や指導上の配慮などの具体的な話からは，転学書類からはわからない児童の実態がみえ，今後の指導のヒントも得られることが多い。また，定期的な情報交換がなされていると，病状が安定し，前籍校に戻る際にも生かされ，継続した指導を可能にする。

■参考・引用文献

1) 森岡恭彦（監訳）　医学大事典　朝倉書店　1985
2) 茂木俊彦他（編）　障害児教育大事典　旬報社　1997
3) 南山堂　医学大辞典（第18版）　南山堂　1998
4) 総理府（編）　障害者白書平成12年度版　財務省印刷局　2001
5) 山本昌邦　病気の子どもの理解と援助　慶応通信　1994
6) 全国病弱養護学校長会　病弱教育ハンドブック　2000

8章 言語障害児（者）の理解と指導

1 言語障害の理解のために

a 言語とは

　言語の障害を理解するために，まず言語とはどういったものかを考えてみる。言語については各々の学問的立場や言語観により，定義がいろいろなされている。そのなかでも多くの共通するところは，言語をコミュニケーション（相互伝達，伝え合い）の機能として重視しているところである。そしてコミュニケーションの機能を重視した定義をみると[8]，次のようになる。
「言語は，人間がその思ったことや感じたことを社会習慣的に認められている記号を用いて伝え合う能力またはその機能である」
　通常私たちは，言語という音声記号を用いてものごとを考え，そして自分自身の行動を調節したり，また感情を表現してお互いの意思を伝えあう。もし言語の障害があれば，当然コミュニケーションに支障をきたしてしまう。しかし言語の障害と一口にいっても，どういう側面がどのような原因から問題となっているのか，また障害を受けた年齢によってもその症状は異なり，コミュニケーション上の障害の表れ方が多様である。
　そこで次に，人と人が話しことばでコミュニケーションを行う際の過程を明らかにしてみる。

b コミュニケーションの過程

　図8-1は，話し手と聞き手によって成立する会話の現象を表したものである。
　これは話し手の伝えたいことが，話しことばとして聞き手に理解されるまでのいろいろな現象を表している。音声での伝達には，話し手と聞き手の間にいくつかの出来事が鎖のようにつながって行われるので，この現象は「ことばの

図8-1 ことばの鎖[1]

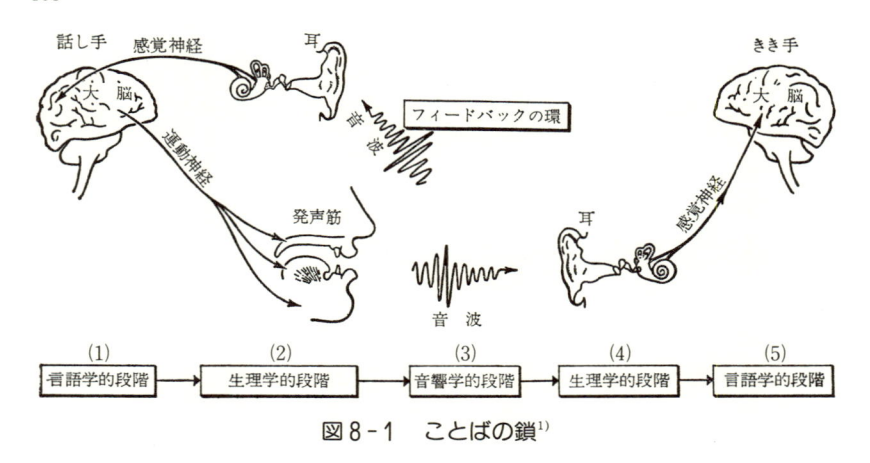

鎖」と呼ばれている[1]。

「ことばの鎖」から，コミュニケーションを行う際に必要な活動レベルと記号処理過程が明らかにされる[1]。まず話し手は，自分の意思や考えを一定の言語形式に組み立てる（言語学的レベル）。これを支えるのが大脳の神経活動である。大脳で組み立てられた言語形式は大脳の指令により，運動神経を伝わって舌や口唇などの発声・発語器官を動かす（生理学的レベル）。そしてその結果音波が生成され（音響学的段階），それが言語音として聞き手の耳に入るだけではなく，話し手の耳にも伝わる。一方聞き手の耳は，音波を神経インパルスに変換し，感覚神経によって大脳に伝達され（生理学的レベル），信号が解読されて（言語学的レベル）ことばの鎖が完成する。

このように「ことばの鎖」ははじめは話し手の側に，次に聞き手の側に，少なくとも3つの異なる段階，すなわち言語学的，生理学的，物理学的段階を含んでいるといわれる[1]。また話し手と聞き手のコミュニケーションの過程には，「耳で聞く」「頭で考える」「口で話す」といった活動が不可欠であり，この活動を支える器官として大脳，聴覚，発声・発語器官の機能が重要であることがわかる。そしてこれらのどこに異常があっても，さまざまな言語障害が引き起こされることになる。

C コミュニケーションの種類

これまで述べてきたのは，話しことばによるコミュニケーションの過程であるが，自分の意思を相手に伝えるのは話しことばだけではなく，それ以外の伝達手段を用いることも少なくない。

話しことばによるコミュニケーションをバーバル・コミュニケーションとすると，話しことば以外のコミュニケーションは総称して，ノンバーバル・コミュニケーションと呼ばれる。これには顔の表情や視線，身振り，文字，絵や図柄などの視覚的記号といった非言語的コミュニケーション手段がある。

近年，ノンバーバル・コミュニケーションという考え方をさらに拡大したものとして，拡大・代替コミュニケーション（Augmentative and Alternative Communication：AAC）という考え方がある。これは言語表出の障害をもっている人が自分の意思を相手に伝えるために，個人の可能な限りのコミュニケーション能力を開発し，コミュニケーションの自立を図ろうとする研究領域である。

このような考え方を背景に，言語表出の獲得や再獲得が困難なケースに対してはシンボルやサイン，音声代行のエイドなど（写真8-1，8-2），種々のコミュニケーション手段を導入し，実用的なコミュニケーションを確保する援助が近年，注目されている。

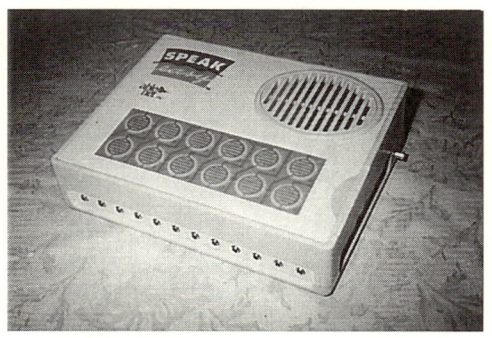

写真8-1　スピークイージー

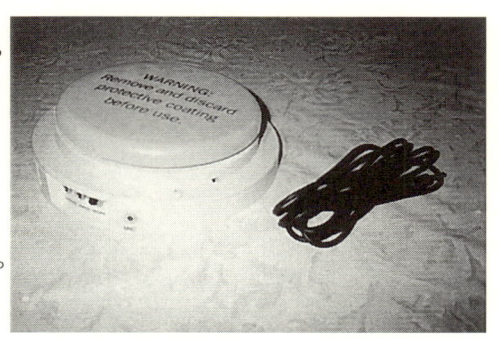

写真8-2　ビッグマック

表8-1　言語聴覚士が取り扱う障害の分類，下位分類，原因，コミュニケーション過程における障害のレベル[2]

分類名	下位分類名	原因	コミュニケーション過程における障害のレベル
失語症		脳血管障害，脳腫瘍，頭部外傷など	図8-1の(1)，(5)
高次脳機能障害		脳血管障害，脳腫瘍，頭部外傷など	図8-1の(1)，(5)
言語発達障害	精神発達遅滞 特異的言語発達遅滞 自閉症 学習障害 脳性麻痺に伴うもの 後天性障害に伴うもの 聴覚障害に伴うもの その他	遺伝的要因，不明 不　明 不　明 不　明 頭部外傷など	図8-1の(1)，(5)ただし，脳性麻痺は図8-1の(2)に該当，聴覚障害は，図8-1の(4)に該当
音声障害		喉頭・咽頭の炎症・腫瘍・麻痺・外傷，声の乱用，精神・心理的要因など	図8-1の(2)
構音障害	機能性構音障害 器質性構音障害 運動障害性構音障害	不　明 口蓋裂，舌切除など 脳血管障害，脳腫瘍，頭部外傷，変性疾患など 脳性麻痺など	図8-1の(2)
嚥下障害		脳血管障害，脳腫瘍，頭部外傷，変性疾患など	図8-1の(2)
吃　音		不　明	図8-1の(2)
聴覚障害	小児聴覚障害 成人聴覚障害	遺伝的要因，妊娠中の母体の感染，出産周辺期障害，出産後の感染，薬剤中毒，中耳炎，頭部外傷など	図8-1の(4)

d　言語障害の種類

　伊藤元信[2]は，言語聴覚士が取り扱う障害を表8-1のように示している。この表から障害の分類と原因，さらに前述したコミュニケーション過程（図8-1）のどの部分の障害であるかを示している。言語障害の発生する原因はさまざまであり，また対象は乳幼児から老人まであらゆる年齢層に及ぶ。

次に各言語障害の特性について述べる。

2　各言語障害の特性

a　失語症の理解と指導

失語症は，正常な言語機能をいったん獲得したのちに，何らかの原因で引き起こされる言語機能の消失あるいは障害である。

失語症が出現するのは，脳の中でも言語野と呼ばれる言語に関連する特定部位[9]（図8-2），あるいはその部位に繊維連絡がある言語野周辺領域[9]（図8-3）に何らかの損傷があった場合である。損傷を受けた脳の部位と拡がりによって，障害のいわば質的特徴とその重症度が特徴づけられる。

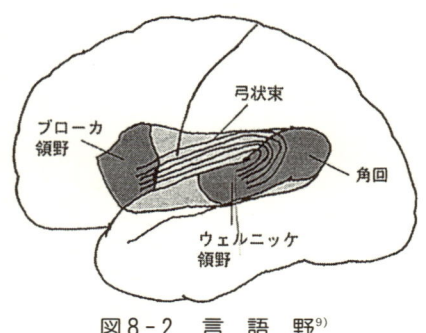

図8-2　言語野[9]

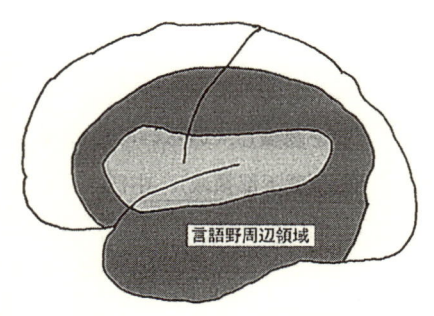

図8-3　言語野周辺領域[9]

失語症はことばの理解と表出の全領域にわたる障害であり，聴く・読む・話す・書くのすべての言語面，また同時に計算能力も障害されうる。いうまでもなく脳損傷の部位によって症状は異なるが，失語症患者の直面する最大の問題はコミュニケーションの問題である。もてる能力でコミュニケーションの実用性を高めるためには，非言語的コミュニケーション能力の指導や周囲のコミュニケーション環境の工夫が大切となってくる。

b　言語発達障害の理解と指導

言語発達障害とは，何らかの原因によってことばの発達が阻止された状態といわれる[7]。つまり，同年齢の子どもにくらべて，理解や表現が遅れている状態である。大石敬子[6]は聴覚障害を除外した言語発達の遅れをもたらす要因と

言語発達障害の要因	言語発達障害のタイプ
1．知的発達の遅れ（特に象徴機能の発達の遅れ）	精神遅滞に伴う言語発達の遅れ
2．人との関係を維持する能力の発達の遅れ	自閉症（広汎性発達障害）に伴う言語発達の遅れ
3．発生発語器官の運動障害	脳性麻痺に伴う言語発達の遅れ
4．言語にかかわる高次機能障害	特異的言語発達遅滞 言語性学習障害 後天性言語障害（小児失語症，他）

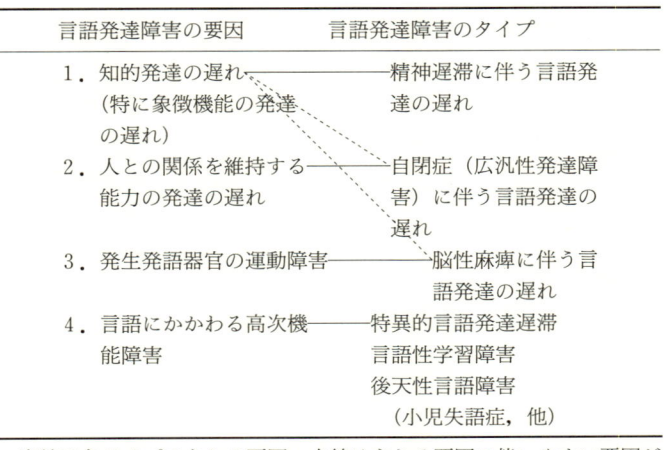

実線は各タイプの主たる要因，点線は主たる要因に伴いやすい要因が示されている

図8-4　言語発達障害の要因とタイプ

して，図8-4のように整理している。そしてそれぞれの要因がもたらす言語発達障害は相互に異なる臨床症状を呈するといわれる[6]。ここでは言語発達に遅れのある子どもの基本的なかかわりを中心に述べる。

　言語発達に遅れのある場合には，言語面の問題に加えて，言語以外のコミュニケーションに問題をもつことが少なくない。コミュニケーションは生後すぐから始まるといわれるが，対人関係が育っていなかったり興味や活動に偏りがある場合には顔の表情や，発声，身振り，もののやりとりなどのことばを使う前のコミュニケーション行動にも問題が多い。このような場合には「人と人とのかかわり合い」を育て，ことば以前のやりとり遊びを含めた原初的なコミュニケーション行動を整えていくことが大切である。

　また知的発達に障害があると，外界のものごと・事態を弁別する認知機能や，またあるものを別のものに見立てる象徴機能の遅れが認めやすい。前者については弁別学習を内容とする認知学習を，後者についてはごっこ遊びなどの象徴遊びを促す指導が試みられている。とくに言語は「象徴機能の発達との関連性が高く，象徴機能をいかに促進させるかが言語獲得の要となるといわれている」[6]。

ことばの獲得過程を知るためには，正常児の言語発達を習熟しておくことが必要である。子どもはいきなりことばを話しだすのではなく，ことばを話し出す前にはことばを理解しており，ことばの理解の前には人とのかかわりやもの・場面の理解が進んでいる。つまり人やもの・場面の理解が前提にあってようやくことばの理解が進み，その後に発語へと展開していく。言語指導を行う場合，このような正常児の言語発達を充分把握しておく必要がある。

c 音声障害の理解と指導

音声障害とは，声の質，高さ，強さ，またはその他の声の基本的特質が発声者の年齢，性，職業から考えて著しくかけ離れている状態を指す。また他覚的に異常がなくても，発声に際して不愉快な自覚症状をともなう場合も含む。

声の質の異常とは嗄声といわれるもので，がらがら声，かすれ声，息もれのする声，弱い声，力んだ声などがあり，ほとんどの音声障害にみられる。音声障害の原因は器質的なものと機能的なものにわけられる。器質的なものとしては何らかの病変により声帯あるいは喉頭の組織が欠損し，声に変化が生じている場合である。機能的なものとしては，心理的ストレスや疲労，あるいは声の使いすぎ，使い方を間違えた結果，声に変化が生じている場合である。

このような声の障害には外科的治療と保存的治療が行われる。外科的治療は，専門の耳鼻咽喉科医によってなされる。保存的治療のひとつに音声治療があるが，これは声の衛生と呼吸・発声法を積極的に指導する。声の衛生については日常生活の声の使いすぎや声の出し方，喉の健康や環境に対する留意点を説明し，実行させる。呼吸・発声法は悪い声の出し方を止めさせて，呼吸調節法とよい声の出し方を学ばさせる。

d 構音障害の理解と指導

構音障害とは発音の障害である。話し手が所属する言語社会の中で，話し手の年齢からみて正常とされている語音とは異なった語音を産生し，それが習慣化している場合を構音障害という。

構音障害には構音習得の過程で生じる先天性の構音障害と，構音習得後に生じる後天性の構音障害とがある。先天性の構音障害には，原因が特定できず構

音の発達の過程で誤った学習をしてしまった機能性構音障害と，先天的に形態や機能の異常を認める口蓋裂や脳性まひ，聴覚障害などの器質性構音障害がある。後天性の構音障害には，事故や腫瘍等による顔面および口腔内の障害から生じる器質性の構音障害や，脳血管障害等の中枢あるいは末梢神経の障害によるまひや筋力低下，失調にともなう運動障害性構音障害などがあり，構音障害のタイプによって指導法が異なる。

機能性構音障害の場合，構音だけの障害で他の発達上の問題がなければ，4～5歳で指導を開始することができる。指導方法は，主に聴覚を刺激することによって目的音を産生させる方法と，構音操作を教える方法の2つにわかれる。器質性構音障害は，手術にかかわる治療や補綴物の装着によって機能改善を図ることが多いので，医師やその他関連の専門家との連携が必須である。訓練の開始年齢並びに訓練方法は機能性構音障害に準じる。運動障害性構音障害の指導は，発声発語器官の運動機能訓練を図りつつ，構音の正しい構えの誘導と操作を展開させていく。

e　吃音の理解と指導

吃音は，話しことばがスムーズに出て来ず，音や語を反復する，音を不自然に引き伸ばす，途中でつまる等のことばの流暢さの障害である。発話リズムに一般より著しい乱れがあり，コミュニケーション上に問題があること，それに種々の説はあるものの根本的原因はいまだ不明である。

吃音は一般的には男児に多発し，発生の時期は幼児期に多い。年齢が進むとことばの流れの異常に加えて，心理面，身体面にも影響が出る。

指導上の留意点として，多くの場合，発吃より1年以内のものには環境調整法を実施し，子どもには遊戯療法を実施することが多い。環境調整法は吃音児と接する周囲の養育者との関係を整えることであり，話し方に対する批判や注意，要求などを取り除き，また厳しすぎるしつけや過干渉などの調整を図る。遊戯療法では，指導者が非指示的な遊びの中で子どもの行動に共感し，非流暢な話し方を受容していく。このような環境調整法や遊戯療法などの間接的な訓練の他に，本人への直接的な働きかけとして，カウンセリング，リラクゼーション法，流暢性促進技法などが行われる。

上述のaからeのほかに聴覚に障害がある場合，ことばの理解と産出が困難になるためにコミュニケーションに障害を生じるが，この点に関してはすでに第4章で述べているので，ここではとくにふれないことにする。

■引用・参考文献
1) デニス, P. & ピアソン, E.N.　1963　切替一郎・藤村　靖（監訳）　話しことばの科学——その物理学と生物学——　東京大学出版会　1996　p.4
2) 伊藤元信　言語聴覚障害学総論　財団法人医療研修推進財団（監修）　言語聴覚士指定講習会テキスト　医歯薬出版　1998　pp.161-166
3) 金山千代子・今井秀雄　きこえの世界へ　ぶどう社　1995
4) 切替一郎他（監修）　話しことばの科学　東京大学出版会　1987
5) 真鍋敏毅（他）　小児のきこえの問題　福祉図書出版　1984
6) 大石敬子　障害別評価と指導　財団法人医療研修推進財団（監修）　言語聴覚士指定講習会テキスト　医歯薬出版　1998　pp.193-197
7) 田中美郷　言語発達障害　財団法人医療研修推進財団（監修）　言語聴覚士指定講習会テキスト　医歯薬出版　1998　pp.189-192
8) 内須川洸他　文部省言語障害教育の手引き　東山書房　1988　pp.1-3
9) 寺村衆一　「聞く」と「話す」のしくみと働き　山崎京子（編著）　言語聴覚障害総論Ⅱ　建帛社　2000　pp.26-27

9章　情緒障害児の理解と指導

　文部科学省[12]によれば，情緒障害とは「人とのかかわりなどの周囲の影響によって情緒に混乱をきたし，緘黙や習癖の異常，登校拒否等のような社会的に不適応の状態」(p.61) であり，また「我が国では，自閉など，人とのかかわりに困難性を示し，全般的な発達に偏りのある子供も情緒障害教育の対象としている」(p.61)。

　本章では，紙面の制約上，自閉症と登校拒否について，その特性と指導・援助を概観し，最後に情緒障害の定義について考える。

1　自閉症の特性と指導

　「自閉症」をもつ人とは，どのような人なのだろうか。「自閉」の文字からイメージするのは，自分の中に閉じこもっている暗い人や，傷つきやすいナイーブな人かもしれない。そこから，何かで落ち込んで「自閉症」になったり，幼い頃に人見知りが激しかった人が「むかし～自閉症だったの～」などということになる。カジュアルにはそのような語法もあろうが，これらの人々はフォーマルには自閉症ではないだろう。ではフォーマルな自閉症とは何か。その特性と指導・援助を以下にみてみよう。

a　自閉症の特性

　ポピュラーな診断基準[2)20)]に沿うと，基本的特徴は次の3つである。

1）対人関係を形成・維持することが難しい：対人的相互関係における質的障害
もっとも重篤な人では，対人関係に関心がなく，他者が近づきすぎると押しのけたり避けたりする。関心がある人でも自分からやりとりを積極的にリードすることがなかったり，積極的にかかわってきても一方的で対人関係の暗黙のルールや微妙なニュアンスを理解することが困難である。

　また，ものを見せる・もってくる・興味のあるものを指さすなど，楽しみ・

興味・達成感を他人とわかちあい，感情的に交流することをしない。他者のいだいている感情を理解することも苦手である。

　2）　ことばの理解・使用に困難をもつ：コミュニケーションにおける質的な障害
話しことばが認められない人から，遅れている人，文法や語いなど形式的面ではほぼ年齢相当の人までいる。また，相手の言ったことをそのまま繰り返したり（反響言語・エコラリア），特殊な言い回しがみられる場合がある。しかしどのような言語レベルにあっても，ことばを社会的文脈で理解・使用するうえで困難がある。

　話しことば以外のコミュニケーションにも困難がある。われわれはコミュニケーションの際に，語られた内容だけではなく，音程・抑揚・速さ・リズム・アクセントや，表情・身振り，会話の文脈などを考慮しているが，これらのノン・バーバルな手がかりを理解・使用したりしない。だから冗談や隠喩を理解するのが苦手である。

　またことばの理解・使用は象徴機能と関連する。その象徴機能の現れと考えられるごっこ遊びや想像的な遊び，見たて遊びをすることもない。

　3）　興味・関心・活動のレパートリーが狭く，反復的・常同的である。特別なものごとにこだわり，環境変化への適切な対応ができにくい　興味の対象が変わっている。カレンダーの日付・曜日，時刻表，電話帳などに強い関心をもつ。動くものに強い興味を示し，回っている玩具の車輪，流れる水に見いる。ドアを何度も開け閉めする。

　反復的・常同的行動がある。手をヒラヒラさせたり，指を弾く。全身を揺する。奇妙な姿勢をする。爪先で歩く。

　同じ状態・やり方にこだわり，その変更に抵抗する。家具や座席の位置，道順，スケジュールなどがいつも同じであることを求め，それらが変化するとパニック状態になる。同数の玩具を同じやり方で何度も何度も繰り返し並べる。

　以上の特徴の具体的な現れ方は個々人の発達水準・年齢によって違いがあるが，片鱗は遅くとも3歳以前に現れる。その後改善することはあっても基本的には生涯続くと考えられている。

　その他の特徴として，知的には正常範囲またはそれ以上から遅滞レベルまで

幅広い。約4分の3は知的障害をもち，得意な領域と苦手な領域にアンバランスがある。

学習したことの般化が苦手である。つまり，ある場所である教材を用いてある人の下で学習したことが，他の場所・教材・人の下では発揮できないことがある。

多動性・被転導性や，自傷行動・かんしゃくが認められることもある。

有病率については0.02〜0.05％（1万人に2〜5人）とされていたが，新しい統計[6]では0.91％（1万人に91人）と増加している。これは，自閉症をもつ人がふえているというよりは，定義の変化と考えられている。男児では女児の3〜4倍といわれている。

b 原　因

現在は何らかの生物学的障害，とくに脳の障害によると考えられており，てんかんを併発する人や，神経学的兆候や脳の機能障害が認められる人もいる。しかしすべての人に明確な証拠が見出されているわけではない。

かつては親の冷たい，機械的な養育態度が子どもを自閉症にすると考えられたこともあったが，現在は否定されている。たしかに，親にインタビューすると，ほかのきょうだいよりも手をかけなかったと想起されることが多い（なかには，非常に手をかけたとの報告もあるが）。しかし，手をかけなかったことで自閉症になったのではなく，子どもから親への要求が少なかったり，親のかかわりが子どもに受け入れられにくく，その結果として親のかかわりが減少したと考えられる。

c 症状の基底にある心理学的特性

「何らかの脳の障害」とはいっても，それだけでは症状を説明したことにはならない。自閉症に関する心理学的研究は，自閉症をもつ人の知覚・認知の特性を見出している。本人からの報告と照らしあわせて概観しよう。

1）**感覚入力・調整の特性**　ある種の刺激に過敏に反応する。われわれにとっては気にならない刺激が嫌悪的に感じられたり，逆に魅惑されたりする。われわれの周りには刺激があふれているが，複数の刺激に同時に反応するのが

苦手である。

> ……ある感覚は，非常に鋭く尖って，痛いような感じを起こさせるのだ。わたしの場合は，甲高い声や音，まぶしい光，人に触られることなどがそれで，耐えられない。……（ウィリアムズ，1993[19]，pp.267-268)

2) **入力された刺激の処理の特性**　刺激を処理して，そこから意味を読みとるうえでも困難がある。

> ……わたしは外から入ってくることばや情報を，直接そのまま受け容れることができなかった。……同じことを何度も繰り返して言ってもらわなければならないことも，よくあった。一度だけでは，わたしの頭の中にはばらばらになったことばの断片しか入ってこず，言われたことをおかしなふうに誤解してしまったり，まったく意味がわからないままでいたりするのである。（ウィリアムズ，1993[19]，pp.100-101)

視覚刺激に比べ，聴覚刺激ではその処理がとくに困難なようである。

> 私の知的活動は完全に視覚的なので，図面を引くような視空間的作業はやさしい。……感情を刺激されるか，形を成すかしなければ，聴覚から入るものは少しも覚えられない。（グランディン&スカリアーノ，1993[5]，p.181)

3) **過剰刺激からの逃避反応としての自己刺激行動・こだわり**　不適切行動とされる常同行動やこだわりも，過剰な刺激や理解不能な状況から身を守るための行動であることがある。

> ……彼ら（筆者註：自閉症児）は外部の刺激を押しのけるために，くるくる回しのような自己刺激か，自傷的になるか，自分自身の世界に逃避するかの選択を強いられるのである。さもなければ，無数の同時刺激に圧倒されるあまり，かんしゃくを起こしたり，叫び声をあげたり，あるいは，他の認められない行為で反応するのである。自己刺激行為は興奮した中枢神経組織を鎮めてくれる。（グランディン&スカリアーノ，1993[5]，pp.33-34)

d　自閉症の指導・援助

地域社会の中で，できる限り自立し，自分のことは自分で決定できる生活を送ることを目指すには，どのような指導・援助が必要だろうか。

この問いには一概には回答できない。一人ひとりの年齢・生活環境・行動レ

パートリー・機能水準・本人や周囲のニーズによって異なるからだ。そこで指導・援助に当たっては個別的なプログラムを立てる必要がある。

1) 何が標的になるか　全般的にみれば，ほとんどすべての技能が対象になる。自閉症をもつ青年・成人向けのアセスメントパッケージ（AAPEP）では次の技能領域を評価の対象とし[4]，重視している。

(1) 対人行動：他者とのかかわり方
(2) 機能的コミュニケーション：有効な意思伝達技能の有無，基礎となる概念の理解
(3) 余暇活動のスキル：休憩時間の過ごし方，楽しい活動への参加，趣味活動などの自由時間の利用技能
(4) 自立機能：身辺処理，移動，金銭処理，買い物などの日常生活技能
(5) 職業スキル：職業的課題を完成できるかどうか
(6) 職業行動：不適切行動の有無，技能の遂行・獲得に妨害となる行動の有無

年齢が低い場合には，自立機能（の一部）・職業スキルの領域よりも，幼稚園や学校での活動に関する技能に重点が置かれるだろう。たとえば教科に関する技能である。

必要な技能の習得と併せて，「職業行動」で述べられているポイントは，どの年齢・機能段階でも重要である。不適切行動は，技能の獲得や，社会での生活を妨害するからである。

指導の際には獲得した技能の般化も考慮する。先に述べたように，自閉症をもつ人では，特定の状況で学んだ技能をほかの場面で使うことが苦手だからだ。ある技能をある教材をとおして学んだならば，ほかの人・場所・教材に変えても同じようにその技能が発揮されるか試した方がよい。または，必要な技能は，その技能が必要とされる場所で学ぶのが望ましい。

2) どのように行われるか　指導における要点は次のとおりである[1)10)]。

(1) 課題を分析する：標的技能を一気に教えることは困難である。そこで現在本人ができるレベルから，ねらいとするレベルまでをいくつかのステップや，構成要素にわける。
(2) スモール・ステップを踏む：先の分析で取り出された下位課題をひとつ

9章 情緒障害児の理解と指導　121

ひとつステップを踏んで達成し，目標に至る。
(3) 結果をフィードバックする：本人の行ったことが正しかったならば，それをフィードバックする（正しかったことをちゃんと伝えれば，正しくなかったことを伝える必要は必ずしもない）。重要なのは，本人に伝わるやり方でフィードバックすることだ。うまくできたことを伝えるつもりでも，刺激に敏感な人では，罰せられたと感じてしまうこともある。
(4) 環境を調整する：われわれにとっては些細な刺激が，本人にとっては過剰に作用し，不適切な行動の引き金となることがある。このような場合，環境刺激を調整する工夫が必要になる。オフィスのように個別にパーティションを区切ることもある。

不適切行動は，課題や指示を本人が理解できないことから生じることもある。音声刺激の理解が困難であるようならば，視覚的に手がかりを提示するなどの工夫がなされる。

2　不登校・登校拒否の特性と指導

a　不登校・登校拒否の定義

登校拒否は「主として何らかの心理的，情緒的な原因により，客観的に妥当な理由が見出されないまま，児童生徒が登校しない，あるいはしたくともできない状態にあること」(p.9) [13]として幅広く理解できる。

近年増加しており問題とされているのは，後者の「したくともできない」人々である。狭義の登校拒否とか，神経症的タイプと呼ばれる。本節ではこのタイプを中心に論じる。

登校拒否のほかのタイプとしては，怠学傾向（学習意欲に乏しい無気力型，非行型），一過性のもの，精神障害によるもの，学校に価値を認めず登校しない積極的・意図的なもの，いじめや体罰など客観的理由があるもの，などがある。

神経症的タイプでは登校を「拒否」しているわけではない。行こうと思っても行けない状態にある。そこで「登校拒否」という代わりに，各タイプに共通している「登校していない」という現象面に焦点を当て「不登校」と呼ぶこと

もある。

b 不登校状態の変移
一般に不登校状態は次のような時期をたどるといわれる[11]。
(1) 言語的訴えの時期：登校を渋り，学校に対する不満，行けない理由を訴える。
(2) 身体的表出の時期：身体症状（頭痛・発熱・下痢・腹痛・嘔吐など）が現れる。症状には，日中変動（登校時には出現しても午後には軽減する），週間変動（月曜には現れやすく，週末・休日には現れない）などが認められる。しかし医学的には明確な異常は認められない。
(3) 混乱・爆発反応の時期：登校を強く促されたり，学校の話題が出ると激怒しものにあたったり，親に暴力を振るったりする。その反面，親への要求や甘えが出現することもある。外出を避ける。しかし登校刺激がなければ比較的安定している。
(4) 閉じこもりの時期：身体症状が消失し，不登校状態が安定化する。一切の外部からの働きかけを拒絶して自室に閉じこもり，家族とも顔をあわせなくなる。生活リズムが昼夜逆転する，着替えや入浴をしないなど生活習慣が崩れる。
(5) 再生・回復の時期：生活リズム，生活習慣がもどってくる。家族との接触もふえる。学校場面以外への外出も可能になる。

c 不登校の分類
狭義の登校拒否を次のように下位分類することがある[16]。
(1) 分離不安：親から離れることに不安を感じる。幼児や小学校低学年に多い。
(2) 優等生の息切れ型（急性型）：今まで「よい子」でいるよう頑張ってきたが，周囲の期待や自己のイメージに添うことが困難になり登校できなくなる。中学・高校段階で突然生じる。
(3) 過保護による未成熟型（慢性型）：社会的・情緒的に未成熟で，学校での困難・失敗を避けて家庭内に逃避する。幼い頃から慢性的に起こること

が多い。

d 原因観

　先の分類は本人の性格特性にもとづいていた。たしかに大部分の児童・生徒は不登校を示していないことから，原因を個人の特性に，そしてその特性を形成してきた家庭や，親の態度に求めようとするのは理解できる。個人の特性がひとつの要因であるのは確かであろう。しかし，原因はそれだけであろうか。

　田上不二夫[16]は，不登校に至った原因について，教師・本人・親のそれぞれに対して行ったアンケートを紹介している。

　教師は，本人の「情緒的混乱」「無気力」「家庭生活での影響」，とくに「親子関係をめぐる問題」を指摘している。本人は，「授業内容」「いじめ」「友だちとの違和感」「学校の雰囲気」「先生の対応」などをあげており，「家族」をあげているものは少ない。親では「子ども本人の性格」「学校の先生」が多い。一方，助言を受けてよかったと親が思えるのも，教育相談所，精神・神経科医よりも学校の先生がトップであり，よかれ悪しかれ教師の影響が強いと考えている。

　この結果から，不登校が生じる要因は，どこかひとつに求められるのではなく，学校・本人・家庭それぞれの要因が複雑に絡みあっている，と考えられる。

e 登校に影響を与える要因

　われわれはなぜ学校に通う（通った）のだろうか。学校が提供する情報・友人・施設などに意義を認めていた，ほかにおもしろいことがなかった，単なる習慣などの理由が考えられる。とすれば，学校でいやな出来事があったり，通うに値する価値・意義がなかったり，ほかにおもしろいことがあったり，登校する習慣がなかったり，ほかに心配事があったりすれば，登校は生じにくい。

　以上の観点から登校に影響を与える要因を考えてみよう。

1) **いやなことがあり登校を妨害している**　　「いやなこと」が生じる背景はさまざまである。
(1) 客観的に見てもいやなことが実際に存在する：たとえば，いじめや，教師による体罰・えこひいきなど。

(2) 状況にうまく対応できないことがいやなことを産み出している：たとえば，授業がわからない，教師・級友から何を言われても言い返せないなど。
(3) 「考え」がいやなことをつくり出している：たとえば，「親が期待しているように，先生の言うことを聞いて一生懸命勉強をするのが立派な生徒である。それができなければダメな人間だ。親や先生から認められる生徒であれば，クラスの皆からも尊敬されるはずだ」。このような考えをもっていれば，教師や親の要求にちょっとでも応えられない場合，自分を卑下することになる。はたして親や教師の言うことに従っている者が，つねに同輩から尊敬されるだろうか。小学校ならばともかく，中学校ではあまり期待できないだろう。現実が「考え」どおりではないと，違和感・不満感を感じるだろう。
(4) 過去にいやなことを経験して，そのイメージが後を引いている：たとえば，「学校で失敗して皆に笑われた。学校を思い浮かべる度に，また失敗するのではないかと不安になり緊張する。学校に行けば，また皆が笑うだろう」。

2） 登校する価値・意義がないので登校が続かない
(5) 価値・意義を学校・教師が提供できていない。
(6) 価値・意義を手に入れる術を本人がもっていない：たとえば，友人がなくて学校がおもしろくないことがある。
(7) 価値・意義に本人が気づかない：先述した「先生の言うことを聞かないやつはダメな人間」との考えをもっていれば，自分自身や同輩のよい点，学校生活の幅広い意義に目が向かなくなる。

3） 学校の外におもしろいことがあり登校しない
(8) 学校より家庭やゲームセンターの方が居心地がよかったりおもしろければ，学校ではなく家庭・ゲームセンターにいることになる。これは「登校する価値・意義」と相対的である。学校の価値・意義を十分に感じていれば，少なくとも学校の時間中は，ほかの場所ではなく，学校にいることを選択するだろう。

4） ほかの心配事があり登校できない
(9) たとえば，家族間に葛藤・混乱があると登校の妨害要因になる。葛藤・

混乱は不登校以前にあったのかもしれないし，不登校が始まってから生じたものかもしれない。親離れ・子離れの家庭内葛藤は，子どもが中学校年齢になれば一般に生じる問題でもある。

5) **登校習慣が未形成だったり崩れている**

⑽　登校習慣が確立していなければ，安定した登校は望めない。またいったん崩れた場合には，再形成する必要もあろう。しかしなぜ登校習慣が確立せず崩れるのかというと，ここまででみてきた要因との関連がある。

f　不登校への介入

登校するにはどのような条件が必要であろうか。便宜的に本人・家族・学校に対するアプローチとわけたが，これらは相互に関連しているし，地域・社会全般もかかわっている。また，たんに登校すればよい，というわけでもない。登校することでいやな経験が繰り返されたり，せっかく登校しても価値・意義が見出されなければ，再発する可能性が高い。

1) **本人へのアプローチ**

・登校習慣，勉学に必要な習慣を身につける（⑽への対応）。
・いやなことへの対処法や，価値・意義を見つける術を身につける：いやな状況に対処するやり方，たとえば授業内容の習得，わからないことを教師にアピールしたり質問する方法，自分の意見の主張の仕方（⑵への対応）や，友人をつくる方法，たとえば，相手の話を聞く・話をあわせる・話題を展開する・相手をほめるなど（⑹への対応）を身につける。
・リラックスし，不安・緊張を低減する方法を身につける（⑷への対応）。
・自分の考えが正しいか試してみる（⑷への対応）：失敗をまた繰り返すのか，今でもみんなは自分を笑うのかを実際に試してみるためには，誰かの援助が必要かもしれない。
・ほかの考え方をしてみる（⑶，⑺への対応）。

2) **家族へのアプローチ**

・本人の不安・緊張を解消できる場になる（⑼への対応）：家庭内に問題があり，これが実現困難な場合は，家族システムに対してアプローチがなされることもある。

- 本人がいろいろなことを身につけるのを援助する：未成熟型の場合には，本人が自分で行動ができるよう，周囲が手を出さずに見守ることも必要である（(10)への対応）。息切れ型の場合には，周囲の考え方を見直すことも必要である（たとえば(3)への対応）。

3) 学校へのアプローチ
- 客観的に存在する妨害要因をなくす（(1)への対応）。
- 登校する価値・意義を提供する（(5)，(8)への対応）：授業や，ほかの活動で本人が価値・意義を見出せるよう，サービス業としての工夫が求められるだろう。

3　情緒障害とは

　以上，情緒障害とされる「自閉症」「登校拒否」について概観した。両者が情緒障害児としてひとまとめにされ扱われることに奇妙さを感じた読者もいるかもしれない。自閉症では脳の障害が疑われているし，ほぼ生涯続くと考えられている。一方，登校拒否は誰にでも起こりうる問題であると同時に，今は不登校状態にある子どもが，将来は登校拒否児ではなくなることもある。

　上出弘之[18]に従い情緒障害の概念を以下に考えてみよう。

　情緒障害の定義は一致していない。本来は医学・心理学の分野で使われ出したものが，わが国ではまず行政分野で使われるようになり，行政の分野ごとに異なった概念規定がされてしまったからである。

　原因論的立場からは情緒因（にもとづく）障害を指す。つまり本人をとりまく，人間関係のゆがみにもとづいた本人自身の心の葛藤・欲求不満に起因する適応困難と考えられる。児童期について用いられ，成人では神経症と呼ばれることになる。この立場からは，自閉症は，かつては情緒障害ともいえたが，現在の原因論からは情緒障害ではない。

　一方，症状論的立場では，原因については問わず，現れてきた症状が何らかの情緒面での問題をもつものを指す。情緒面障害ともいえる。

　自閉症と登校拒否とが併せて情緒障害とされるのは，症状論的立場からみているからと考えられる。

■引用・参考文献
1) アルバート，P.A. & トルートマン，A.C. 佐久間徹・谷 晋二（監訳） はじめての応用行動分析 二瓶社 1992
2) The American Psychiatric Association 高橋三郎・大野 裕・染矢俊幸（訳） DSM-IV——精神疾患の診断・統計マニュアル 医学書院 1996
3) バロン-コーエン，S. &ボルトン，P. 久保紘章・吉野晋一郎・内山登紀夫（訳） 自閉症入門——親のためのガイドブック 中央法規出版 1997
4) 古屋照雄 AAPEP 検査項目 自閉児教育研究，8，50-133 1986
5) グランディン，T. &スカリアーノ，M., M. カニングハム久子（訳） 我，自閉症に生まれて 学習研究社 1993
6) http://web. kyoto-inet. or. jp/org/atoz3/ask/news/nas-news. html
7) 石部元雄 「いじめ」問題の現状と課題 週間教育資料，No543，1997，21-23
8) 石部元雄 登校拒否問題の現状と課題 週間教育資料，No543，1997，21-23
9) 小林重雄（編） 子どものかかわり障害 同朋舎出版 1989
10) 小林重雄（監） 山本淳一・加藤哲文（編） 応用行動分析入門 学苑社 1997
11) 小玉正博 登校拒否の指導 佐藤泰正（編） 改訂心身障害学 岩崎学術出版社 1991 pp.196-206
12) 文部省 一人一人を大切にした教育 大蔵省印刷局 1996
13) 文部省 生徒の健全育成をめぐる諸問題——登校拒否を中心に（生徒指導資料第18集，生徒指導研究資料第12集） 大蔵省印刷局 1984
14) 坂野雄二 無気力・引っ込み思案・緘黙 黎明書房 1989
15) 坂野雄二（編） 登校拒否・不登校 同朋舎出版 1990
16) 田上不二夫 登校拒否・家庭内暴力 黎明書房 1990
17) 坪内宏介・小林正幸 習癖 黎明書房 1993
18) 上出弘之 情緒障害とは 全国情緒障害教育研究会（編） 新版情緒障害児の教育（上） 日本文化科学社 1983 pp.2-20
19) ウィリアムズ，D. 河野万里子（訳） 自閉症だったわたしへ 新潮社 1993
20) World Health Organization 融 道男（監訳） ICD-10精神および行動の障害——臨床記述と診断ガイドライン 医学書院 1993

10章　学習障害児（者）の理解と指導

1　学習障害とは何か

a　学習障害の定義と概念

　学習障害（learning disabilities）は，その頭文字をとってLDとも呼ばれ，わが国でも1980年代以降，学校現場において，急速に知られるようになってきた障害である。

　学習障害という用語は，1960年代のはじめにアメリカの教育心理学者であるカーク（Kirk, S.）によって用いられたのがその始まりであるといわれている。彼は，知能は正常であるのに，読み書き障害や算数障害のように特定の学習能力に障害があり，そのため学業成績が振るわない子どもを学習障害児と呼んだ。

　このような子どもたちの症状については，かつては微細脳機能障害（minimal brain disfunction：MBD），失読症（dyslexia），失語症，知覚障害，軽度の知的障害，書字障害，言語障害，脳障害，神経学的障害，などさまざまな名称で呼ばれてきた。学習障害という概念は，こういった症状を有する子どもたちの教育的ニーズの高まりを背景にして，従来は医学や神経学の領域でとらえられていたこのような症状を新たに教育的な視点からとらえ直したものということができる。

　学習障害の定義や概念規定をめぐっては，従来よりさまざまな議論がなされ

表10-1　学習障害の定義

|---|
|　学習障害とは，基本的には全般的な知的発達に遅れはないが，聞く，話す，読む，書く，計算する又は推論する能力のうち特定のものの習得と使用に著しい困難を示す様々な状態を指すものである。
　学習障害は，その原因として，中枢神経系に何らかの機能障害があると推定されるが，視覚障害，聴覚障害，知的障害，情緒障害などの障害や，環境的な要因が直接の原因となるものではない。|

てきたが，わが国においても，長年の審議の結果，ようやく1999（平成11）年7月，文部省に設置された「学習障害及びこれに類似する学習上の困難を有する児童生徒の指導方法に関する調査研究協力者会議」により，表10-1に示すような学習障害の定義が明らかになった。

これによると，学習障害とはまず，全般的な知的発達には遅れはないが，聞く，話す，読む，書く，計算する，推論するといった特定の基礎的な学習領域において困難さがみられるということが大きな特徴となっている。すなわち，学習障害児は知能という点では平均あるいはそれ以上の能力を示すにもかかわらず，実際の学習場面ではその能力が発揮されずに学習上の困難さをもたらしていると考えられている。

このような障害の原因については，中枢神経系の何らかの機能障害によるものと推定されている。中枢神経系は，感覚器官が受け取った情報に判断を下し，実行命令を出すといった人間の行動全体をコントロールする働きをしている。中枢神経系の機能障害とは，一言でいうならこのような脳の働き具合がうまくいかない状態であるということができる。中枢神経系の機能障害がなぜ生じたのかということについては，妊娠中や周産期のいろいろなアクシデントが予想できるが，はっきりとした原因が特定できないことも多い。

ただし，学習障害は，視覚や聴覚の障害，知的障害，情緒障害，あるいは，不適切な養育条件や学習指導のあり方などの環境的問題が直接の原因で生じるのではないとしている。後述するように，学習障害の状態は知的障害や自閉症，学習不振といった状態と非常に似通ったところがある。しかしながら，定義では学習障害を一次的な障害とみなしており，このような他の障害や環境的要因の結果として生じるものではないというとらえ方をしている。

b 学習障害とマイルドリー・ハンディキャップ

知能がとくに劣っているわけでもなく，目や耳が不自由といった感覚の障害があるわけでもなく，また情緒的な障害や環境的な問題もないのに，読み書きができない，計算ができないなどの状態を示す中枢神経系の障害が学習障害である。このような状態は，軽度の知的障害や自閉症と臨床的には似ている部分も多く，これらを明確に区別することが難しいこともある。学習障害という障

害が理解されにくく，学校現場において混乱を招いている理由のひとつに，軽度の知的障害や自閉症などとどのように異なるのかという問題がある。

一般的にいって，学習障害と知的障害との違いについては，知的障害が知的発達の全体的低下と適応行動上の問題行動を示すのに対して，学習障害では正常な知的発達レベルにありながら，学習能力に特定の部分的な落ち込みがあるという違いがみられる。知的障害は，知的発達の全般的な遅れであるのに対して，学習障害は特定部位の発達の偏り，部分的な学習能力の障害ということができる。一方，自閉症の知的構造は，ある限定された領域の落ち込みや発達の偏りを示すという点において学習障害と似ているが，もっとも大きな違いはその行動面にある。自閉症は，特異な行動上の障害や対人関係障害，言語発達の障害等によって特徴づけられる障害である。学習障害児の中には類似した行動特徴を併せもっている者もいるが，自閉症の場合このような症状が共通に現れ，その程度も重いことから，両者の区別は比較的容易であろう。ただし軽度の自閉症との区別は臨床的にかなり難しいと思われる。

学習障害をとりまく周辺には軽度の知的障害や自閉症のほか，学業不振などのつまずきをもったさまざまなタイプの子どもたちがいる。このような比較的軽度の子どもたちを一括して最近ではマイルドリー・ハンディキャップ (mildly handicap) と呼ぶことがある。教育的なサービスという点からみた場合，それぞれの障害を厳密に区別することよりも，共通の特別な教育的ニーズをもっている子どもたち (children with special educational needs) ととらえ，それに見合ったサービスを提供していくことの方がより重要であろう。

2　学習障害児の特性

学習障害児では，基礎的な学習面の障害に加えて，行動面の問題や情緒的，社会的側面での問題を併せもっていることが多く，その個人差も大きい。学習障害児の教育を考える場合，ただたんに学習面にのみとらわれることなく，さまざまな側面からのトータルなアプローチがなされる必要がある。

a 学習面での特性

　学習障害のもっとも基本的な特徴は，一般的に知的な遅れはないにもかかわらず，聞く，話す，読む，書く，計算する，推論するといった特定の学習面に障害があることである。具体的には，たとえば，話されていることがよく理解できない，順序よく話すことができない，ことばによる意思や感情の表現がうまくできない。文字をうまく書けない，たどたどしい逐語読みになってしまう，文字は読めても文章全体の意味内容が理解できない。あるいはまた簡単な四則計算ができない，機械的な計算はできるが，文章題になると問題が解けないといったさまざまなかたちのつまずきを示す（表10-2，表10-3）。国語では

表10-2　国語でみられるつまずきの例

〈聞く能力〉
- 似た音の単語を聞き分けることがむずかしい
- 一度に多くのことを言われると混乱する
- 話されている内容をよく理解できない
- 話の前後関係がとらえられない

〈話す能力〉
- 使うことばが限られている
- 順序よく話すことができない
- 助詞がうまく使えないなど文法上の問題がある
- 文章構成がおかしい
- ことばによる意思や感情の表現が下手である

〈読む能力〉
- 似た文字の区別がつきにくい（例，め―ね，ね―わ，さ―き，など）
- 一字一字の逐字読みしかできず，まとまった単語として読めない
- 読む速度が遅い
- 単語の読み違いが多い（例，「ゆかた」を「ゆたか」と読む）
- 文字や単語を抜かして読んだり，行を飛ばして読んでしまう
- 勝手読みや作り読みがみられる（例，「～でした」を「～です」と読む）
- 文字は読めても，文章全体の大意の把握や内容の意味理解，作者の気持ちの読み取りなどができない

〈書く能力〉
- 判読し難い乱雑な文字を書く
- 誤字・脱字，鏡文字が多い
- マス目の中に文字が入らない
- 書き順がでたらめである
- 一字一字を書くのにかなりの時間がかかる
- 文字を書き写すことはできても，自分で文章を作ることができない

表10-3　算数でみられるつまずきの例

・基礎的な数量概念の獲得に遅れがある（例，形や大きさの分類，大小関係，全体と部分との集合関係など）
・計算力がない
・四則記号や小数や分数の意味がわからない
・繰り上げや繰り下げの数字，九九などを覚えていることができない
・「ふえる」「減る」「合わせる」といったことばの意味がわからない
・桁の理解に混乱がある（例，55を505と書いてしまう）
・似た数字の区別がつきにくい（例，6と9，3と5，7と9など）
・順序よく，式を立てることができない
・機械的な計算はできても，文章問題を解くことができない
・類推するのが苦手で，具体的に示さないとわからない
・幾何が苦手である

学年相当の力があるのに，算数の計算で極端な落ち込みがあるといったように，個人内でのアンバランスが大きいのが特徴である。

ところで，このようなつまずきの背景には，それらを支えている基礎的な認知能力に問題があることが予想される。すなわち外界の情報に注意を向け，それを受容し，記憶すること，それらを関連づけたり，理解すること，また情報を加工し，利用できる形にして外界に働きかけていくこと，といった一連の認知過程に何らかのつまずきや偏りがあると考えられている。

このような能力の障害は，主として国語や算数・数学などの教科学習におけるつまずきとなって現れるが，実際には，読んだり書いたり，計算したりすることの障害によって影響を受ける学習領域は広範囲にわたることから，しだいに生活全般に大きな影響を及ぼしてくることになる。

b　行動面での特性

行動面での特性は，必ずしも学習障害に本質的にともなうものではないが，学習障害児では，基礎的な学習面の障害に加えて，さまざまな行動上の問題を併せもっている場合が多い。

学習障害児にしばしばみられる行動上の問題として，注意集中困難と多動性があげられる。注意集中困難とは注意の持続が短く，一定の課題や状況に対して注意を集中することができないことをいう。最近では学習障害児に選択的注

表10-4　注意欠陥多動性障害の診断基準[1]

A．(1)か(2)のどちらか：
(1) 以下の不注意の症状のうち6つ（またはそれ以上）が少なくとも6カ月以上続いたことがあり，その程度は不適応的で，発達の水準に相応しないもの：

不注意
(a) 学業，仕事，またはその他の活動において，しばしば綿密に注意することができない，または不注意な過ちをおかす。
(b) 課題または遊びの活動で注意を持続することがしばしば困難である。
(c) 直接話しかけられた時にしばしば聞いていないように見える。
(d) しばしば指示に従えず，学業，用事，または職場での義務をやり遂げることができない（反抗的な行動または指示を理解できないためではなく）。
(e) 課題や活動を順序立てることがしばしば困難である。
(f) （学業や宿題のような）精神的努力の持続を要する課題に従事することをしばしば避ける，嫌う，またはいやいや行う。
(g) （例，おもちゃ，学校の宿題，鉛筆，本，道具など）課題や活動に必要なものをしばしばなくす。
(h) しばしば外からの刺激によって容易に注意をそらされる。
(i) しばしば毎日の活動を忘れてしまう。

(2) 以下の多動性―衝動性の症状のうち6つ（またはそれ以上）が少なくとも6カ月以上持続したことがあり，その程度は不適応的で，発達水準に相応しない：

多動性
(a) しばしば手足をそわそわと動かし，またはいすの上でもじもじする。
(b) しばしば教室や，その他，座っていることを要求される状況で席を離れる。
(c) しばしば，不適切な状況で，余計に走り回ったり高いところへ上がったりする（青年または成人では落着かない感じの自覚のみに限られるかも知れない）。
(d) しばしば静かに遊んだり余暇活動につくことができない。
(e) しばしば"じっとしていない"またはまるで"エンジンで動かされるように"行動する。
(f) しばしばしゃべりすぎる。

衝動性
(g) しばしば質問が終わる前にだし抜けに答えてしまう。
(h) しばしば順番を待つことが困難である。
(i) しばしば他人を妨害し，邪魔する（例，会話やゲームに干渉する）。

意の障害があることも明らかになってきている。選択的注意（selective attention）とは，さまざまな刺激の中から重要な刺激を選択的に抽出し，他を無視することで，より効率的な情報処理を行うためのメカニズムである。学習障害児は，重要な刺激にもそうでない刺激にも，無選択に反応しやすい傾向があり，健常児に比べ選択的注意の発達に2～3年の遅れがみられる。一方，多動性とは活動レベルが極端に高く，落ち着きなく，むやみに動き回る状態を指す。じっと座っていることが苦痛で，教室から出ていってしまうといったこともある。

注意集中困難や多動性と同様，学習障害児の行動上の問題として，衝動性や固執性といった問題もよくあげられる。衝動性とは，新しい環境や多くの刺激状況の中におかれると，自己を統制することができずに，ただちに行動してしまう傾向を指す。また固執性とは，ある事物や事象にこだわりをもちつづけ，反応が持続あるいは反復する傾向で，他の事柄に柔軟に対処することができない状態である。

　注意の障害，多動性，衝動性などはきわめて密接な関係があるため，近年，このような症状に対して，注意欠陥多動性障害（attention deficit hyperactivity disorder：ADHD）との診断名が使われることがある（表10-4）。学習障害とADHDは概念的には異なるものであるが，いずれも中枢神経系の機能障害にもとづく障害であり，しばしば重複あるいは合併してみられることが指摘されている。これらは学習の構えや集団生活への適応を阻む大きな要因になることから，行動特性に対する正しい理解と適切な個別的対応が求められよう。

C　情緒的・社会的面での特性

　学習障害児の中には，敏感で，些細なことにも動揺しやすく，感情の起伏が激しく，気分にムラがあるといった情緒的な易変性がよくみられる。小さなことに傷ついたり，すぐかっとなってパニックを起こすことも少なくない。

　また，他者の表情や身振りから，その意図しているところを読み取ったり，社会的な場の状況や社会的ルールを理解するということに問題をもっているものがいる。このようないわゆる非言語的なメッセージの理解は，広い意味で人と人とがうまくコミュニケーションしていくうえでなくてはならない能力のひとつである。そのため，このような力が弱い学習障害児の場合には，社会的な対人関係において微妙な齟齬を生む可能性が出てくるだろう。

　自己をコントロールし，集団の中でルールを守り，役割を果たし，他者とうまくかかわっていくといった社会的適応のための能力は，社会的スキル（social skills）と呼ばれているが，多くの学習障害児にこのようなスキルの弱さが見出されている。

　ところで，学習障害のように知能は正常域にありながら，特異な学習面での

障害や行動面での障害を示す子どもに対しては，周囲の人の誤解も大きい。学習障害に対する正しい理解がないと，親や教師は，こういった子どもに対して「なぜこの程度のことができないのか」「怠けているせいではないか」といった見方をしてしまいがちである。周囲の人の何気ない叱責や叱咤激励，学習への過度の要求は，学習障害児にとっては心理的に非常に厳しいものであろう。学習障害児の中には，こうして二次的な不適応状態に陥ってしまうものも少なくない。情緒的・社会的適応のまずさとあいまって，高学年になるにつれて，不登校，家庭内暴力，非行，神経症など深刻な問題を呈する場合もある。

3 学習障害児の指導

a 学習障害の正しい理解と評価

　前述してきたように，学習障害は従来の障害概念からはなかなかとらえがたい障害であり，わが国でもようやくその認知がなされるようになってきた新しい障害カテゴリーである。その意味でまだまだ十分理解されているとはいい難いし，教育現場での混乱も生じている。通常の学級で対応が難しい子どもをすべて学習障害児とみなしてしまう風潮がある一方で，適切な対応がなされないまま見過ごされている学習障害児も少なくない。彼らの基本的な障害が中枢神経系の機能障害にあること，認知能力のアンバランスが特異な学習上の問題の背景にあること，行動面や社会的適応の側面においてもさまざまな困難を併せもっていることがあることなどを，親や教師が正しく理解することがまず何よりも大切である。障害に対する正しい理解が，適切な指導につながっていくのである。

　具体的な指導の前には，学習障害についての的確な評価を行って，子どもの実態を明らかにしておく必要がある。先の「調査研究協力者会議」の報告の中にも，「学習障害の判断・実態把握」とそれについての「試案」が提言されており，これによると，学習障害の判断・実態把握は，専門家チームのもとで，知的能力の評価，国語などの6領域の基礎的能力の評価，医学的な評価，ならびに他の障害や環境的要因が直接的原因でないことの判断を加えるといった4つの側面からの情報を検討することとしている。これらの評価は，個別式知能

検査を含む種々の心理検査や標準学力検査，医学的な諸検査，日常行動観察などによって行うことができる。学習障害児の周辺にはそれに類似した軽度の特別なニーズをもった子どもたちがいることから，学習障害の実態把握に際しては，日常の学習活動全般の様子や生育歴，家庭環境，他の障害の有無なども含めた充分な情報収集を行ったうえで，総合的かつ慎重に判断される必要があろう。

b　学習面のつまずきに対する指導

前述したように，学習障害児のつまずきの背景には，学習を支えている基礎的な認知能力に何らかのつまずきや偏りがあると考えられる。したがって，学習面の指導においては，まずこのようなつまずきの背景となっている認知過程を分析する必要がある。学習課題の分析を充分に行うとともに，まず，学習上のつまずきがどのようなメカニズムで生じているのか，つまずきの背景を明らかにし，それに応じて指導方法を工夫していく。

たとえば，「読み」につまずいている場合には，次のような観点から子どもの「読み」の状態を分析してみる。

- 文字の特徴を視覚的に分析することができるか
- 文字や行の順序を追って読むことができるか
- 語を音に分解したり，文字と音とを対応づけたりできるか
- まとめて速く読むことができるか
- 文章の意味内容が理解ができるか
- 自分の読んでいるものに対するモニタリングができているか

このように，ただたんに「読むことができない子ども」としてとらえてしまうのではなく，どのようなところでつまずいているのか，といった視点から子どものつまずきを詳細に把握していくことで，より的確な指導が可能になろう。

また，このような分析の中で，子どもの長所や得意な面を明らかにして，長所を伸ばしてやること，得意な面を認めながら指導していくことが大切である。この得意な側面をうまく生かして不得意領域にアプローチしていくといった指導が有効である。たとえば，継時的な聴覚処理につまずきがある子どもの場合，課題を耳から聞いて理解することに困難があるので，このような場合には，課

題の概要を絵や文字にして視覚的に提示しながら説明してやることで、子どもの理解を図っていくことができる。学習障害児が示すつまずきには個人差が大きく、また個人内差も大きいことから、このように、子どもの認知能力の特性にあった形の指導内容や方法を工夫するなど、ひとりひとりの子どもの実態に応じた個別的援助が望まれる。

現在、学習障害児のほとんどは通常の学級に在籍している。そのため、学習障害児の指導は通常の学級の担任教師が中心となって担っているが、通常の学級における指導上の配慮や放課後等の個別指導だけでは対応に限界のあることも否めない。先の「調査研究協力者会議」の報告では、学校全体の支援態勢の下にチームティーチングによる指導や、特別な支援を必要としている子どもたちを含めてどの子どもも利用できる学習の場としての「オープン教室」での指導などを提案している。また、学習障害児のうち、言語障害あるいは情緒障害と重複している者の場合には、それぞれの「通級による指導」の場において必要な指導を受けることも可能であるとしている。なお、児童生徒への指導方法等を教師に対して直接指導する機会を広げるために、都道府県や政令指定都市などにおいて、専門家による各学校への巡回指導も始まっている。

C　行動面のつまずきに対する指導

行動面のつまずきは、学習障害に必ずしもともなうものではないが、多くの学習障害児に何らかの行動面の問題がみられることも事実である。とくに注意の障害や多動のような問題があると、教師の指示に従うことができなかったり、仲間との集団生活になじめないことから、学校現場では対応に苦慮することも多い。そのため、むしろ学習面でのつまずきよりも深刻な問題としてみなされることも少なくない。

注意障害や多動などの問題行動自体に対しては、行動療法や薬物療法などいろいろな取り組みが行われている。学校現場でよく知られた方法としては、環境統制法がある。これは、教室内の刺激をできる限り少なくしたり、教室の隅に特別な個別指導コーナーを設けたりすることで、外的な刺激に弱い学習障害児の教育環境をコントロールしていこうという方法である。

また最近、行動面の問題をもった学習障害児に対する認知行動変容法の効果

が強調されている。これは,対象児に対して,自分自身の行動や反応を克明に言語化させ,自らの行動の自己調整機能を高めることで,問題行動にアプローチしていこうという方法である。たとえば,多動ですぐ教室から出ていってしまう児童に対して,長谷川安佐子[3]は次のような指導を行い成果をあげている。すなわち,学習時に教室から離れる時は,許可を求めるようにするという目標を決め,子どもに読ませたり復唱させたりしてそれを意識化させるとともに,どこへなぜ行こうとしているのかを自分のことばで説明させることで,行動上の問題の解決を図っている。彼女も指摘しているように,子どもに自己の行動をコントロールする力をつけてやりながら,併せて認知面の指導や社会的スキルの指導を行うなど,多面的なアプローチが効果的な援助につながっていくものと考えられる。

d 自立と社会参加への指導

学習障害は本来,中枢神経系の機能障害によることから,学齢期に限定されるものではない。成長とともにその臨床像には変化がみられるものの,発達の初期から成人期に至るまで,生涯にわたって障害の影響を受ける可能性がある。将来,彼らが地域社会の一員として自立し,豊かな生活を営むことができるためには,単に学習面でのつまずきや行動面の問題に対応していくだけではなく,自立や社会参加を視野に入れた長期的な視点に立った指導も忘れられてはならない。

児童期から思春期・青年期にかけての移行期は,学習障害児においても危機的な時期である。学習内容が高度になるにつれて,学習の遅れは広範にわたり,学習意欲の低下や自己評価の低さが目立つようになってくる。集団内での自己の地位や他者からの評価が非常に気になる年頃でもあり,社会的に受容されにくい自分を意識するようになる。

したがって,指導の重点は,まずこのような情緒面への十分な配慮とその安定を図ることである。学習障害児は過去に多くの失敗経験をしており,何かを成し遂げようとする意欲や動機が大変弱くなっている。知的には遅れがみられないため,何をするにも目標が高く設定されがちで,そのためにいつも成就感を感じ取れないでいる。結果の出来不出来よりもどのように取り組んだかを評

価してやり,「わかった,できた」といった成功体験を実感させることで,自分に対する信頼感や有能感を育てていくような指導が求められる。

　一方,適応的な社会生活を営んでいくうえで身につけていなければならない社会的スキルを育てていくことも大切な課題である。他者の表情認知や社会的状況の理解など,非言語的な能力に障害があると,人との関係や社会的な生活に自信がもてないばかりか,自立と社会参加の機会を阻むことになっていく。仲間とどうつきあっていくのか,新しい場面ではどのようにふるまうのか,時間やスケジュールはいかに管理するかなど,対人的なコミュニケーション能力や社会的ルール,日常生活上のさまざまな技能などを,あらゆる学習の機会をとらえて具体的に指導していく必要がある。また,将来の豊かな生活という観点から考えると,自由な時間の過ごし方や社会資源の利用といった余暇活動に対する指導も強く望まれる。

　ところで,自分の不得意なところと得意なところを受け入れ,学習障害を補償し,行動をコントロールしていく力を身につけていくためには,学習障害児自身が自分の障害の特性を客観的に知り,自らを受け入れることがまず前提であろう。身体的な成熟や性への関心,親からの精神的な独立といった発達課題に直面し,自分自身に対峙せざるをえない。「自己」と「学習障害」について正しい理解ができるよう促していくことは,とくに思春期や青年期にある学習障害児に対しては,大切な援助であるように思われる。進路の選択や決定なども現実的な問題となってくるが,このような場合においても正しい自己理解が鍵となることはいうまでもない。

　学習障害は軽度の障害であるが,軽度の障害であるだけに反面その対応には難しさがある。自立と社会参加を目指したこのような移行期の指導においても,学習指導同様,過度の期待や過大な負担は与えず,ひとりひとりの能力に応じた個別的な対応を行っていくことを心がけたい。

■引用・参考文献

1) アメリカ精神医学会　高橋三郎・大野　裕・染矢俊幸（訳）　DSM―IV精神疾患の分類と診断の手引　医学書院　1995
2) Hallahan, D.P.&Cottone, E.A., Attention Deficit Hyperactivity Disorder.

Advances in Learning and Behavioral Disabilities, **11**, 1997
3) 長谷川安佐子　行動上の問題を抱えた学習障害児等に対する指導の実際　特殊教育，No82，16-19，1995
4) ジョンソン，D.J.&マイクルバスト，H.R.　森永良子・上村菊朗（訳）　学習能力の障害──心理神経学的診断と治療教育　日本文化科学社　1975
5) ジョンソン，D.J.&ブラロック，J.W.　橋本　敏（訳）　LD児の青年・成人期　共同医書出版　1991
6) 日本LD学会（編）　上野一彦・森永良子（編）　LDの思春期・青年期　日本文化科学社　2001
7) Shapiro, J.& Rich, R., *Facing Learning Disabilities in the Adult Years*. Oxford　1999
8) 高山佳子　LD児の認知発達と教育　川島書店　1998
9) 上野一彦　教室の中の学習障害　有斐閣　1984
10) 山口　薫　学習障害・学習困難への教育的対応──日本の学校教育改革を目指して　文教資料協会　2000

11章　重症心身障害児（者）の理解と指導

1　重症心身障害児（者）の基礎理解

a　重症心身障害児とは

　1959（昭和34）年に東京都重症心身障害児対策委員会が組織され，「重症心身障害児」という名称がはじめて誕生した．1961（昭和36）年には，わが国最初の重症心身障害児施設「島田療育園（現島田療育センター）」が民間施設として開設され，1963（昭和38）年，厚生省は「重症心身障害児療育実施要綱」をまとめ，重症心身障害児を「身体的，精神的障害が重複し，かつ重症である者」と規定した[7]．

表11-1　知的障害・身体障害からみた重症心身障害児の区分

身体障害障害度 \ 知的障害 IQ(DQ)	A 正常 85以上	B 境界線 85〜75	C 軽度 75〜50 教育可能	D 中度 50〜25 訓練可能	E 重度 25以下 要保護
0　身体障害なし	1	2	3	4	5
I　日常生活が不自由ながらもできるもの	6	7	8	9	10
II　軽度の障害　制約されながらも有用な運動ができるもの	11	12	13	14	15 (行動異常／盲・聾)
III　中等度の障害　有用な運動がきわめて制限されているもの	16	17	18	19	20 (重症心身障害)
IV　高度の障害　何ら有用な運動ができないもの	21	22	23	24	25

文部省「重症心身障害児」研究班，1966[5]より作成

1966（昭和41）年に文部省研究班「重症心身障害児の系統的研究」が結成され，重症心身障害児を総合的・医学的見地から「身体的精神的障害が重複し，かつそれぞれ重度であるものをいう。その知的障害の程度は重度ないし中度に相当し，身体障害は高度でほとんど有用の動作をなし得ず，相まって家庭内療育が困難な事はもとより，知的障害児施設においても集団生活指導の不可能のものである。医学的には附表の区分25，24，20に相当するものであるが，なお，区分15に属するものにおいても重篤な行動異常並びに視聴覚障害を有するものはこれに含ましめる。また，将来以上に規定せる重症心身障害児に移行すると考えられる疾患はこれを考慮することとする」[5]と定義している（表11-1）。これは重症心身障害児を知的障害と身体障害の両者の程度にもとづいて，医学的に初めて明確に規定するものであった。

1967（昭和42）年の児童福祉法の一部改正により第43条の4が付加され，「重症心身障害児施設とは，重度の知的障害及び重度の肢体不自由が重複している児童を入所させ，これを保護するとともに治療及び日常生活の指導をすることを目的とする施設である」と規定し，重症心身障害児施設を医療法に定める病院とするほかに，児童福祉施設としても法的に認めた。また，同法第63条の3第1項に，満18歳以上の場合でも児童と同様に福祉的な措置がとられることが明示され，重症心身障害児（者）の年齢にかかわらず同様な扱いとなった[2]。また，同年これまでの民間施設に加えて国立施設も開設され，医師や看護師などにより24時間体制で重症心身障害児への本格的な医療・療育活動が実施されることになった。1972（昭和47）年には，重度の知的障害と社会適応上の行動障害を併せもつ，いわゆる「動く重症心身障害児」への取り組みが国立の重症心身障害児施設で開始された。

一方，学校教育においては，養護学校の義務制実施を4年後に控えた1975（昭和50）年に「特殊教育の改善に対する調査研究会」が文部省に「重度・重複障害児に対する学校教育の在り方について」[13]を報告して以来，「重症心身障害児」よりは，むしろ「重度・重複障害児」という名称が通常使われている。この報告書では，重度・重複障害児を，学校教育法施行令第22条の3に規定される盲・聾・知的障害・肢体不自由・病弱の障害を2種類以上併せもつ者，重度の知的障害と重度の肢体不自由を併せもつ者，および重度の知的障

と重度の行動障害を併せもつ者，という3つの側面から規定している。

今日，重症心身障害児とは，起因疾患による診断名や障害分類ではなく，福祉施策の必要から生まれた行政，法律上の用語であり，一般的には児童福祉法の重症心身障害児施設の定義にみられる「重度の知的障害及び重度の肢体不自由が重複している児童」を指す用語である[14]。

b 超重症児の概念

1995（平成7）年，鈴木康之らは，生命維持上，濃厚な医療介護を生活の中で継続的に必要とする重度障害の子どもたちが増えてきていることを指摘し，これらの子どもたちが従来までの重症心身障害児の概念を超えていることから超重度障害児（超重障児）と定義した[21]。また，後に超重障児の判定基準に修正を加え[20]，これを以下のように示した。まず，運動機能の制限については，寝たきりから座位までに限定し，次に，医療介護の要求度については，呼吸管理（人工呼吸器の管理10点，気管切開8点，頻回の吸引8点，酸素吸入5点，ネブライザーの常時使用5点など），食事機能（中心静脈栄養10点，経管栄養5点など），消化器症状（嘔吐5点），その他（血液透析10点，導尿5点など）の各項目に分類して得点を付け，6カ月以上継続する状態の場合に，その該当する項目の合計得点が25点以上を超重障児とした。その後，一般的には「超重症児」の用語が用いられている。その発生率は人口10万人当たりおよそ1.0人〜2.0人である[20]。国立療養所重症心身障害児施設の入所者に関する調査では，超重症児は1994（平成6）年の97人から1998（平成10）年の327人に3倍以上増加し，近年超重症化の傾向が著しくみられる。また，超重症児は10歳未満の低年齢層にもっとも多いことが報告されている[9]。

c 重症心身障害の原因

2000（平成12）年4月1日現在の全国の公法人立重症心身障害児施設は91カ所，9,072床，一方，国立療養所重症心身障害児施設（病棟）は79カ所，8,000床で，合計170カ所，17,072床である。入所率は95％を超え，16,000名余りの人たちが重症心身障害児施設に入所している。とくに，公法人立重症心身障害児施設は，1996（平成8）年度の80カ所から11カ所も増設され急速に伸びてい

る。近年，全国の国・公法人立重症心身障害児施設の実態調査では入所者の平均年齢が30歳を超え，年々高齢化が進み成人がその大半を占めるようになってきている[9)16)]。

重症心身障害児の発生率は，出生前（胎生期）で新生児1,000人に対して0.6人前後，出生時（周生期）から新生児期にかけては0.4人前後で，両者の合計から出生1,000人に対して新生児期（生後4週）までに1人前後である[19)]と推定される。2000（平成12）年4月1日現在における全国の公法人立重症心身障害児施設の入所者8,648人の障害の原因の発生時期は，出生前28.86％，出生期・新生児期35.95％，周生期以後30.91％，不明4.28％である。主な障害の原因としては，低酸素症または仮死がもっとも多く1,548人，次いで不明の出生前原因1,006人，髄膜炎・脳炎881人，低出生体重児523人，てんかん499人，原因不明で時期を特定できないもの370人，原発性小頭症または狭頭症264人などがあげられる[16)]。今日，新生児医療の進歩により救命率は上昇しているが，重症心身障害児は増加傾向にある。この要因として，超低出生体重児と脳室周囲白質軟化症の増加[10)]などがあげられる。

2　重症心身障害児の発達特性

重症心身障害児の発達特性として，次のようなものがあげられる。
1)　**生理調節機能について**
①　呼吸機能：呼吸のリズムが保てず，呼吸数が増減したり，睡眠時に一時的に呼吸が停止したりするなど，危険な状態に陥りやすい。
②　体温調節機能：体温調節中枢の発達が未熟で，発汗機能が十分に働かないことから，外気温・湿度の影響を受けやすく発熱しやすい。なかには平熱が33～35℃といった低体温の者もみられる。
③　睡眠・覚醒機能：睡眠中の呼吸障害やてんかん発作などにより睡眠－覚醒リズムが不規則になりやすく，昼間の睡眠，夜間の覚醒など昼夜が逆転したり，寝つきが悪いなどの睡眠障害をともないやすい。
2)　**身体発育について**
一般に，身体発育は不良で，低身長，低体重が多くみられ，身体はきわめて

虚弱である。これは先天的な異常のほか，未熟児や栄養摂取の不足などによる。とくに，脊柱の側弯や胸郭の変形，上・下肢の拘縮変形などが多くみられる。また，骨折しやすく，骨折は身体諸機能の低下をきたす。

3) 運動機能について

重症心身障害児には，脳性まひを基礎疾患にもつ者が多く，骨格筋の過緊張・低緊張や不随意運動がみられ，姿勢・運動の発達が未熟である。加齢とともに異常な姿勢や運動は固定化し，側弯拘縮を併せもつ者が多い。とくに，寝たきりの場合には，寝返ったり，手を動かしたりすることが十分にできず，重度の運動機能障害が著しくみられる。

4) 摂食・嚥下機能について

重症心身障害児では，口の開閉や口唇による食物の取り込みは困難であることが多く，顎の上下運動，咀嚼運動，嚥下が十分にできない。そのため食物を丸のみしやすく，むせやすいため，誤嚥や窒息につながりやすい。

5) 排泄機能について

重症心身障害児は，ぼうこうにためた尿をスムーズに出せないため，排尿困難や頻尿，尿失禁をきたす。このため排尿の自立は難しく，日常生活ではオムツ交換などの排泄介助が頻回に行われ，全介助を受けている者が多い。また，習慣性の慢性便秘症になりやすく，浣腸や摘便を必要とする者もみられる。

6) コミュニケーション機能について

重度の知的障害および重度の肢体不自由を併せもつことから，言語の理解や発語，身振り・手振りなどで自分の意思や欲求を表すことが難しく，まわりの人とのコミュニケーションをとりにくい。聴覚障害や睡眠障害，行動障害などを併せもつと，さらにコミュニケーションを図りにくくなる。

7) 行動障害について

重度の発達障害に起因する多動，徘徊，異食，反芻，嘔吐，自傷，常同行動などの自己刺激行動といった異常習慣，周期的な気分変動やこだわり，ひきこもりなどもみられる。強度の行動障害は自らの健康を保持したり，家庭・社会生活を送るうえで大きな妨げになりやすい。

8) その他の合併しやすい疾患について

重症心身障害児の合併症は1人平均4～5個で，一方，超重症児ではその約

2倍の8～9個の合併症を併せもち,その病態は複雑であると報告されている[9]。とくに,呼吸・嚥下障害を併せもつ場合,肺炎などの呼吸器感染症は死亡原因の第1位を占める[3]。また,重症心身障害児の多くはてんかんを合併し,難治てんかんもみられ,抗てんかん剤や抗筋緊張剤等を服用しているが,てんかん重積状態になることもある。この他に,歯・口腔疾患や視覚,聴覚,触覚,痛覚などの感覚機能に障害をもつ者が多く,出血性の胃炎,胃食道逆流現象にもとづく逆流性食道炎をもつ者もいる。さらに,抵抗力が弱い場合にはMRSA（メチシリン耐性黄色ブドウ球菌）などの感染症にかかりやすい。

3　重症心身障害児の指導

a　重症心身障害児の指導内容

重症心身障害児の指導内容として,次のようなものがあげられる。
① 健康の保持,身体機能の保持・向上を図る指導
② 日常生活の指導,とくに,食事,排泄,更衣,入浴,清潔などの指導
③ 遊びや行事,外出の体験を通じて生活の中に楽しみを見つけ出す指導
④ 社会性やコミュニケーションの力を育む指導
⑤ 行動上のさまざまな障害の軽減・改善を図る指導

なお,指導上の留意点として,重症心身障害児の指導は,何よりも生命を維持し健康の保持を最優先する必要がある。とくに,自らの欲求や苦痛を表すことが難しいため,日々の健康状態の観察による本人の体調や安全面に十分配慮された適切な医療介護と療育・指導は不可欠であり,ごくわずかな表情やしぐさの変化を本人の意思表示として受け止められる力量が介護や指導にあたる者に求められる。また,施設や学校では,個別の療育・指導計画を作成し,ひとりひとりのニーズにもとづいたチームによる援助を行うとともに,その評価を行い療育・指導のあり方を定期的に見直すことが重要である。

b　健康の保持・増進および身体機能の保持・向上を図る指導の実際

健康の保持・増進を図るには,寝たきりの場合でも,できるだけ上体を起こし座位保持いすなどで座位をとらせたり,定時に体位を交換し,スキンシップ

を十分に行う。歌やリズムに合わせたマッサージや体操，エアートランポリンなどの遊具を用いてさまざまな感覚を刺激して心地よさを味わう。身体動作が可能な部位を用いてスイッチ操作を行い，自分の行動の結果がパソコン画面上の映像や音声，音楽などで表現されるのを楽しむことで自発的な行動を促し，ものや人への興味や関心を育む。車いすなどで戸外への散歩や外気浴・日光浴をする。入浴して身体の清潔を保つ。冷水浴・温水浴をする。インフルエンザなどにかからないように予防接種を受ける。また，体調に留意しながら，リフト付きのマイクロバスで，学齢児の場合には施設から養護学校などへ登校してさまざまな授業や行事に参加したり，入所者数名のグループで月に数回街や遊園地などへ出かけたりして，生活経験の拡大や社会性の向上を図ることが，本人の健康の保持や増進にもつながる[1]。

また，身体の感覚・運動機能の保持・向上のための訓練法として，ボバース法，ボイタ法，動作訓練法，ムーブメント，感覚統合法，静的弛緩誘導法，などがある。さらに近年は，さまざまな感覚を心地よく刺激して本人がリラックスできる環境の設定を行う，スヌーズレンといった新たな療育活動も行われている。

C 呼吸指導の実際

重症心身障害児の多くは，痰がたまりやすく呼吸の困難や気管支炎を起こしやすい。呼吸が楽にできるようになることは，生命を維持し，日々の生活をより楽しいものにしていくうえできわめて重要な指導である。

1) **気道を確保する**　空気の出入りする通路が狭窄，閉塞している場合，換気の効率が落ち，つねに喘鳴がきかれ，痰が出にくくなる。また体調が急変することもあるため，気道の確保はまずはじめに行うことが肝要である。背臥位では重力の作用で舌根沈下，下顎が後退し気道狭窄を起こしやすくなるため，体位を側臥位や腹臥位，あるいは座位に交換すると呼吸が楽になることが多い。

2) **安定した姿勢でリラクセーションを図る**　まくらやクッション，姿勢保持用具などを用いて，気道を確保しやすい安定した姿勢をできるだけ安楽に維持できるように本人のリラクセーションを図るのが基本である。また，寝たきりの場合，褥瘡をつくりやすいため体位交換を頻回に行ったり，クッションの

あて方を工夫する必要がある。

3) **排痰を促す体位と肺理学療法手技**　背臥位は背部に痰がたまりやすいため，日常生活では側臥位か腹臥位をとるのが望ましい。体位排痰法は，重力の作用を用いて痰を喉まで移動させ，排痰を促す方法である（図11-1）。まず，肺のどの部位に痰がたまっているかを聴診し排痰しやすい体位を決める。痰を移動させるには10〜30分程度を要するため，同じ姿勢をとるのが苦しそうな場合には適宜姿勢を変える必要がある。とくに，体幹や股関節などに変形や脱臼がある場合には，姿勢の変換が緊張を強め，苦痛を増すこともあるため慎重な配慮を要する。この体位排痰法にタッピング（軽打法）やバイブレーターを加える方法もあるが，痰が出ても身体への刺激が強すぎるとかえってリラックスすることができない。また，呼吸介助手技は本人の呼吸のリズムと運動方向に合わせて呼気時に両手で胸郭に圧を加えることで換気を促す方法で，側臥位や三角マットなどを使って気道を確保しやすいリラックスした姿勢で行う。このほかに，効果的な方法として揺すり手技がある（図11-2）。これは腹臥位で両手のひら全体で胸郭を包み込むようにしてもち，圧迫しないように横方向にやさしく軽く揺すり，呼気と吸気を交互に促すものである[17]。

また，喉もとまで上がってきた痰をスムーズに出すためには咳をする必要があるが，重症心身障害児の場合，咳ができなかったり，咳をすることでかえって体力を消耗してしまう場合も少なくない。咳や排痰をしやすい方法として頭部を支持した座位や側臥位が望ましく，この姿勢で呼吸介助手技や揺すり手技などを用いて排痰を促す。また，自力排痰が困難な場合には吸引器を用いて口腔内や気管から痰を吸引する必要がある[17]。

指導にあたり，本人の呼吸状態をより的確に把握することは大切であり，パ

図11-1　体位排痰法の例[17]

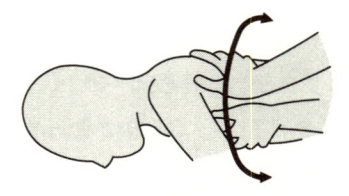

図11-2　揺すり手技[17]

ルスオキシメーターを用いて指先にセンサーを装着し，動脈血中の酸素の濃さ，いわゆる酸素飽和度および心拍数の変動を測定し，指導の改善に生かす試みもされている[6]。

とくに，湿度が低くなる冬季には，室内を換気し，適切な温度・湿度を保つことが何よりも重要である。そのため室内を加湿したり，気管を切開している場合には，気道に水分を送り痰を軟らかくして出しやすくするため，医師の指示のもとにネブライザーで加湿（吸入）する必要がある。

d 食事指導の実際

食べるという行為は，人間にとって生命や健康を維持し，楽しさや喜びを感じるひとときでもある。重症心身障害児は，この食べるということに大きな困難をもっていることが多く，嚥下機能の未熟による誤嚥や食事中のてんかん発作，さらに障害が重度のため，かまずに丸飲みし咽頭部に詰めたりする[23]など，つねに生命の危険と隣り合わせともいえる。

1) 食物の形態　本人の摂食・嚥下障害の程度がどのレベルにあるかをよく観察し，その発達に応じた食物形態を検討する必要がある。普通食が困難な場合には，きざみ食やとろみを付けたもの，ミキサーでペースト状にしたもの，ミルクや流動食などが用意される。この場合でも，栄養のバランスや味付け，見た目の美味しさも大切にしたい。口からの摂食が困難な場合には，鼻腔より胃内に経管栄養チューブを挿入したり，胃瘻を増設したりして，胃に直接流動物や栄養剤を1～2時間かけてゆっくり注入する必要がある。近年では，画像診断による方法，たとえば，ビデオX線透視検査[11]などにより，その人にあった食物形態を選び，誤嚥しないような適切な体幹と頭部の位置を判断する方法も導入されている。また，水分は固形食品に比べて摂取が困難であるため，脱水症状に陥りやすい場合には，嚥下しやすいアイソトニックゼリー（電解質を含む水分補給食品）などが使われている。

2) 姿　勢　食事の時に正しい姿勢をとることは，食物が口から食道へ通過する時の呼吸や嚥下をスムーズにする前提条件である[11]。離床が可能であれば，座位などの姿勢で頭部と体幹をわずかに前傾させる。離床できない場合には，ベッドの頭部を15度～30度ほど上げ，頭を少し前屈気味にし腰に枕を

あてるなどして体幹を支持する。また摂食の状態を見ながら，無理のないように少しずつ姿勢を起こしていって45度くらいの姿勢を保つことができれば，摂食機能を十分に発揮でき[18]，胃液の逆流による食道炎の予防にもつながる。

3) **食事介助の方法**　食物を与える時にはティースプーンのような中位の大きさのものがよい。スプーンは床に平行にし，口より下の位置から本人が食物を見たり，においを嗅いだりできるようにして口に運び，スプーンで舌を押さえるようにしながら食塊を舌の中央に置くようにし，顎を前に出しすぎないようにする。その際，スプーンが歯に触れないように注意する。口が閉じられない場合には，食物が口から外へ出ないように指で下顎・口唇を支え，本人の自発的な表情や口の動きを見ながら，1回ごとにゴクンと飲み込んだのを確認してから次に進む。口腔内が過敏な場合や口唇介助を必要とする場合には，食事前などに顔や口唇の刺激訓練を行い，本人が触れられる刺激に徐々に慣れていくことも大切である[23]。

介助者の姿勢には，側方位，後方位，前方位があり，本人の頸や体幹の状態，緊張，下顎の動き，介助者の腕の長さ・手の大きさなどからもっとも安定した適切な介助方法を選択する。とくに，頸が座っていない場合や口唇・下顎のコントロールができない場合には，側方または後方から介助をする。側方位では，介助者は腕で頭部を支え，頸が横に倒れたり，上向きになったり，体がねじれたりしないようにしっかり固定する。また，後方位では，本人の後頭部を介助者の胸（みぞおち）付近で支え，頭部や顎をコントロールしながら介助する。介助者の指の使い方は，人差し指を口唇の上に置き，中指と薬指で下顎の先端部を軽くはさみ，親指のつけ根を頬骨弓付近に当てて頭部をしっかり支えるようにするなどの方法がとられる（図11-3）。なお，食事介助の際には，介助者の頬などへの指の圧に配慮し，強く押して本人を不快にしたり，咀嚼動作をさまたげたりしないように十分留意する必要がある[18]。

4) **食事の環境**　食事は楽しい雰囲気とリラックスした環境づくりが基本である。過度なことばかけは，かえって食事に集中できなくなるので，ゆっくり，やさしく話しかけるようにする。重症心身障害児の場合，食事には十分な時間をかける必要があるため，本人はもちろんのこと，介助者にとっても身体的な負担が大きくなる。食事中の姿勢は基本的に同じであるが，枕やクッショ

ンの位置を換えたり，途中で休憩したり，本人用の食事専用のいすを作成したりするなど，本人と介助者の両者がより安楽な姿勢がとれるように[18)23)]，いろいろと工夫することが大切である。また，食後にはていねいに歯磨きを行い，虫歯や歯肉炎などの予防に努めることが重要である。

図11-3　食事介助の指の使い方[18)]

e　排泄指導の実際

　重症心身障害児の場合には尿意などを知らせる手段が乏しく，常時オムツを使用している場合が多い。また，ぼうこう許容量が少なかったり，てんかん発作などで少しずつ尿が漏れたり，逆に筋緊張が強く尿が出にくかったりする場合があり，排泄の自立には多くの困難がともなう。まず，排泄自立の能力について評価を行い，1日の生活の中で定時に排尿の誘導をしてみる。その際，排尿した時間やその前後の表情やしぐさなどをよく観察し記録を付けることで，排尿頻度の高い時間帯を押さえたり，本人の尿意などのサインを読み取り，本人が排尿しやすい時間や姿勢，介助の方法を見出すことが大切である。さらに，オムツに排尿センサーを設置しておくと，排尿時に音や光で知らせ，排尿の時間や間隔を特定しやすくなる。また，慢性便秘症の改善には，繊維質の多い食事，水分補給，体位交換や身体の運動，腹部のマッサージ，緩下剤の使用などが有効である[22)]。

　トイレは衛生的で，本人が排泄しやすく，介助者の負担も軽減されるように設計されるのが望ましい。排泄介助の際には，本人の人権やプライバシーの保護に十分留意し，ついたてやカーテンで他者の目に触れないような配慮が求められる。オムツ交換時には，乾いた皮膚感覚の心地よさを覚えさせていくことも大切である。また，トイレや尿瓶で排尿できた時には，そのことを本人に知らせ確認させて，ほめることも忘れないようにしたい。

4 重症心身障害児の学校教育および施設における課題

a 医療的ケアを必要とする児童生徒に対する学校教育の成果と課題

わが国では，肢体不自由養護学校を中心に障害の重度・重複化が進み，1985（昭和60）年頃より，痰や唾液の吸引，酸素吸入，気管切開部の管理，経管による栄養物の注入，導尿などの医療的ケアを必要とする児童生徒が在籍するようになり，その人数は年々増加する傾向にある[4]。こうした児童生徒への教育的対応を検討するため，1998（平成10）年度より，文部省（現文部科学省）は厚生省（現厚生労働省）と協力し，「特殊教育における福祉・医療との連携に関する実践研究」を全国の10県に指定して継続研究を進めている。

この研究指定を受けた三重県では，「養護学校における医療的バックアップ体制の在り方についての実践的研究」に取り組み，医療の看護師資格をもたない教員が実施できる「日常的・応急的手当」（以下，「手当」と略す）の範囲を定めて，看護師を学校内の業務上補助職員として採用し，保護者からの手当実施の依頼にもとづき，手当を実施する教員が諸々の医学的専門研修を積み，保護者の同意を得て，担当の主治医および看護師の指導・助言の下に手当を実施している。今回の実践研究の成果として，看護師資格をもたない教員でも，安全に手当を実施できること，学校に看護師常駐の必要性の確認，保護者の付き添いによる負担の軽減，母子分離や本人の健康状態の改善，教師と本人との信頼関係の深まりによる学習活動の充実，医教連携の強化などがあげられている。今後，看護師の常勤職員としての採用，実践研究から本格実施への早期移行，医学研修カリキュラムの内容の整理，国からの財政支援，手当実施時の事故防止対策，訪問教育時の訪問看護制度の利用促進，訪問教育のスクーリングや障害児学級への医療的バックアップ体制整備の拡充，などが課題であることが報告されている[12]。今日，教育・医療・福祉相互の緊密な連携を基盤とした新たな学校教育の創造が求められている。

b 国・公法人立重症心身障害児施設の今日的課題

1) 入所者の生命の維持および生活・療育の質の向上　　個人の尊厳や健康状

態に十分配慮された生活が保障され，日常的に楽しい雰囲気や心地よさを味わい，ひとりひとりが主役になれる場面の工夫も大切である。とくに，超重症児は濃厚な医療介護を必要とするため，専門性の高いスタッフを配置して学校とも緊密な連携・協力を図りながら，日々の生活や療育の質を高める努力が求められる。また，年々高齢化する入所者や強度の行動障害者に対する医療介護や療育活動のあり方についても今後十分に検討される必要がある。

2）**在宅児（者）およびその家族への支援の充実**　近年，在宅生活を送るうえで医療と福祉の支援システムが整いつつあることや家族の願いなどにより，重症心身障害児（者）の約7割が在宅生活を送っているともいわれる[15]。家族の病気や都合，休養などによる短期入所事業や生活・療育の場であるデイケアの整備・充実がいっそう求められている。とくに，学齢児の場合，学校とも連携を図り，夏休みなどの長期休業中のケアをどうするかが大きな課題である。さらに，地域の障害児（者）と家族に対する巡回療育相談などの支援事業の充実も必要とされている。

3）**その他**　施設内の医療・看護・育成・管理部門間の相互の理解と連携，職員の専門性向上のための研究会などへの参加，職員の腰痛防止対策，歯科診療の整備・充実，情報誌の発行などによる地域啓発活動の推進，ボランティアの育成，国立と公法人立施設間の比較や共同研究の推進[9]，地域における医療機関，行政機関，養護学校などの教育機関とも連携した支援体制の確立などが課題である。

■引用・参考文献

1）姉崎　弘　人工呼吸器をつけた重症児の訪問教育――病院から重症児施設に入所したK君の歩み　養護学校の教育と展望，No110，1998，40-43
2）有馬正高　重症心身障害に関する用語と概念　黒川　徹（監修）　重症心身障害医学　最近の進歩　日本知的障害福祉連盟　1999　pp.16-17
3）有馬正高　重症心身障害児・者の予後　江草安彦（監修）　重症心身障害療育マニュアル　医歯薬出版　1999　pp.54-56
4）郷間英世　医療的ケアが必要な重度の障害をもつ子どもの教育――障害児教育に携わる小児神経医の立場から　小西行郎他（編著）　医療的ケアネットワーク――学齢期の療育と支援　クリエイツかもがわ　2001　pp.56-72
5）浜本英次　重症心身障害児の系統的研究　昭和41・42年度文部省研究報告収

録（医学及び薬学）　1966，pp.335-336及び1967，p.326
6）川住隆一　生命活動の脆弱な重度・重複障害児への教育的対応に関する実践的研究　風間書房　1999　pp.116-134
7）小林提樹　重症心身障害児療育の歴史　厚生省医務局国立療養所課（監修）改訂版重症心身障害ハンドブック　社会保険出版社　1982　pp.8-10
8）古賀靖之　重症心身障害児(者)の特性と指導　石部元雄・柳本雄次（編著）障害学入門　福村出版　1998　pp.142-157
9）厚生省保健医療局　平成9〜10年度国立療養所中央研究管理研究　重症心身障害児(者)の症例データベースの普及と利用方法に関する研究　1999　序，pp.7-8，pp.21-22
10）黒川　徹　重症心身障害医学研究における最近の進歩　黒川　徹（監修）重症心身障害医学　最近の進歩　日本知的障害福祉連盟　1999　pp.24-25
11）Groher, M.E.　藤島一郎（監訳）　嚥下障害──その病態とリハビリテーション（原著第3版）　医歯薬出版　1998　p.161，p.270
12）三重県教育委員会　平成12年度特殊教育における福祉・医療との連携に関する実践研究　研究成果報告書　2001
13）文部省初等中等教育局特殊教育課　特殊教育　季刊―1　1975，68-71
14）茂木俊彦他（編）　障害児教育大辞典　旬報社　1997　p.330
15）諸岡美知子　在宅重症心身障害児・者の実態　江草安彦（監修）　重症心身障害療育マニュアル　医歯薬出版　1999　p.237
16）日本重症児福祉協会　全国重症心身障害施設実態調査　2000
17）大友則恵　肺理学療法　江草安彦（監修）　重症心身障害療育マニュアル　医歯薬出版　1999　pp.94-99
18）酒井利夫　食事・水分摂取の障害とその対応　東京都教育委員会（編）　医療的配慮を要する児童・生徒の健康・安全の指導ハンドブック　日本肢体不自由児協会　1997　pp.52-59
19）鈴木文晴　疫学総論　黒川　徹（監修）　重症心身障害医学　最近の進歩　日本知的障害福祉連盟　1999　pp.38-39
20）鈴木康之　超重症児　黒川　徹（監修）　重症心身障害医学　最近の進歩　日本知的障害福祉連盟　1999　pp.244-245
21）鈴木康之・田角　勝・山田美智子　超重度障害児（超重障児）の定義とその課題　小児保健研究，54，1995，406-410
22）山田和孝　排泄機能の障害とその対応　東京都教育委員会（編）　医療的配慮を要する児童・生徒の健康・安全の指導ハンドブック　日本肢体不自由児協会　1997　p.114
23）山形恵子　重症心身障害児・者の介護　福祉士養成講座編集委員会（編）　障害形態別介護技術（三訂介護福祉士養成講座⑭）　中央法規出版　1997　pp.260-261

12章　盲・聾・養護学校等の教育課程

　盲学校，聾学校および養護学校，いわゆる特殊教育諸学校は，学校教育法第71条に定める目的を実現するために設けられ，幼稚園，小学校，中学校，高等学校に準ずる教育とともに，幼児児童生徒の障害にもとづく種々の困難を改善・克服するためにひとりひとりのニーズに応じた特別な支援教育を行うことを目標にしている。教育課程とは，このような学校の目的・目標を達成するために，学校が，幼児児童生徒の障害の状態および発達段階・特性ならびに地域や学校の実態を十分に考慮して，授業時数等との関連において教育内容を選択し組織し配列した教育計画のことである。現行の盲学校，聾学校および養護学校の幼稚部教育要領，小学部・中学部学習指導要領，高等部学習指導要領は，1999（平成11）年3月29日に改訂されている。なお，1998（平成10）年12月19日改訂の現行の幼稚園教育要領，小・中・高等学校学習指導要領では，交流教育について，その意義をいっそう明白に規定するとともに，盲学校，聾学校および養護学校などとの連携や交流について新たに規定している。

　盲・聾・養護学校の学習指導要領等は，幼・小・中・高等学校学習指導要領等の実施時期に合わせて，幼稚部については平成11年度から，小学部と中学部については平成14年度から全面実施され，高等部については平成15年度から学年進行で実施することになっている。

1　教育課程の基準

　教育課程を編成する作業は，特殊教育諸学校の場合も含めて，通常の幼稚園，小学校，中学校，高等学校等で行われているが，上述した教育計画を作成し実施していく場合の基準を国の教育行政をつかさどる監督庁＝文部科学大臣が示すことになっている。この基準が「教育課程の基準」であり，それは教育法令と学習指導要領において示されている。学習指導要領総則で「各学校においては，法令及びこの章以下に示すところに従い，……適切な教育課程を編成する

ものとする」という場合の法令とは教育関係法令であり，この章以下に示すところとは学習指導要領である。

教育関係法令には，教育基本法における政治教育（第8条）や宗教教育（第9条）の規定，学校教育法における小・中・高の目的・目標，各教科に関する規定などが該当する。盲学校，聾学校および養護学校の教育課程に関する規定は，とくに学校教育法施行規則第73条に集中してみられる。ちなみに，施行規則第73条の7には小学部の教育課程の編成領域が，同条の8には中学部のそれが，同条の9には高等部のそれが，それぞれ示されている。また，同条の12には，重複障害者の教育や訪問教育の場合には，独自に編成した特別の教育課程によることができる，という規定も示されている。

国の段階における，このような教育課程の関係法令とは別に，各都道府県段階においては，「地方教育行政の組織及び運営に関する法律」がある。同法にもとづいて，都道府県教育委員会が教育課程の基準を設けている場合には，各学校で編成する教育課程は，国が示す教育課程の基準と教育委員会が定める基準に従って，適切な教育課程を編成しなければならない。

2 学習指導要領と教育課程

盲学校，聾学校および養護学校において学習指導要領がはじめて作成・実施されたのは，1957（昭和32）年で，盲学校と聾学校の場合であった。それは，盲学校と聾学校が，養護学校に先んじて普及・発達したからである。養護学校については，1963（昭和38）年から1964（昭和39）年にかけての学習指導要領が最初で，養護学校小学部・中学部学習指導要領精神薄弱教育編，養護学校小学部学習指導要領肢体不自由教育編，養護学校中学部学習指導要領肢体不自由教育編，および養護学校小学部学習指導要領病弱教育編，養護学校中学部学習指導要領病弱教育編の5種類であった。いずれの学習指導要領の場合も最初は「事務次官通達」の形式をとっておおやけにされた。文部省告示として文部大臣による公示形式がとられたのは，第2回目の学習指導要領からである。盲学校および聾学校の場合は，1964（昭和39）年の学習指導要領小学部編からであり，知的障害教育，肢体不自由教育および病弱教育の場合は，1971（昭和46）

年の養護学校小学部・中学部学習指導要領からである。

また，1972（昭和47）年には，盲学校，聾学校および養護学校の各高等部学習指導要領の告示によって，学校種別学習指導要領は小学部・中学部編（昭和46．3．13告示）と高等部編（昭和47．10．27告示）との両編からなることで形式が整った。そして，この時期の学習指導要領において内容的にも共通の基盤に立って，事項の精選・整備が一段となされ，現在の「自立活動」，当時の養護・訓練が新設されたのである。しかし，当時の学習指導要領は，5種類の障害にわかれて，さらに各障害が小学部・中学部編と高等部編にわかれていたため，全部で10種類に及んでいた。これらの学習指導要領における共通部分を整理統合し2種類にしたものが，1979（昭和54）年文部省告示の「盲学校，聾学校及び養護学校小学部・中学部学習指導要領」と「盲学校，聾学校及び養護学校高等部学習指導要領」である。さらにこれらに加えて1989（平成元）年10月24日に学校教育法施行規則の一部を改正する文部省令の制定とともに，「盲学校，聾学校及び養護学校幼稚部教育要領」も告示されたことで，幼稚部編から高等部編まではじめて特殊教育諸学校の教育課程の基準が示された。そこでは，幼稚園，小学校，中学校および高等学校の教育課程の基準の改善に準ずるほか，社会環境の変化や幼児児童生徒の障害の多様化に対応するため，障害の状態および能力・適性等に応じる教育をいっそう進めて自立と社会参加を目指す人間の育成を図ることを基本的なねらいとしていた。1999（平成11）年3月に改訂された特殊教育諸学校の教育要領，学習指導要領の主な特色・改善点は次のとおりである。

3　教育目標と教育課程

a　教育目標の統一

小学校，中学校，高等学校の場合は，学校教育法中のそれぞれ該当する章の冒頭の条文，つまり第17条，第35条，第41条で，それぞれ学校の目的が，さらにそれに続く第18条，第36条，第42条で，各学校の教育目標が掲げられている。しかし，「第6章　特殊教育」の冒頭の条文である第71条には，盲学校，聾学校および養護学校の目的は定められているものの，それに続く条文では教育目

標は規定されていない。特殊教育諸学校の教育目標は，学校教育法の中ではなくて学習指導要領の冒頭に掲げられている。現行の学習指導要領では，学校教育法第71条に定める目的を実現するために，①小学部においては，学校教育法第18条各号に掲げる教育目標，②中学部においては，学校教育法第36条各号に掲げる教育目標，③高等部においては，学校教育法第42条各号に掲げる教育目標のそれぞれに加えて，「……障害に基づく種々の困難を改善・克服するために必要な知識，技能，態度及び習慣を養うこと」の教育目標が学習指導要領「総則」に掲げられている。幼稚部における教育の目標は，①「幼稚園教育要領第1章の2に掲げる幼稚園教育の目標」，および②「障害に基づく種々の困難を改善・克服するために必要な態度や習慣などを育て，心身の調和的発達の基礎を培うようにすること」からなり，幼稚部教育要領「総則」に示されている。

b 教育課程改訂の基本方針

現行の盲学校，聾学校および養護学校の学習指導要領等は，「生きる力」を培うことを基本的なねらいとして改訂された。その基本方針は，次の(1)から(4)にもとづいている。

(1) 豊かな人間性や社会性，国際社会に生きる日本人としての自覚を育成すること。
(2) 自ら学び，自ら考える力を育成すること。
(3) ゆとりのある教育活動を展開するなかで，基礎・基本の確実な定着を図り，個性を生かす教育を充実すること。
(4) 各学校が創意工夫を生かし特色ある教育，特色ある学校づくりを進めること。

(1)では，環境の変化などを考慮し，幼児児童生徒の調和のとれた人間的な育成を重視することを，(2)では幼児児童生徒が自ら学び自ら考える力を育成することをそれぞれ重視している。(3)では，完全学校週5日制を円滑に実施し，各学校の教育内容を授業時数の縮減以上に厳選し，基礎・基本を確実に学習できるようにするとともに，中学部においては，選択教科の拡充を図り，高等部では卒業に必要な修得総単位数を80単位以上から74単位以上に改めるなどの改善

を図っている。(4)では，各学校が創意工夫を生かした教育活動を展開できるように，「総合的な学習の時間」を創設したり，高等部において，各学校が教科・科目の名称，目標，内容，単位数等を定める学校設定教科・科目（知的障害者を教育する養護学校にあっては，学校設定教科）を設けることができるなどの改善を図っている。

また，盲学校，聾学校および養護学校をとりまく諸状況の変化に対応し，障害のある幼児児童生徒が自らの可能性を伸ばし，自立・社会参加の基盤となる「生きる力」を培うために，きめ細かな指導を目指して，主として以下の5つの観点からの教育課程の改善を図っている。

　a　幼稚園，小学校，中学校および高等学校の教育課程の基準に準じた改善
　b　障害の重度・重複化への対応
　c　早期からの適切な教育的対応
　d　職業的な自立の推進等
　e　軽度の障害のある児童生徒への対応

aについては，上述の(1)から(4)の基本方針にもとづいて，幼稚園，小学校，中学校および高等学校の教育課程の基準の改善に準じた改善を図ったことである。

bについては，(ｱ)自立を目指した主体的な活動をいっそう推進する観点から，障害の状態を改善・克服するための指導領域である「養護・訓練」の名称を「自立活動」に変更し，障害の状態等に応じた個別の指導計画の作成について規定したこと，および(ｲ)高等部の訪問教育にかかわる規定を整備したことである。

cについては，(ｱ)幼稚部において，3歳未満の乳幼児を含む教育相談に関する事項を新たに規定（小・中学部においても特殊教育に関する相談のセンターとしての役割について新たに規定）したこと，および(ｲ)重度障害の幼児について，専門機関との連携にとくに配慮することなどの指導上の留意事項を新たに示したことに加えて，障害に応じた適切な配慮がなされるよう指導計画作成上の留意事項を充実したことである。

dについては，(ｱ)知的障害者を教育する養護学校において，高等部に「情報」および「流通・サービス」を，また社会の変化等に対応するため，中学部

および高等部に「外国語」をそれぞれ選択教科として新設したこと，また，(イ)盲学校や聾学校の専門教科・科目については，学校が特色ある教育課程を編成できるよう科目構成を大綱化するとともに，内容の範囲等を明確化したことである。

eについては，小学校，中学校の学習指導要領の冒頭第2頁に，特殊学級の規定（学校教育法施行規則第73条の19）および通級による指導の規定（同施行規則第73条の21，同条の22）が提示されていることに加え，小・中学校学習指導要領の総則の「指導計画の作成等に当たって配慮すべき事項」で，(ア)障害のある児童生徒などについて，児童生徒の実態に応じ，指導内容や指導方法を工夫すること，とくに，特殊学級または通級による指導について教師間の連携に努め，効果的な指導を行うこと，また，(イ)幼・小・中・高等学校学習指導要領等において障害のある幼児児童生徒との交流教育について，その意義をいっそう明確に規定したことである。

4 教育課程の改訂

a 自立活動について

1971（昭和46）年に学習指導要領に設定された「養護・訓練」が，30年近く後の1999（平成11）年の改訂の際，その名称を「自立活動」と改めたのはなぜか。それは，障害者における自立の概念が，自立生活運動などによる社会的影響を受けて広義にとらえられるようになり，自立は，障害のある幼児児童生徒が，障害の状態や発達段階に応じて，主体的に自らの力を発揮してよりよく生きていこうとすること，と解されるようになったからである。そこで，養護・訓練がひとりひとりの幼児児童生徒の実態に対応した活動であることや自立を目指した主体的な取り組みを促す教育活動であることを明確にする観点から，「養護・訓練」を「自立活動」に改めた。

学習指導要領総則の教育課程編成の一般方針における自立活動については，従前の「養護・訓練に関する指導」を「自立活動の指導」に，「心身の障害に基づく種々の困難を克服させ，社会によりよく適応していく資質」を「障害に基づく種々の困難を改善・克服し，自立し社会参加する資質」に，「心身の障

害の状態や発達段階に即して行うよう配慮しなければならない」を「障害の状態や発達段階を的確に把握して，適切な指導の下に行うよう配慮しなければならない」と，それぞれを改めた。この際，従前の「克服」が「改善・克服」に，また「心身の障害」が「障害」と改められた。

1) 自立活動の目標と内容
(1) 自立活動の「目標」

「目標」は，「個々の児童又は生徒が自立を目指し，障害に基づく種々の困難を主体的に改善・克服するために必要な知識，技能，態度及び習慣を養い，も

表12-1 自立活動の「内容」

1 健康の保持
  (1) 生活のリズムや生活習慣の形成に関すること。
  (2) 病気の状態の理解と生活管理に関すること。
  (3) 損傷の状態の理解と養護に関すること。
  (4) 健康状態の維持・改善に関すること。
2 心理的な安定
  (1) 情緒の安定に関すること。
  (2) 対人関係の形成の基礎に関すること。
  (3) 状況の変化への適切な対応に関すること。
  (4) 障害に基づく種々の困難を改善・克服する意欲の向上に関すること。
3 環境の把握
  (1) 保有する感覚の活用に関すること。
  (2) 感覚の補助及び代行手段の活用に関すること。
  (3) 感覚を総合的に活用した周囲の状況の把握に関すること。
  (4) 認知や行動の手掛かりとなる概念の形成に関すること。
4 身体の動き
  (1) 姿勢と運動・動作の基本的技能に関すること。
  (2) 姿勢保持と運動・動作の補助的手段の活用に関すること。
  (3) 日常生活に必要な基本動作に関すること。
  (4) 身体の移動能力に関すること。
  (5) 作業の円滑な遂行に関すること。
5 コミュニケーション
  (1) コミュニケーションの基礎的能力に関すること。
  (2) 言語の受容と表出に関すること。
  (3) 言語の形成と活用に関すること。
  (4) コミュニケーション手段の選択と活用に関すること。
  (5) 状況に応じたコミュニケーションに関すること。

って心身の調和的発達の基盤を培う」[3]と改訂された。

ここでは，従来の「児童又は生徒」を「個々の児童又は生徒」に，「心身の障害の状態を改善し，又は克服する」を「自立を目指し，障害に基づく種々の困難を主体的に改善・克服する」と，それぞれ改めたことが注目される。

(2) 自立活動の「内容」(表12-1参照)

「内容」は，従前は，5つの柱のもとに18の項目で示していたが，今回は，従前の柱を区分に改め，その名称を次のようにわかりやすいものにした。「身体の健康」は「健康の保持」，「心理的適応」は「心理的安定」，「環境の認知」は「環境の把握」，「運動・動作」は「身体の動き」，「意思の伝達」は「コミュニケーション」に，それぞれ改めた。ここには，幼児児童生徒の障害の重度・重複化，多様化に対応して具体的な指導内容を選定しやすくする意図があった。5つの区分のそれぞれの内容についても同様な意図から見返し，具体的にイメージしやすくなるように18項目から22項目にふやしている。

2) 指導計画の作成と内容等の取扱い

(1) 指導内容の設定について，従前の「第2の内容から……具体的な指導事項を設定する」を「第2に示す内容の中から……具体的に指導内容を設定する」と改め，表現の統一を図っている。

(2) 個別の指導計画という表現は，今回の学習指導要領ではじめて用いられた。従来の養護・訓練においても，個別に指導計画を作成し，個に応じた指導は実践されてきたが，今回の改訂で「個別の指導計画」として明示された。

(3) なお，小学部，中学部，高等部の各学年における自立活動の時間に充てる授業時数は，従前と異なって，児童または生徒の障害の状態に応じて，適切に定めるものとする，と改められた。

b 総合的な学習の時間

(1) 〈ねらい〉 この時間のねらいは，(ア)自ら課題をみつけ，自ら学び，自ら考え，主体的に判断し，よりよく問題を解決する能力を育てること，(イ)学び方やものの考え方を身につけ，問題の解決や探求活動に主体的，創造的に取り組む態度を育て，自己の生き方を考えることができるようにすることにおかれている。

(2) 総合的な学習の時間における学習活動は、各学校において、前項(1)のねらいを踏まえ、例えば国際理解、情報、環境、福祉・健康などの横断的・総合的な課題、児童または生徒の興味・関心にもとづく課題、地域や学校の特色に応じた課題などについて、学校の実態に応じた学習活動を行う。この際、各学校における総合的な学習の時間の名称については、各学校において適切に定める。学習活動の展開に当たっての配慮事項は、(ア)自然体験やボランティア活動などの社会体験、観察・実験、見学や調査、発表や討論、ものづくりや生産活動、交流活動などの体験的な学習、問題解決的な学習を積極的に取り入れること、(イ)グループ学習や異年齢集団による学習などの多様な学習形態、地域の人々の協力を得ながら全教師が一体となって指導に当たるなどの指導体制、地域の教材や学習環境の積極的な活用などについて工夫すること、などである。

なお、総合的な学習の時間に当てる授業時数は、児童または生徒の障害の状態や発達段階等を考えて、盲学校、聾学校および肢体不自由者または病弱者を教育する養護学校については、小学部第3学年以上および中学部、高等部において、知的障害者を教育する養護学校については、中学部、高等部において、それぞれ適切に定めるものとされている。総合的な学習の時間は、学習指導要領に〈ねらい〉＝目標は、示されているが、「内容」は示されていない。この点で各教科等で示された目標、内容を合わせて授業を行う生活単元学習の場合とは相いれないことに留意することが必要である。

5　教育課程編成の手順等

教育課程編成の手順は、必ずしも一定したものではないが、大まかにはまず、(1)教育課程の基準を集中的に示している学校教育法施行規則第73条をはじめとして、学校教育法、教育基本法などにおける関係条項、さらに盲学校、聾学校および養護学校の学習指導要領はもちろん、幼稚園教育要領、小学校、中学校または高等学校学習指導要領における関係箇所についてよく理解する。次に、(2)対象となる幼児児童生徒の障害の状態および発達段階・特性を考慮する、と同時に(3)地域や学校の実態も考慮したうえで、次のような手順による。

①教育課程の編成に対する学校の基本方針を明確にする。②教育課程編成の

ための具体的な組織・日程を決定する。③教育課程の編成のために事前の研究や調査を行う。④学校の教育目標等，教育課程の編成の基本となる事項を決定し，いよいよ教育課程編成の作業に入る。それは，a)教育内容の取扱い，いわゆる教育内容の選択・組織化，b)個別の指導計画の作成，c)授業時間数の配当等に大別される。

なお，教育課程編成の特例として，①障害の状態により学習が困難な児童生徒に対する特例，および②重複障害者等に対する特例がある。後者は，さらに(ア)知的障害を併せ有する児童生徒についての特例，(イ)重複障害者のうち，学習が著しく困難な児童生徒についての特例，(ウ)訪問教育対象者のための特例にわけられる。

また，教育課程を編成し実施する際における配慮事項としては，小・中・高の各部に共通するものとしては，①個に応じた指導，②言語活動の適正化，③生徒指導の充実，④指導体制の工夫と改善，⑤指導の評価と改善，⑥学校医等との連携，⑦教材教具の活用および学校図書館の利用，⑧家庭，児童福祉施設，医療機関等との連携などが，とくに高等部に関するものとしては，①進路指導の充実，②実験・実習への配慮などが，それぞれあげられる。

では，次に教育課程の編成の作業について，1)教育内容の取扱い，2)指導計画の作成，3)授業時数の配当等の視点から述べてみよう。

1) 教育内容の取扱いの視点から この際の教育課程は，およそ次のような類型でとらえられる。

(1) 標準的な教育課程

小学部・中学部の場合でいえば，各教科（中学部にあっては，必修教科，選択教科），道徳，特別活動，自立活動および総合的な学習の時間によって編成し，自立活動を除く各教科等の目標，内容に関する事項について，小学校および中学校の学習指導要領に示すものに準ずる教育課程である。

(2) 特例による教育課程

教育課程編成の特例による主なものは，およそ次の5種類である。

①合科授業によるもの：各教科の全部または一部について複数の教科を併せて行う授業で，学校教育法施行規則第73条の11の第1項による。

②統合授業による教育課程：学校教育法施行規則第73条の11の第2項にもと

づいて，各教科，道徳，特例活動および自立活動の全部または一部について併せて行う授業の場合で，しばしば，前項とともに，合科・統合の授業形態をとって，生活単元学習の授業として行われる。
③自立活動を主とした指導：学習指導要領「総則」の規定にもとづいて，重複障害者のうち学習が著しく困難な者のために編成する教育課程である。
④生活中心のまたは生活科と代替した授業：知的障害養護学校小学部の生活科を活用する授業形態で，知的障害児または知的障害を随伴した児童生徒を対象とした教育課程である。
⑤特別の教育課程：学校教育法施行規則第73条の12による場合で，盲学校，聾学校または養護学校の小学部，中学部または高等部において，当該学校に就学することになった心身の障害以外に，ほかの障害を併せ有する児童もしくは生徒を教育する場合，または教員を派遣して教育を行う訪問教育の場合，とくに必要がある時は同第73条の7から同第73条10までの規定にかかわらず，編成する教育課程である。

　なお，中等度または軽度の障害者の教育で同第73条の19にもとづく小学校・中学校における特殊学級にかかる教育課程も同第73条の21第1項および22にもとづく通級による指導の場合の教育課程もここに含まれる。

　2) 指導計画作成の視点から　　指導計画とは，各教科，道徳，特別活動，自立活動および総合的な学習の時間について，指導の目標・内容・時間等を週・月・学期・学年等の単位ごとに具体的に定めた指導の概要である。このような指導計画の作成と指導の実施上の配慮事項は学習指導要領の「総則」に示されているが，総則における道徳教育，体育・健康に関する指導，自立活動の指導は，学校の教育活動全体を通じて行う指導である。一方，学習指導要領の第2章以下で示す小学部の「体育」，中学部の「保健体育」，「道徳」および「自立活動」は，それぞれの「時間の指導」である。この際，指導の中心となるものは，「時間の指導」であるが，日常生活場面での実践化を目指して「学校の教育活動全体を通じて行われる指導」と「時間の指導」との相互関係を念頭において指導計画を作成することが大切である。

　3) 授業時数の配当等の視点から　　盲学校，聾学校および養護学校小学部・中学部の教育課程の場合でいえば，弾力的に運用できるように，自立活動，道

徳，特別活動，各教科，総合的な学習の時間のそれぞれに充てる授業時数は示さないで，これらを一括して年間の総授業時数だけについて，小学校，中学校の総授業時数に準ずる，とされている。なお，重複障害者，療養中の児童生徒，あるいは訪問教育の対象者については，とくに必要な場合は実情に応じた授業時数を適切に定めることができる（学習指導要領「総則」）ことになっている。

また，小学部・中学部の各教科，道徳，特別活動，自立活動および総合的な学習の時間の授業は，年間35週（小学部第１学年では34週）以上にわたって授業を行うよう計画すること（同「総則」）として，年間授業週数の最低基準が示されているが，授業日数についての定めはない。それは，授業週数が定まれば，授業日数も自動的に定まるからである。訪問教育の対象者や療養中の児童生徒に対する教育の場合，実情に応じた授業時数を適切に定めるものの，その際，授業時数よりも授業週数による方が，負担過重にならない教育課程を弾力的に編成することができる。

なお，１単位時間とは，指導内容，児童生徒の集中力，運動機能の状態等を考えて，もっとも適切なものとして決められる基礎単位時間である。「授業の１単位時間は……児童又は生徒の障害の状態や発達段階及び各教科等や学習活動の特質を考慮して適切に定める」（同「総則」）という趣旨も併せて考えるならば，重複障害者，療養中の児童生徒または教員を派遣して教育を行う場合のそれぞれについての授業の１単位時間は，相当に弾力的な取り扱いがなされてよい。

では，児童生徒の障害の重度・多様化がみられる現実の教育場面において，上述した教育課程によって教育の成果を期待するには，どのような類型のものとして編成すべきであろうか。次に具体的な教育実践の場における指導との関連において教育課程の編成・実施にふれてみよう。

6　教育課程の編成・実施と指導

盲学校，聾学校，養護学校に在学する児童生徒の障害が重度・多様化してきたために，同一生活年齢の集団で編成された同学年・学級の中には，通常の小・中・高校の教育に準ずる教育が可能な児童生徒が在籍している一方で，単

純な数概念さえわからず，食事や排泄も全介助といった児童生徒も在籍している状況がある。このように個人間差異が著しい場合は，1学年単位の学級編制で，一斉授業を前提に個人差に留意して指導する立場から教育課程を編成しても，それの実施はきわめて困難である。そのような場合は通常の学年単位の集団を再編成する，といった指導体制の工夫が望まれる。そのためには，たとえば，次のようなことが考えられる。

a 指導体制の工夫

1) 児童生徒ひとりひとりの全体像を把握する　対象となる各児童生徒の障害の部位・程度・状態や生育歴，家庭環境，健康状況，心身の発達状況，行動特徴等について収集した一般的・診断的な情報に加えて，児童生徒の指導に直接関与している教師自らの観察・指導による累積的記録等も検討して，当該児童生徒の全体像を知る。

2) 個別の指導計画を作成する　前項で得た資料にもとづいて，当該児童生徒に関与する教師間で協議して，各児童生徒の指導課題を決め，この課題を達成していくための長期的・短期的な個別の指導計画を作成する。この際の課題には，①障害にもとづく種々の困難を主体的に改善・克服する意欲の向上，②健康・安全，体力の向上，③社会適応能力の向上，④日常生活動作の改善，⑤情緒の安定など，に関する事項が含まれる。

3) 指導グループを工夫する　1学年・1学級単位の集団では，個人間差異が著しくて，教育成果が期待できないような場合，たとえば，小学部の低学年，高学年，中学部および高等部といった各縦割の3学年を母集団にして，各母集団ごとに前項で作成した個別の指導計画の内容が近接した児童生徒で，次のような指導グループをつくる。そのグループは，教育課程編成の類型に関連づけていえば，たとえば，後述の(1)教科別指導，(2)教科・領域をあわせた指導，および(3)自立活動を主とした指導の3類型になるであろう。

(1)の教科別指導グループの該当者には，小・中・高校の教育に準ずる教育可能な者はもちろん，特殊教育諸学校の学習指導要領「総則」に示す当該学年・学部より下の学年・学部における教科書等の使用可能者，さらには知的障害養護学校用の国語，算数・数学の教科書使用者まで含めることができる。したが

って，ここには，盲学校，聾学校在学者の中の多数，肢体不自由・病弱養護学校在学者の中の相当数，および若干の知的障害養護学校在学者が含まれる。

(2)の教科，領域をあわせた指導グループに該当する者は，知的障害養護学校在学者の大多数，肢体不自由・病弱養護学校在学者の中の相当数，盲・聾学校在学者の中の一部の児童生徒になるであろう。

(3)の自立活動を主とした指導グループに該当する者は，肢体不自由・病弱養護学校に在学する重度・重複障害者および知的障害養護学校在学者の中で「日常生活の指導」などの指導形態で，食事，排泄の指導内容を主とした教育課程で指導を受けている児童生徒の場合が考えられる。

b 指導グループに対応した教育課程

上述の3グループ対象の教育課程は，次のようにまとめられるであろう。

1) **教科別指導による教育課程**　　上述の(1)にもとづく指導グループの場合は，教科等の特性を熟知した指導が必要である。まず，算数・数学，国語といった教科の指導では，各児童生徒の指導内容の到達度を把握し，隣接した複数の学年を母集団にして到達度の近い児童生徒で縦割の学習集団を特設する。この種の教科の指導内容には系統性があるので，到達度の近接した学習集団の方が指導しやすいからである。一方，理科，社会などの教科では，指導内容に系統性はあるものの，算数・数学や国語の教科の場合ほどに系統性にこだわらなくてもすむので，これら両教科の場合よりもグループでの指導をしやすい。

音楽，図工・美術，体育などの教科は，①ピアノ演奏や水泳のような「個人技能」の領域，②音楽史，美術史，保健のような「内容理解」の領域，③音楽における合奏・合唱，図工における紙や粘土による共同制作，体育におけるゲーム等の「集団活動」の領域に3大別される。このうち「個人技能」の領域は国語，算数・数学の指導に，「内容理解」の領域は社会や理科の指導に，「集団活動」の領域は特別活動のそれに，それぞれ共通したものがあるので，学習指導の困難さによっては，音楽，図工・美術，体育における集団活動の領域に重点をおいて教育課程を編成・実施することが考えられる。

2) **教科・領域をあわせた指導による教育課程**　　この種の教育課程の主対象となる知的障害者グループの養護学校小学部の場合について教科別・領域別の

12章 盲・聾・養護学校等の教育課程

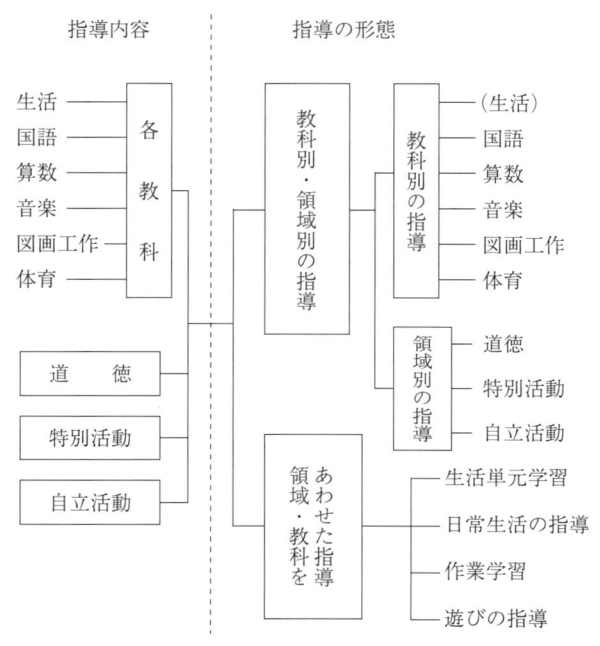

```
指導内容           │     指導の形態

生活 ─┐                        ┌─(生活)
国語 ─┤                        ├─ 国語
算数 ─┤ 各        教科別・      教科別  ├─ 算数
音楽 ─┤ 教        領域別の      の指導  ├─ 音楽
図画工作─┤ 科        指導                ├─ 図画工作
体育 ─┘                        └─ 体育

道  徳                         領域別   ┌─ 道徳
特別活動                       の指導   ├─ 特別活動
自立活動                                └─ 自立活動

                   領域・教科を  ┌─ 生活単元学習
                   あわせた指導  ├─ 日常生活の指導
                                 ├─ 作業学習
                                 └─ 遊びの指導
```

図 12-1　指導内容と指導の形態

指導内容で対比すれば，図 12-1 に示すような指導の形態になる。

　このような教育課程は，知的障害教育における「生活単元学習の指導」「日常生活の指導」または「作業学習の指導」を主体にしたものであって，具体的・現実的な学習活動を展開しやすい。しかし，児童生徒の発達段階に準拠した指導の系統性については，教科用図書による教科指導に比べると不十分さのあることは否めない。そこで，この種の教育課程による場合は，系統性に留意して指導内容を計画することが重要である。さもないと，たんに現実的な経験活動をさせるだけになりかねない。とくに算数・数学，国語の指導では，指導内容を合目的・系統的に指導できるように計画することである。というのは，同じ指導内容でも，別の単元で異なった学習環境で提示すると，同じという認識で学習できない児童生徒がしばしばみられるからである。

　3)　**自立活動を主とした指導による教育課程**　　この種の教育課程の主対象は，重度・重複障害者グループであり，その際の主な指導内容は，①生命・健康の

維持，②心理的な安定，③環境の把握，④身体の動きの改善，⑤コミュニケーション能力の改善と向上，⑥食事，排泄，睡眠等についての生活リズムづくりによる自立の促進など，に関する事項である。このような自立活動の指導に当たっては，個々の児童または生徒の実態に即した指導の目標を明確にし，具体的な指導内容を設定し，個別の指導計画を作成する。こうした指導内容が中心となる場合は，医師との連携のみならず，親とのそれも必要である。たとえば，食事指導にしても，家庭での指導の実情を聞いてから着手しないと，指導の効果があがらないばかりか，危険な場合さえあるからである。

以上の教育課程に共通していわれることは，眼前の児童生徒の実態は，多様であるので，学習指導要領と関連する法令を十分に検討して，これらを使いこなす立場から，的確な教育課程を編成しなければならないことである。

■引用・参考文献
1） 文部省　中学校学習指導要領　大蔵省印刷局　1998
2） 文部省　盲学校，聾学校及び養護学校幼稚部教育要領　小学部・中学部学習指導要領　高等部学習指導要領　大蔵省印刷局　1999
3） 文部省　小学部・中学部学習指導要領　大蔵省印刷局　1999　p.25
4） 文部省　小学校学習指導要領　大蔵省印刷局　1998
5） 文部省　盲学校，聾学校及び養護学校学習指導要領（平成11年3月）解説　——自立活動編　海文堂出版　2000
6） 文部科学省初等中等教育局特別支援教育課　平成12年度特殊教育資料　2001
7） 文部省　盲学校，聾学校及び養護学校学習指導要領（平成11年3月）解説　——総則等編　海文堂出版　2000

13章　就学前児の保育

1　保育所

　保育所は，日々保護者の委託を受けて，保育に欠ける（保護者が就労や疾病等のため家庭において十分保育することができない）乳児または幼児を保護者にかわって保育することができる児童福祉施設である。保育所を幼稚園と対比して示せば，表13-1のようになる。また，表13-2に示されているように，4歳児と5歳児の30％以上は保育所に通っている。

　障害児の保育に関しては，保育所における集団的保育が可能な障害程度が中程度までの障害児については保育所の受け入れが円滑に行われており，健常児との集団保育が適切に実施されるよう保育士を配置するために必要な経費の補助が昭和49年度から行われている。平成10年度には障害児保育の実施拡大が図られ，さらに平成11年度には5,904カ所で障害児保育が実施されている。

a　保育所保育指針

　保育所における保育は，「保育所保育指針」にもとづいている。同指針は，1965（昭和40）年に作成され，1990（平成2）年の改訂を経て，1999（平成11）年に再度改訂されている。平成11年の改訂では，地域の子育て家庭に対する相談・助言等の支援機能が新たに位置づけられ，乳幼児突然死症候群の予防，アトピー性皮膚炎対策，虐待への対応などについて新たに記載された。また，研修を通じた専門性の向上や業務上知りえた事項の秘密保持など保育士の保育姿勢に関する事項が新たに設けられ，子どもの人権への配慮にかかわる項目が充実された。保育内容については，後述する「幼稚園教育要領」との整合性を図るため保育内容等に必要な事項が追加された。

　1）目　標　保育所における保育の目標とは，子どもが現在をもっともよく生き，望ましい未来をつくり出す力の基礎を培うことができるよう，(1)十

表13-1 保育所と幼稚園の機能

	保育所	幼稚園
性格	児童福祉法第39条による児童福祉施設	学校教育法第77条による就学前教育の学校
所管行政省	厚生労働省	文部科学省
目的	日々保護者の委託を受けて、保育に欠ける乳幼児を保育する	幼児を保育し、適当な環境を与えて、その心身の発達を助長する
対象児	保護者が①昼間労働することを常態としていること、②妊娠中であるか出産後間がないこと、③疾病にかかっているか負傷していること、または精神もしくは身体に障害を有していること、④同居の親族を常時介護していること、⑤震災、風水害、火災その他の災害の復旧に当たっていること、⑥①から⑤に類する状態にあること、のいずれかに該当することにより乳幼児を保育することができないと認められる場合であって、かつ、同居の親族その他のものが乳幼児を保育することができないと認められる場合	保護者の希望による
対象児の年齢	0歳から小学校就学までの乳幼児	満3歳から小学校就学までの幼児
入所（園）の決定	市町村がケースワーカー等の調査、面接等によって、保育に欠けると認め、決定（保護者の都合で保育所の選択は可）	保護者の申請により園長が決定
保育時間	1日につき8時間を原則	1日につき4時間が標準
保育日数	規定なし（およそ300日）	特別の事情のある場合を除き39週を下ってはならない
保育料の負担	国の示す徴収規準に従い、市町村が定めた条例により、保護者の収入に応じて徴収される	保護者の負担
職員	保育士、嘱託医、調理員、事務員、看護婦等	各学級に少なくとも専任の幼稚園教諭1人、養護教諭、事務職員等
保育者1人当たりの児童数	乳児　3人以下、3歳未満児　6人以下、3歳児　20人以下、4歳以上児　30人以下	1学級の幼児数は35人以下が原則

分に養護の行き届いた環境のもとに、くつろいだ雰囲気の中で子どものさまざまな欲求を適切に満たし、生命の保持および情緒の安定を図ること、(2)健康、安全など生活に必要な基本的な習慣や態度を養い、心身の健康の基礎を培うこ

と，(3)人とのかかわりの中で人に対する愛情と信頼感，そして人権を大切にする心を育てるとともに，自主，協調の態度を養い，道徳性の芽生えを培うこと，(4)自然や社会の事象についての興味や関心を育て，それらに対する豊かな心情や思考力の基礎を培うこと，(5)生活の中で，ことばへの興味や関心を育て，喜んで話したり，聞いたりする態度や豊かなことばを培うこと，(6)さまざまな体験を通して，豊かな感性を育て，創造性の芽生えを培うこと，である。

表13-2　保育所入所・幼稚園入園児（平成10年度）

（単位：万人，％）

年齢	A該当年齢児数	B保育所	入所率 B/A	C幼稚園	入園率 C/A
0	121	5.9	4.9	—	—
1	120	42.1	35.1	—	—
2	119	42.1	35.1	—	—
3	118	40.3	34.2	37.1	31.4
4	120	40.8	33.9	67.3	56.1
5	118	40.8	33.9	74.2	62.9
計	716	—	—	—	—

（注）保育所は平成10年4月1日現在。幼稚園は平成10年5月1日現在。
（資料：厚生行政基本統計表P-093）

2)　内　　容　「ねらい」と「内容」から構成される。「ねらい」は，保育の目標をより具体化したものであり，「内容」はねらいを達成するために，子どもの状況に応じて保育士が適切に行うべき基礎的な事項および保育士が援助する事項を子どもの発達の側面から示したものである。

　保育の内容は，発達過程の区分ごとに言及されている。その区分は，6カ月未満児，6カ月から1歳3カ月未満児，1歳3カ月から2歳未満児，さらに2歳児から6歳児までは1年ごとに設定されている。保育の内容のうち，子どもが保育所で安定した生活を送るために必要な基本的事項は全年齢について示されている。また，保育士が援助して子どもが身につけることが望まれる事項について，発達の側面から，(1)健康，(2)人間関係，(3)環境，(4)言葉，(5)表現の5領域が設けられている。ただし，3歳未満児については，その発達の特性からみて各領域を明確に区分することが困難であるため，5領域に配慮しながら，基礎的事項とともに一括して示されている。

3)　多様な保育ニーズへの対応　「延長保育，夜間保育」については，柔軟な対応が図られており，子どもの年齢，健康状態，生活習慣，生活リズム，情緒の安定への配慮に留意することとなっている。「地域における子育て支援」に関しては，一時保育，地域活動事業，乳幼児の保育に関する相談・助言につ

いて保育所の積極的な取り組みが求められている。また,「職員の研修等」として,職員の自己研鑽および研修に参画できるような保育所の環境づくりが重要視されている。

b 保育所における保育

障害のある子どもの保育については,1973(昭和48)年11月の中央児童福祉審議会による「当面推進すべき児童福祉対策についての中間報告」の提言を受けて,1974(昭和49)年から「障害児保育事業実施要綱」が決定し,障害児保育事業が積極的に実施されることとなった。このような動向を反映し,保育所で保育を受ける障害幼児はふえてきている(16章参照)。

そのため,保育所では,(1)障害の種別および程度に応じた保育への配慮,(2)家庭,主治医,専門機関との連携,(3)地域の障害幼児・児童を受け入れる教育機関等との連携,(4)他の子どもや保護者に対して障害について正しい認識ができるための指導,(5)必要な場合には,知的障害児通園施設,肢体不自由児通園施設,難聴幼児通園施設との連携を密にし,必要に応じ専門機関からの助言を受けるなど適切に対応している。

2 幼稚園

幼稚園は,幼児を保育し,適当な環境を与えて,その心身の発達を助長することを目的とする施設である(表13-1)。満3歳から小学校就学の始期に達するまでの幼児が入園できるが,入園率は年齢とともに増加し,平成10年度には,5歳児のうち62.9%が幼稚園に通っている(表13-2)。

a 幼稚園教育要領

幼稚園における保育は「幼稚園教育要領」にもとづいている。現行の幼稚園教育要領は,1998(平成10)年12月に改訂され,2000(平成12)年4月から実施されている。平成10年の改訂では,遊びを中心とした楽しい集団生活の中で豊かな体験を得させることと幼児期にふさわしい道徳性の指導が充実された。

1) **目　標**　保育の目標については，学校教育法第78条で，(1)安全で幸福な生活のために必要な日常の習慣を養い，身体諸機能の調和的発達を図ること，(2)園内において，集団生活を経験させ，喜んでこれに参加する態度と協同，自主および自律の精神の芽生えを養うこと，(3)身辺の社会生活および事象に対する正しい理解と態度の芽生えを養うこと，(4)言語の使い方を正しく導き，童話，絵本等に対する興味を養うこと，(5)音楽，遊戯，絵画その他の方法により，創作的表現に対する興味を養うこと，の5点が規定されている。

2) **内　容**　「ねらい」と「内容」から構成される。「ねらい」は幼稚園を修了するまでに幼児に育つことが期待される心情，意欲，態度などを示したものであり，「内容」はねらいを達成するために，幼児が経験し指導される事項である。領域については，発達の側面から，(1)健康，(2)人間関係，(3)環境，(4)言葉，(5)表現の5領域にまとめられている。

b　幼稚園における教育

障害幼児の早期教育においては，1969（昭和44）年3月の「特殊教育の基本的な施策のあり方」ではじめて提言された。以来，早期教育の重要性はますます認識され，昭和49年度から幼稚園の障害児保育に対しても特殊教育費補助制度が発足し，健常児とともに就園して学ぶ統合保育が公的な制度として認められ，以後，実施されている。

現在，幼稚園においては，「障害のある幼児の指導に当たっては，家庭および専門機関との連携を図りながら，集団の中で生活することを通して全体的な発達を促すとともに，障害の種類，程度に応じて適切に配慮する」一方で，「幼児の社会性や豊かな人間性をはぐくむため，地域や幼稚園の実態等により，盲学校，聾学校，養護学校等の障害のある幼児との交流の機会を積極的に設けるよう配慮する」ことが強調されている。

3　多様な保育ニーズへの対応と今後の課題

近年におけるわが国の出生率の低下とその背景となる女性の職場進出，子育てと仕事の両立の難しさ，核家族化の進行による育児の心理的・身体的負担な

どにともなう，多様な保育ニーズに対応するため，1994（平成6）年12月の「今後の子育て支援のための施策の基本的方向について（エンゼルプラン）」および「当面の緊急保育対策等を推進するための基本的考え方」（緊急保育対策5か年事業）が策定されて，低年齢児保育や延長保育等の多様な保育サービスの計画的な推進が図られた。1998（平成10）年4月には，「児童福祉法」が改正され，保育施策の見直し，児童自立支援施策，母子通園施策の充実が進んだ。続いて1999（平成11）年12月には，従来のエンゼルプランおよび緊急保育対策等5か年事業を見直し，重点的に取り組むことが必要な保育サービス，相談・支援体制，母子保健，保育，住宅などの総合的な実施計画，いわゆる平成12年度を初年度として平成16年度までに「重点的に推進すべき少子化対策の具体的計画（新エンゼルプラン）」が策定され，今後はこの新エンゼルプランにもとづき，若い世代が安心して子どもを出産し育てることのできる環境整備に取り組んでいく体制が準備できた。

このような状況下において，障害のある子どもを保育所または幼稚園に入所・入園させている保護者または子どもの保育にかかわる保育士や幼稚園教諭は，どのように対応すべきであろうか。集団による保育が可能と判定されて入所・入園した障害児であっても，障害の種類・程度によっては，保育所や幼稚園での保育だけでは十分でない子どもがいることは否めない。たとえば，子どもに対しての基本的生活習慣の形成，社会性の発達，言語発達を促す指導のいずれかで特別な指導を必要とするような子どもがみられる。そうした場合には，生活のベースは，保育所または幼稚園におきながらも必要に応じて，知的障害児（通園）施設，肢体不自由児（通園）施設または難聴幼児通園施設でそれぞれの子どものニーズに応じた療育訓練等を受けるために，保育所または幼稚園と地域の障害にかかわる療育機関とに並行して通園している例も多くみられてきた。

なかには，児童福祉法の改正で，保護者が希望する保育所を選択して入所した保育所で，障害のある幼児が集団生活になじめないなどの理由で，当該保育機関から知的障害児，肢体不自由児または難聴幼児の通園機関へ移動する場合もある。そこには，集団規模や保育士の専門的力量の不足，複数担任の困難性などによる保育所での統合保育の難しさが看取される。同様な事例は幼稚園で

もみられる。そのような事例からは障害の状態に応じた専門性の高い療育を行う通園施設の必要性が感じられる。

保育所や幼稚園での統合保育が困難な障害の程度の重い子どもには，盲・聾・養護学校の幼稚部への在籍が望まれるが，現実には，盲学校と聾学校の幼稚部は早くから整備されて，在籍率も高く，3歳未満児に対しても「教育相談」の名称で指導・助言が行われている。しかし，養護学校にあっては，幼稚部の設置は非常に立ち遅れていて，在籍率も非常に低い状況である。

保育所と幼稚園に在籍している障害児保育の課題は，地域の早期療育機関である，(1)知的障害児・自閉症児・肢体不自由児・盲児・ろうあ児等の障害児施設，(2)知的障害児通園施設，肢体不自由児通園施設および難聴幼児通園施設，(3)肢体不自由児通園施設，知的障害児通園施設および難聴幼児通園施設の3種類または2種類を統合した心身障害児総合通園センター，(4)障害児通園（デイサービス）事業，(5)盲・聾・養護学校の幼稚部等との連携を密にして，個々の障害児の保育ニーズに対応する観点から，就学前障害児の自立の向上を図っていくことにある。

■引用・参考文献
1) 石井哲夫・待井和江　改訂保育所保育指針全文の読み方　社会福祉法人全国社会福祉協議会　1999
2) 厚生省　厚生行政主要統計要覧　1999
3) 厚生省　保育所保育指針（家庭局長通知児発第799号）　1999
4) 厚生労働省　特別保育事業の実施について（児童家庭局長通知児発第247号）　2000
5) 文部省　幼稚園教育要領　大蔵省印刷局　1998
6) 文部省　盲学校，聾学校及び養護学校　幼稚部教育要領・学習指導要領　大蔵省印刷局　1999
7) 文部科学省　学校基本調査　2000

14章　卒業期・卒業後の指導

1　卒業期・卒業後の指導を考えるにあたって

　障害児教育において卒業期・卒業後の指導という場合，昭和30年～40年代には，主に中学校特殊学級もしくは特殊教育諸学校中学部におけるそれを指していた。しかし，今日では高等部の設置割合が高くなり，通常の高等学校への進学者も徐々に増加していることなどを背景に，障害をもつ多くの生徒が後期中等教育を受けるようになった。

　表14-1は2000（平成12）年3月時点での盲・聾・養護学校中学部および中学校特殊学級卒業者の進路の状況を示したものである。この表から盲学校および聾学校中学部卒業者のほぼ全員が進学していること，また養護学校中学部卒業者も約95％が進学していることがわかる。この5年ほどで10ポイントも進学率が高くなっており，後期中等教育の機会がいっそう拡大されたことが理解できよう。

表14-1　盲・聾・養護学校中学部・中学校特殊学級卒業者の進路

平成12年3月卒業者

区分	計	高校等	高等部	％	専修学校・各種学校	職業能力開発	％	就職者	％	児童福祉施設・医療機関等	％	その他	％
盲学校	201	7	190	98.0	-	-	0.0	1	0.5	2	1.0	1	0.5
聾学校	389	14	374	99.7	-	-	0.0	-	0.0	1	0.3	-	0.0
養護学校	6,353	340	5,662	94.5	13	2	0.2	16	0.3	192	3.0	128	2.0
計	6,943	361	6,226	94.9	13	2	0.2	17	0.2	195	2.8	129	1.9
中学校特殊学級	8,018	1,639	5,046	83.4	212	161	4.7	372	4.6	(あわせて 588 7.3％)			

（注）1　このほかに中学校通常学級から盲・聾・養護学校の高等部に進学した者が1,099名いる
　　　2　中学校特殊学級卒業者の場合，児童福祉施設等への入所とその他の別がないためあわせて表示

文部省「学校基本調査報告書（平成12年度）」[4]より作成

14章　卒業期・卒業後の指導

　なお，表外になるがこのほかに中学校の通常の学級から盲・聾・養護学校に進学した者が1,000名ほど存在している。このことは中学校の通常の学級に障害をもつ多くの生徒が在籍していることを示している。こうした生徒に対する中学校での教育の質的保障や進路指導の実態解明が必要であろう。

　盲・聾・養護学校の高等部に在籍する生徒は，学校種による違いもあるが，その中学部からの進学者と中学校（特殊学級・通常学級）からの進学者がおよそ半数ずつを占めているのも特徴である。

　さて，平成11年度告示の学習指導要領で高等部の訪問教育が明示されるようになり，高等部に生命維持に必要な医療的配慮を常時必要とするような重度の障害をもった生徒もより多く在籍するようになった。個別に必要な教育的対応の質はますます多様化してきたのである。必然的に高等部の教育課程の編成や卒業に向けての指導もこれに応じた柔軟性が求められるようになった。これに応えようと教師たちは学校内外の資源を活用しながら実践に取り組んでいるが，卒業期の指導，とくに進路指導においては教師の職域では対応が困難なことがらまで行っている状況が見受けられる。これには次のような事情がある。

　進路指導の内容には，教育的ニーズばかりでなく，福祉的ニーズや医療的ニーズ，職業的ニーズなどを総合的に考慮することが求められているので，教師が進路指導に当たってさまざまな領域の専門家や関係者との連携をとることが効果的な進路指導を行ううえでの鍵となっている。しかしながら，現実的にはこうした連携は必ずしも形成されていない。他方，生徒の立場からは，自らの進路に関する相談をさまざまなニーズを考慮しながら行うことができるのは教師である（あるいは教師しかいない）ことが多い。このため，担当の教師たちはその職域を超えて生徒の進路指導の充実のために奔走せざるをえないのである。

　こうした現状は，教師と生徒や保護者とのいっそうの信頼関係の構築を図り，卒業後もさまざまな相談に教師のもとを訪れる生徒が通常の高等学校とは比較にならないほど多いという結果をもたらしている一方で，教師の過剰負担問題，とくに職域外内容の負担の問題を発生させている。

　生徒の進路指導において関連領域の職域までも教師が「丸抱え」していることについては，「職域の分限を考えるべきだ」等の批判も聞かれるが，「丸抱え」せざるをえない現状こそが問題なのである。これからの卒業期・卒業後の

指導を考えていくにあたっては，この点に関する解決の視点をどのように創出することができるのかが重要となることは間違いない。

また，これとは別に，進路指導がたんに「学校から社会への生徒の送り出し」に終始してしまい，本質である生徒自らの「生き方についての指導」としての位置づけがなされていない場合もある。

こうした点を踏まえながら，本章では，後期中等教育の卒業期および卒業後の段階にある青年期の教育にあたって，とくに特殊教育諸学校高等部での教育に焦点をあてながら概説する。なお，障害をもつ生徒の教育機会について今後の方向性を検討するにあたっては，後期中等教育段階での教育機会として高等学校や特殊教育諸学校高等部に限定されない多様性が必要であると考えられるので，本来は中学校および特殊教育諸学校中学部段階からの指導についても取り上げるべきであるが，紙幅の関係上ここでは省略する。

2　盲・聾・養護学校高等部（本科）卒業者の進路の状況

後期中等教育段階からの進路の状況について示したのが表14-2である。

今日，わが国の高等学校卒業者のおよそ5割弱の者が大学等へ進学している。表14-2によれば，盲学校および聾学校高等部卒業者については進学率がほぼこれと同じであるが，その大半が専攻科に進学していることがわかる。専攻科に設置されている学科は，盲学校についてはいわゆる三療（あんまマッサージ指圧，はり，きゅう）に関する職業教育を行う理療科をはじめ，音楽科などがあり，聾学校の場合には歯科技巧科や理容科，印刷科などが設置されている。このように盲学校教育および聾学校教育においては高等部の専攻科を中心に専門性の高い教育を受ける機会がある程度用意されていることがわかる。

他方で養護学校の場合には，進学率は全体平均で1％と非常に低い水準にあり，また，専修・各種学校や職業訓練校等への進学率も低い。職業能力開発校への進学は大半が「障害者職業能力開発校」であるが，設置数が少なく定員や通学の便が限られているため，希望しても学習の機会を得られない生徒が多い。

こうした進路の状況から明らかなことは，第1に後期中等教育段階以降の教

14章 卒業期・卒業後の指導 181

表14-2 盲・聾・養護学校高等部（本科）卒業者の進路

平成12年3月卒業者

区分	計	大学等	専攻科	%	専修学校・各種学校	職業能力開発	%	就職者	%	社会福祉施設等への入所・通所	%	その他	%
盲学校	344	33	133	48.3	4	8	3.5	47	13.7	70	20.3	49	14.2
聾学校	542	47	206	46.7	12	29	7.6	184	33.9	39	7.2	25	4.6
養護学校	10,337	53	60	1.1	68	265	3.2	2,378	23.0	6,066	58.7	1,447	14.0
計	11,223	133	399	4.7	84	302	3.4	2,609	23.2	6,175	55.0	1,521	13.6

文部省「学校基本調査報告書（平成12年度）」[4]より作成

育の機会がとりわけ養護学校卒業者の場合に著しく限定されているという現状である。したがって，養護学校高等部に在籍する生徒にとっては，実質的にそれが組織的な教育を受ける最後の機会，すなわち「学校教育の卒業期」となっている場合が多い。第2に（これは第1の理由と密接な関係があるが）この時期に社会での生活を強く意識した教育が要求されているということである。

このため養護学校高等部における進路指導においては「職業教育」が重要な柱とされてきた。この点は今後も継続されることは間違いないが，その一方で高等部において「就職に向けた指導」ばかりが強調されて取り組まれる（取り組まざるをえない）状況に対して，次のような疑問の声もあげられてきた。すなわち，「なぜ障害児ばかりが後期中等教育段階でこれほど『働く』ことを意識させられなければならないのか」「もっと同年齢集団のようにじっくりと時間をかけて将来を考えることは許されないのか」といった声である。

とりわけ「就職に向けた職業教育」が重視されるあまり，卒業後ただちに就職することが困難であると考えられる生徒に対する指導が，副次的な位置づけになる事態が生じた問題は，進路指導の根本に立ち返る必要性を意識させる機会となった。生徒の日常生活における生きがいづくりを目指した余暇教育の意義の主張はこうした反省もひとつの背景になっている。

いうまでもなく，進路指導は将来の生き方に関する指導であり，生徒自身の自己理解を深めるとともに，生活している社会への関心を高めながら展開されるべきものである。近年では，小学部から高等部までが同一校として設置され

ている利点を生かして，中学部の段階から（一部には小学部の段階から）「進路学習」などの名称で生徒に自分の将来を考えさせるように教育課程を組み，指導を行っている学校の数も増加してきている。こうした取り組みは，生徒に自らの生活意識を高めさせながら，将来を考える機会を提供しているのである。

3節ではこうした点を踏まえながら，特殊教育諸学校高等部における教育と進路指導をめぐる課題についてみていこう。

3　高等部段階における教育と進路指導をめぐる課題

a　特殊教育諸学校高等部に設置されている学科

特殊教育諸学校の高等部には普通科のほかにさまざまな職業学科が設置されている。盲学校高等部においては理療科・保健理療科・理学療法科・音楽科・調律科などが，聾学校高等部においては産業工芸科・デザイン科・印刷科・被服科・理容科・美容科・クリーニング科などが，そして養護学校高等部においては農業科・工業科・商業科・家庭科などがそれぞれ設置されている。こうした職業学科では各内容について専門的に職業教育が行われているが，併設されている他学科の授業科目も併せて履修することができるようになっている学校もある。

また，卒業生の就職先において，第一次，第二次産業から第三次産業への比重移行が進んでおり，既存の職業学科で学習した内容が必ずしも卒業後の就職と対応していない生徒の割合が高くなってきたことや，複数の業務内容にある程度は対応できることが，生徒の資質として企業側から求められるようになってきたことなどが背景となっている。「流通・サービス」という専門教育に関する科目が新設されたこともこうした時代の流れを反映したものである。養護学校の場合，職業関係学科を設置している学校は主に高等部のみを設置する，いわゆる高等養護学校が中心であったが，現行の学習指導要領（2000）では高等部における職業教育のいっそうの充実が掲げられているように，それ以外の学校にも職業学科が設置されるようになってきている。また，高等養護学校にも障害の程度の重い生徒を対象にした生活園芸科などの学科が設置されている。現行の学習指導要領では，さらに柔軟な教育課程編成が行えるように各学校で

「学校設定教科」を設けることができるようにもなった。

　学校教育法第71条（特殊教育諸学校高等部の目的）および第41条（高等学校の目的）の規定から，職業教育の対象はすべての生徒であると解されているので，普通科においても職業科目の履修の意義が認識されており，たんに「就職に向けた職業教育」にとどまらない将来の生活との結びつきの観点から必要な知識・技能・態度および習慣に関する指導が展開されている。

b　普通科の教育課程編成におけるコース制

　職業学科が設置されていない学校，とくに養護学校の普通科では「職業コース」「作業コース」「生活コース」のように複数のコースが用意されている場合がある。こうしたコース制は，生徒の実態や予想される進路を考慮して効果的な教育課程の編成などが行えるという利点がある一方で，生徒の履修選択に際して，「職業コース」に対して他のコースが副次的位置づけをもたされる危険性がある。たとえば「職業コース」の履修が困難であるから「生活コース」を履修している，といったケースが実際に起きているのである。

　コース制を導入する場合，たとえば，生徒がぜひ「生活コースを履修したい」と希望してくるような魅力ある内容を用意し，すべてのコースに積極的な意義を明確に与えることが必要であろう。今日では，職業教育の概念を「従来の『就職のための準備教育』から『社会参加・自立のための準備教育』へ[2]」と拡大してとらえるようになっており，こうした考え方を踏まえた各コースの設定と履修選択が行われるようにしなければならない。

c　進路指導と教師の負担

　高等部における進路指導は，具体的に卒業後の進路との結びつきを形成する役割を担っている。自らの日常生活に関心をもたせ，将来の進路について具体的に目標を設定した指導が展開される。とりわけ体験的要素を豊富に取り込みながら学習が進められるように配慮されているのが通例である。このなかで生徒は働くことや生活することを自らの課題としていく。障害の程度が重く高等部段階においても発達が未分化な状態の生徒もいるため，進路指導においては保護者のかかわりも不可欠となっている。個々の生徒の障害の状態や個性を踏

まえた卒業後の生活に向けた指導のために，特殊教育諸学校では進路指導担当教員を独立して配置している学校も多い。それだけ進路指導担当や担任の教師の負担が大きいのである。卒業後の生活を見据えた進路指導のために，教師は福祉や医療など関連領域の最新情報等を備えていることが期待されている。実際，日常生活においても何らかの形で障害者の生活にかかわる活動等に参加し，情報収集や関連機関との関係づくりに奔走している教師も多い。進路指導はこのような教師の自発的な努力がなければ成り立たないともいえるほどの状況がある。

　しかしながら，こうした努力の結果，福祉や医療などの情報に明るい教師が多いとはいえ，教師はそれらの専門家ではないので，卒業後に生徒が必要とするさまざまな地域社会資源の見通しが必ずしも最良の形で行えるかどうかはわからない。一所懸命になる教師ほど自身の職域や限界を超えて負担を背負い込んでしまっている状況もある。関連領域に関してある程度の知識を備えることはどの教師にも求められるが，すべてに教師が通じるようになるのには無理がある。

　そこで関連領域の専門機関との連携が必要となるのである。生徒の卒業後の生活を考える際，大切なのは個々の生徒が自らの生活を維持・創造できるようにするために，個別のニーズに応じてさまざまな地域社会資源を必要に応じて使いこなし，十分に活用するための足がかりを形成することである。したがって，教師は個々の生徒の予想される進路を踏まえて，地域社会資源の活用のための専門機関への橋渡しを適切に進める役割を果たすことが期待されるのである。

d　高等部における訪問教育での進路指導

　高等部への重複障害学級設置の増加などによって後期中等教育段階への進学率が高まってきたとはいえ，なお児童福祉施設や医療機関，自宅から学校へ通学して教育を受けることが困難であるために適切な後期中等教育を受ける機会を得られなかった子どもたちがいた。高等部段階のこうした生徒に対する訪問教育は，「特殊教育の改善・充実に関する調査研究協力者会議」の勧告を受けた試行（平成9年度）を経て，現行の学習指導要領に明示され，すべての都道

府県で実施されるようになった。対象となる子どもたちは最重度の障害をもつために卒業後の生活は医療や福祉サービスに重点をおかざるをえないが、一方で環境的に限られた対人関係にならざるをえないという問題もある。最近では最重度の障害をもつ人の意思表出の理解が生理学的指標を活用するなどして拡大してきているが、これはあくまで手段であり、多様な他者との関係の構築が図れるような環境設定こそが必要である。これはたんに介護者やボランティアと被介護者という関係にとどまるものであってはいけない。友人として意思の交換を行うことや、そこに個人としての関係があることが大切なのである。同世代の人が周囲にいることができるような場面づくりには、さまざまな課題もあるが進路指導においてこうした視点を意識することを忘れてはならない。

e 高等学校における進路指導の問題

高等学校に在籍する障害をもつ生徒の進路指導に関する実践報告はきわめて少なく、また卒業後の進路に関する情報もおおやけにされていない。これまでも定時制や通信制の高等学校に在籍する障害をもつ生徒の課題は知られてきたが、近年では特殊学級の設置を決めた自治体も現れるなど障害をもつ生徒の在籍はさらに増加してきている。彼らに対するとくに個別の配慮を必要とした進路指導が求められていることは明らかである。しかし、高等学校ではこうした指導の蓄積が少なく、十分な指導が展開されていない可能性がある。そこで、隣接する特殊教育諸学校高等部における進路指導担当教員と連絡をとるなどして、その地域の特有の事情など、指導計画を作成するために必要な情報を積極的に収集することが重要である。

4 学校内資源と学校外資源の活用

a 地域社会資源のリスト化

このように高等部段階の教育を主に進路指導を中心にみてくると、とくに地域社会資源の活用など、そこで求められる生徒のニーズへの対応は個々の学校内の資源だけではとうてい図りえないほどの内容がかかわっていることが理解できよう。

そこで学校外資源としての地域社会資源の活用を念頭においた進路指導のために，表14-3のようなリストを作成することがひとつの例として考えられよう。表14-3で示したユニットは固定的なものではなく，個々の生徒ごとに社会生活を送るうえで関係してくることが予想される資源についてリストを構成すればよい。基本は，どのようなニーズにはどのような地域社会資源が利用できるのか，また，どうすれば利用できるのか（どこに連絡すればよいのか）といった情報が活用しやすいように整理されていればよいのである。

そして地域社会資源の内容を学校内での学習活動と関連づけながら，実際に地域社会資源との関係をつくりながらリストを構築していく。こうすることによって個々の生徒が自分に必要な資源とそれへのアクセスを確保していくことができるとともにその情報も明確にしておくことができるようになるのである。もちろんただちに必要となる地域社会資源ばかりでなく，将来において必要となることが予想される内容も含めてよい。

ただし，こうしたリストを作成しながらの進路指導が，単なる地域社会資源の「紹介」や「関係づけ」にとどまってしまってはならない。繰り返しふれたように，進路指導の本質は「生き方についての指導」であり，利用しようとする地域社会資源を生徒の日常生活と結びつけて意識させることが不可欠である。

それゆえに，学校において「友人関係を深めよう」「自分の町を知ろう」「住みやすい生活をつくろう」「生活をゆたかにしよう」といった単元を設定した指導が重要となる。生徒の日常生活に結びついた体験的学習機会を用意して生活意識を高めさせ，そこに「働くこと」や「生活の充実」などを位置づけることで，社会への主体的かかわりへの意識が養われていくのである。

b　関連領域間の連携

地域社会資源のリスト化を進める過程では必ず関連領域との連携が必要となる。一般に「連携」といった場合，乳幼児を対象にした療育でみられるような専門家が集まって行われるカンファレンス形式のものが想起されやすかった。しかし，専門家主導で展開される乳幼児期の療育と異なり，本人や保護者の希望や選択をより中心にすえることが求められる青年期以降にあっては，専門家カンファレンス型で連携を模索しようとすると，「個々の生徒のニーズや希望

が多様→かかわる機関・専門家がまったく異なる→同じ会議で複数検討できない→会議の設定が困難」という図式に陥りやすい。その結果，専門家集団の物理的制約が優先されてしまい，会議の設定が流動的となり成立しにくいうえ，肝心の本人や保護者の意思が反映されにくい事態さえ生じる可能性がある。

そこで青年期の生徒を対象にした場合の関連領域の連携を考える際に地域社会資源リストを活用し，各専門機関への相談の際にそのリストを提示することで，「どの機関にかかわっているのか」が一目で了解できるようにする方策がある。これならば簡単な連絡調整程度であれば担当者同士が電話連絡で済ませることも可能であるし，より慎重な調整が必要な場合には当該の複数の担当者だけが会議を開くこともできよう。ここでは担当者が明確にされているということが重要である。本来ならば諸サービス利用のコーディネートを行う専門家が必要であるが，コーディネーターを利用できない状況はまだしばらく続くと考えられるので，当面は各家庭がその役割を担わなければならないのが実情である。したがって，高等部在籍中にこれを念頭において，その手段を家庭が獲得できるように援助する必要がある。当初は教師がその役割を担うが，それを卒業までの間に徐々に各家庭に移譲していくのである。こうした形の連携はアクセス・ネットワーク型の連携と呼ぶことができよう。

また，学校外資源のネットワーク化に加えて学校内資源のネットワーク化も必要である。これにはたとえば，進路指導の情報を校内のすべての教師に周知してもらうことや進路指導に各学部の教師が何らかの形で関与する体制を構築することなどが含まれてくる。

C 卒業後の指導

特殊教育諸学校高等部を卒業した生徒を対象とした「青年学級」を設置している学校もある。その多くは同窓会が支えており，料理教室や小旅行といった活動が行われている。こうした機会は学校のアフターケアとしての重要な役割をもっている。しかし，指導者は大半がその学校の教師であり，それも兼担である。専任スタッフの配置や学校外からの指導者の確保等が組織の運営とともに検討課題となっている。青年学級を対象にした研究が少ないため，優れた実践例の紹介などが積極的になされるよう期待したい。今日では障害者の生涯学

表 14-3　卒業後の社会生活のた

ユニット	サブユニット	地域社会資源の内容	地域社会資源の担当部局（担当者）	連絡先（電話番号）
生活教育	交通機関利用	バス タクシー	○×交通 □□タクシー	＊＊＊＊-＊＊-＊＊＊＊ ＊＊＊＊-＊＊-＊＊＊＊
	買い物	スーパー	△スーパー○○店	＊＊＊＊-＊＊-＊＊＊＊
	金銭管理	銀行	○○銀行△支店	＊＊＊＊-＊＊-＊＊＊＊
	余暇活動	料理教室 旅行クラブ 茶道教室	○□料理教室 △□旅行クラブ 茶道教室□△	＊＊＊＊-＊＊-＊＊＊＊ ＊＊＊＊-＊＊-＊＊＊＊ ＊＊＊＊-＊＊-＊＊＊＊
	青年学級 友人関係	本校青年学級 友人	青年学級担当 （家庭）	
職業教育	職業適性評価 及び 就職後フォロー	障害者職業センター	○○障害者職業センター（カウンセラー△□さん）	＊＊＊＊-＊＊-＊＊＊＊
	職業関心	卒業生の就職先 保護者の勤務先	卒業生○△さん 保護者	＊＊＊＊-＊＊-＊＊＊＊ ＊＊＊＊-＊＊-＊＊＊＊
	現場実習	□○製造	事業部（主任□△さん）	＊＊＊＊-＊＊-＊＊＊＊
	職業能力開発	○○県立障害者職業能力開発校 ○能力開発センター	○○職業安定所	＊＊＊＊-＊＊-＊＊＊＊ ＊＊＊＊-＊＊-＊＊＊＊
医療サービス	内科 整形外科 脳神経科	○□病院	主治医 主治医 主治医	＊＊＊＊-＊＊-＊＊＊＊ ＊＊＊＊-＊＊-＊＊＊＊ ＊＊＊＊-＊＊-＊＊＊＊
福祉サービス	福祉機器・自助具の給付，貸与	○○府日常生活用具給付等事業	△○市生涯福祉課	＊＊＊＊-＊＊-＊＊＊＊
	年金 施設サービス ホームヘルプ・サービス レスパイト・サービス	授産施設（通所） 家庭奉仕員派遣事業 「○○の家」	△○市年金課 △○福祉事務所 △○市障害福祉課 主任○△さん	＊＊＊＊-＊＊-＊＊＊＊ ＊＊＊＊-＊＊-＊＊＊＊ ＊＊＊＊-＊＊-＊＊＊＊ ＊＊＊＊-＊＊-＊＊＊＊
総合相談その他	心理学的相談 保護者組織	×○大学 肢体不自由児者父母の会△○支部	凸凹先生 事務局	＊＊＊＊-＊＊-＊＊＊＊ ＊＊＊＊-＊＊-＊＊＊＊

（このような感じで各ユニットについて各個人別に表の項目を作成する）

めの社会資源活用リストの試案

地域資源の側で利用にあたって配慮してもらいたい内容	地域資源への主なコネクト担当者	学校での学習活動	担当教員	備考
行き先案内等の提示の工夫	保護者	職業教育の中で通勤手段として学習（当初は校内模擬場面で学習）	担任	
無線呼び出し時の対応の配慮	保護者			
利用者が持参したメモにある内容の購入への簡単な手助け	保護者	「自分の町を知ろう」の中で学習	担任	
窓口担当者及びフロア担当者による必要援助	保護者			
駅からの送迎バスがほしい	本人	「自分の町を知ろう」「住みやすい生活をつくろう」「生活をゆたかにしよう」の中で学習	担任	
	本人			
注意持続が困難なので落ち着いた態度を根気よく指導してほしい	本人			
	本人	（卒後指導）	担任及び青年学級担当	
	本人・保護者	（友人関係）	担任	
職業適性評価の際に，本人の学習意欲を高めるような助言をしてほしい。また，就職後フォローでは職場で直面している問題について特に留意してほしい（人権侵害などに苦しんでいないかなど）	進路指導担当及び担任	「自分の進路を考えてみよう」の中で学習（卒後指導としても対応）	進路指導担当及び担任	
仕事をより身近に実感できるように，各自の生活と結びつきを意識できるようにしてほしい	担任	「自分の進路を考えてみよう」の中で学習（「自分の町を知ろう」でも必要に応じて取り上げる）	担任	
生活の中で「働く」活動がどのような役割を果たしているのか，仕事と生活とのつながりを意識させてほしい	進路指導担当	現場実習	担任	
紹介に際して本人の希望をかなえるために必要な事柄について十分に説明をしてほしい			進路指導担当	
自分の健康を維持することへの関心を日常的に高めるように助言してほしい	本人	「自分の町を知ろう」の中で学習	担任	現在通院中
	本人			
	保護者			
新しい情報の提供の仕方について工夫してほしい	保護者	「住みやすい生活をつくろう」の中で学習		
	保護者			
	保護者			
	保護者			
	保護者			
学校の父母会とのつながりがほしい	保護者			
	保護者			
	保護者			

計画責任者　凹○凸○　　　　保護者　○△○□

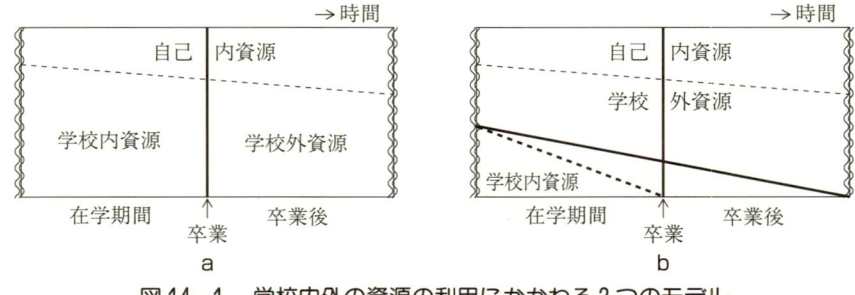

図14-1 学校内外の資源の利用にかかわる2つのモデル

習への認識が拡大しつつあるが，具体的な教育機会はなお質的量的に不十分な状態である。青年学級は生涯学習の場のひとつとしての可能性をもっており，その充実が必要であるが，同時に地域社会にあるさまざまな生涯学習の機会への参加の可能性を拡げていくことも不可欠であろう。

d 学校内資源と学校外資源の割合

多くの場合，生徒は卒業と同時に学校とのかかわりがほとんどなくなり，新しい環境の中におかれる。つまり生徒が利用する資源の出所が学校内資源から学校外資源（地域社会資源）に短期間に変化してしまうのである。そこでの大きな環境の変化のために，リズムがつかめず新しい環境になかなかなじめずにいる青年は少なくない。そこで生徒が日常接触する環境（資源）を徐々に学校から（自己内資源を高めることも含めて）その外へと移行させていくことが必要であると考えられる。図14-1でいえばできるだけaではなくbの形になるようにするのが望ましいということである。

5 「自立させる」指導から「自立したいと思う気持ちを育てる」指導へ

本章でみてきたように，卒業期・卒業後の指導では，生涯学習の観点からのいっそうの教育機会の拡充が必要である。学校から次の場への移行がうまくできず，地域の社会資源にもアクセスする機会をみつけられずにいる青年たちが

ひとりでも少なくなるように，これまでの卒業後の教育機会の場にとらわれず柔軟な発想とその具現化が求められている。青年学級を正規の高等部専攻科として発展させることなどが考えられようが，さらに学校以外の教育機会の利用を在学中も含めて積極的に模索することが必要であろう。

また，小学部から高等部までが設置されている学校の場合には，その生徒の学校や家庭での生活に関する情報を最長で12年間も蓄積しており，「生き方の教育」としての進路指導において，地域社会資源との結びつきも含めてその情報の活用ができるという利点がある。個別の指導計画の作成の充実とあわせて是非これも生かしたい。

最後に，青年期の教育においては「自立させる」ことをあせるあまり学校教育からその後の生活への移行が表面的な場の移動になってしまうことのないよう，指導と本人の生活との結びつきをつねに意識しながら，生活の中で「自立したいと思う気持ち」が育つような教育を目指したい。また，福岡寿[1]がいうように，「施設入所」と「在宅生活」の間にある多様性にこそ目を向け，生活のあり方の本質を深く考えることも指導者として必要なことであろう。

■引用・参考文献
1) 福岡　寿　施設と地域のあいだで考えた　ぶどう社
2) 細村迪夫　社会的自立・参加のための課題（学校教育Ⅱ）　溝上　脩（編）障害者のライフコース　川島書店　1996
3) 文部省　特殊教育の改善・充実に関する調査研究協力者会議　特殊教育の改善・充実について　1997
4) 文部科学省　学校基本調査報告書（初等中等教育機関専修学校・各種学校編）平成12年度　財務省印刷局　2001
5) 総務庁行政監察局（編）　障害者雇用対策の現状と課題　大蔵省印刷局　1996
6) 渡部昭男　障害児の就学・進学ガイドブック　青木書店　1995

15章　障害児（者）関連の職種と養成

　障害児（者）教育・福祉従事者の職種は，学校教育法，教育職員免許法，児童福祉法など各種の関係法規により資格・養成制度が異なっている。そこで本章では，障害児教育関係の教員と障害児（者）施設職員の職種および養成について述べることにする。

1　障害児教育従事者の資格

　障害児の教育は，障害の種類や程度あるいは個々の教育的ニーズに応じて，盲学校・聾学校・養護学校等の特殊教育諸学校，小学校・中学校の特殊学級，通級による指導および通常学級で留意した指導など多様な形態によって行われている。とくに特殊教育諸学校の教員には，通常学校の教員にくらべて，障害児のもつ特別なニーズに対応できる高度の専門性が要求される。このため，特殊教育諸学校の教員になるには，当該の部（幼稚部，小学部，中学部，高等部）に相当する，いわゆる基礎免許状（幼稚園，小学校，中学校，高等学校教員免許状）と，盲・聾・養護学校の特殊教育教員免許状が必要とされる。しかし，基礎免許状さえ取得していれば特殊教育諸学校の教員となることができる特例が設けられていることから，特殊教育教員免許状の保有率は必ずしも高くない。このような実情を踏まえ，早急にすべての教員に特殊教育免許状を取得させる積極的な取り組みが要請され，将来的に保有を義務づけることも検討する必要がある。
　また，特殊学級や通級による指導担当の教員についても当該の障害児教育の専門性が不可欠であり，特殊教育教員免許状の保有，研修機会の充実が要請される。
　さらに，通級による指導を受ける障害児の増加傾向，学習障害等への対応の必要性，交流教育や統合教育の推進を考慮すると，通常学級の教員にも，障害児の特性や指導上の配慮への理解と認識を深めることが求められる。教職科目

表15-1 特殊教育に関する専門教育科目および最低修得単位数

特殊教育に関する専門教育科目			免許状の種類	盲・聾・養護学校教諭		
				専修免許状	一種免許状	二種免許状
最低修得単位数	第一欄	心身に障害のある幼児,児童又は生徒についての教育の本質及び目標に関する科目			4	2
		心身に障害のある幼児,児童又は生徒についての教育に係る社会的,制度的又は経営的な事項に関する科目				
	第二欄	心身に障害のある幼児,児童又は生徒の心理,生理又は病理に関する科目			6	4
	第三欄	心身に障害のある幼児,児童又は生徒の教育課程及び指導法に関する科目			6	4
	第四欄	心身に障害のある幼児,児童又は生徒についての教育実習			3	3
	大学の加える授業科目等				4	
	専修免許状取得のための授業科目			24		
	計			24	23	13

(注) 1　表に定める特殊教育に関する専門教育科目は,免許状の種類に応じ,それぞれ盲学校の教育,聾学校の教育又は養護学校の教育を中心とするものについて修得するものとする。
　　　2　盲学校教諭一種免許状,聾学校教諭一種免許状又は養護学校教諭一種免許状の授与資格を得ようとする場合は,表に定める特殊教育に関する専門教育科目のほかに,大学が加える特殊教育に関する専門教育科目を履修し,それぞれ合わせて23単位以上を修得することを必要とする。

への障害児教育に関する内容の導入や介護等体験の適正な実施が望まれる。
　特殊教育教員免許状には,一種免許状,二種免許状および専修免許状が定められている。それぞれの免許状を取得する基礎資格として,一種免許状については学士の称号を有し,当該の基礎免許状を所有すること,二種免許状については基礎免許状を有すること,および専修免許状については修士の学位を有し基礎免許状および当該の特殊教育諸学校の一種免許状を所有することが必要である。また,盲・聾または養護学校教諭の普通免許状を取得するために必要とされる最低修得単位数は,表15-1に示す特殊教育に関する専門教育科目免許

法施行規則第7条から第一欄から第四欄にあたる所定の単位数を一種免許状の場合には合計23単位を，二種免許状の場合には13単位をそれぞれ修得することになっている。また，専修免許状を取得するには，一種免許状所有のうえに，指定された科目から24単位を修得しなければならない。

2　障害児教育教員の養成

　障害児教育教員の養成は，以下のような養成機関および免許状取得法により実施されている。

a　国立の教員養成大学・学部
　教員養成機関として中核的な存在であり，障害種別ごとに盲学校・聾学校・養護学校教員養成課程が設置され，なかでも養護学校教員養成課程はすべての国立の教員養成大学・学部に設置された。しかし，最近は教員養成大学・学部の課程の再編・統合が進み，障害児教育教員養成課程あるいは障害児教育コースを組織変更する大学がふえている。
　また，これら養成課程以外の課程に在籍する学生でも，特殊教育教員免許状取得に必要な単位を修得すれば，該当する免許状が取得できる。

b　課程認定大学
　特殊教育諸学校の教員養成は，このほかに，一般のいわゆる課程認定大学においても行われる。認定制度発足当初は数大学にとどまっていたが，現在では養護学校教員養成の課程が教育・福祉系の私立大学を中心に拡大している。

c　特殊教育特別専攻科・臨時教員養成課程
　養護学校教員養成課程に併設して，一般の教員養成課程の卒業者および現職教員を対象として修業年限1年の養成課程として，特殊教育特別専攻科と臨時教員養成課程が設置されている。前者は，学生として入学させ履修基準を満たせば課程修了を認定するのに対して，後者は聴講生の課程としている。入学資格は，両者とも基礎免許状を有する（取得見込を含む）必要はあるが，前者で

は大学卒業資格を有することが必要である。課程修了によって，一種免許状を取得できるが，特別専攻科には専修免許状を取得できるコースが設置されている。

d 特殊教科担任教員の養成

普通免許状のほかに，盲学校または聾学校の高等部において特殊の教科（たとえば盲学校では理療および音楽，聾学校では特殊技芸）を担当する教員の免許状がある。同免許状を所有していれば，いわゆる基礎免許状を所持しなくても当該学校の高等部の教員になることができる。理療を担当する教員養成のために，筑波大学理療科教員養成施設があるが，その入学資格は，高等学校卒業資格を有し，あん摩マッサージ指圧師，はり師，きゅう師の免許状を有することとなっている。年限は2年で，修了すると盲学校特殊教科教諭免許状を取得できる。

e 特殊教育（自立活動）教員資格認定試験

自立活動を担当する教員を確保するために，1973（昭和48）年の免許法の改正により教員資格認定試験制度が設けられた。視覚障害教育，聴覚障害教育，肢体不自由教育，言語障害教育を担当する自立活動の教員資格認定試験が実施されており，合格者は当該教育の自立活動教諭免許状を取得できる。障害児福祉従事者の医療系の理学療法士，作業療法士，言語聴覚士等に教員資格を認定するものである。

f 免許法認定講習

特殊教育諸学校の教員等で基礎免許状のみを有する者に，当該学校の免許状を取得させることを目的として，文部科学省は教育委員会と大学の共催で免許法認定講習を実施している。認定講習を開設することができる者は，講習の課程に相当する課程を設置する大学，もしくは免許法に定める授与権者である都道府県教育委員会である。

講習における単位は，授業時数の5分の4以上出席し，開設者の行う試験，論文，報告書その他による成績審査に合格した者に授与される。多くは夏期休

業や土・日曜日に開催されている。

g 教育職員検定

　教育職員検定とは，学校の教員として良好な成績で勤務した一定の教職経験年数を有し，大学等で所定の単位を修得した者で，所持免許状より上級の免許状を求める者あるいは他教科の免許状の授与を求める者に対して，授与権者（都道府県教育委員会）がその資格の有無を検査し，充足している者に資格を認定することである。検定は，人物，学力等について行われる。

3　障害児（者）福祉従事者の職種および養成

　障害児（者）福祉従事者に関連する職種および職務内容は，児童福祉施設を例にあげると，①施設長，事務職員などによる施設経営・管理的業務，②児童指導員，保育士などによる生活指導・介護・教育，③医師，看護婦，看護士（2002年4月より看護師と改名予定となっている），セラピスト，栄養士などによる専門的処遇，と多種多様であり，福祉領域はさまざまな専門職によるチームワークが不可欠であることが理解される。

　ここでは，そのうち，保育士・ホームヘルパー・寮母（寮父）等のケアスタッフ，児童指導員・生活指導員・作業指導員等の相談援助職員，理学療法士・作業療法士・言語療法士などの医療系職員，さらに制度化され注目されている社会福祉士・精神保健福祉士・介護福祉士の国家資格を取り上げる。

a　ケアスタッフの養成

　1）**保育士**　　保育士は，児童福祉施設において子どもの保育に従事する職員で，保育所をはじめ，障害児福祉施設，たとえば知的障害児施設，肢体不自由児施設，重症心身障害児施設などにおかれ，起床から就寝まで生活全般にわたる介護・援助・指導を担当している。

　保育士になるためには，①厚生労働大臣の指定する保育士を養成する学校その他の施設を卒業するか，②保育士試験に合格しなければならない。なお，1977（昭和52）年より，男子であっても，上の条件を満たす者であれば，保育

士資格を有することができるようになった。また，1999（平成11）年4月より「保母」「保父」から名称が変更され「保育士」と呼ばれている。

養成機関への入学資格は，学校教育法による高等学校を卒業した者もしくは通常の課程による12年の学校教育を終了した者または文部科学大臣においてこれと同等以上の資格を有すると認定した者で，修業年限は昼間部については2年以上，夜間部および昼間定時制については3年以上である。

1992（平成4）年以降，児童をめぐる環境の変化，児童福祉施策の進展および保育指針の改訂の趣旨を踏まえ，保育士養成教育課程の改訂が行われ，教科目・履修方法の変更が実施されている。科目は基礎科目，専門的科目，選択必修科目に区分され，系列が従来の福祉，保育・教育，心理，保健，保育内容，基礎技能の6系列から表15-2に示すように5系列に再編成されている。基礎科目12単位以上，専門的科目（必修）28単位，選択必修科目は5系列すべてにわたり8科目，20単位以上で，保育士資格取得に必要な総単位数は68単位である。

表15-2 専門的科目

系列	教科目	授業形態	単位数
保育の本質・目的の理解に関する科目	社会福祉Ⅰ	講義	2
	社会福祉Ⅱ	演習	2
	児童福祉	講義	2
	保育原理	講義	4
	養護原理Ⅰ	講義	2
	教育原理	講義	2
保育の対象の理解に関する科目	発達心理学	講義	2
	教育心理学	講義	2
	小児保健	講義・演習	5
	小児栄養	講義・演習	3
	精神保健	講義	2
保育の内容・方法の理解に関する科目	保育内容	演習	6
	乳児保育	講義	2
基礎技能	基礎技能	演習	6
保育実習	保育実習	実習	5

なお，保育士になるためには，このほか，各都道府県で実施する保育士試験に合格すれば，その資格を取得できる。保育士試験の受験資格は，①学校教育法による大学に2年以上在学して62単位以上修得した者または高等専門学校を卒業した者その他その者に準ずる者として厚生労働大臣の定める者，②学校教育法による高等学校を卒業した者もしくは通常の課程による12年の学校教育を終了した者または文部科学大臣においてこれと同等以上の資格を有すると認定した者であって，児童福祉施設において，2年以上児童の保護に従事した者，③児童福祉施設において，5年以上児童の保護に従事した者，④厚生労働大臣

の定める基準に従い，都道府県知事において適当な資格を有すると認定された者，のいずれかに該当する必要がある。

保育士の試験内容は，平成14年度より社会福祉，児童福祉，発達心理学，精神保健，小児保健，小児栄養，保育原理，教育原理，養護原理，保育実習となる予定である。なお，平成13年度までの保育試験科目は社会福祉，児童福祉，児童心理学および精神保健，保健衛生学および生理学，看護学および実習，栄養学および実習，保育原理および教育原理，保育実習であった。

2）**ホームヘルパー**　ホームヘルパーは，在宅障害者に対する介護・家事援助を担当している。

ホームヘルパーになるためには，厚生労働省の指定するホームヘルパー養成研修を受講しなければならない。ホームヘルパーの課程には，1級，2級，3級の3課程と1級終了後，さらに資質を維持・向上させるために，継続養成研修がある。なお，3級課程を経ずに2級課程を受講することは可能であるものの，1級は，2級課程修了者を対象とし，修了後1年以上，ホームヘルパーの活動実績があることが望ましい。また，2級課程は，ホームヘルプサービスの基本の習得が目的で，ホームヘルパーとして働くために最低限必要とされている。

各課程の研修時間は，1級が230時間，2級が130時間，3級が50時間である。課程は表15-3に示すように講義，実技講習，実習で編成され，級によって教科目受講時間は異なる。

表15-3　研修科目

教科目	授業形態
福祉サービスの基本視点 社会福祉の制度とサービス ホームヘルプサービスに関する知識 サービス利用者の理解 介護に関する知識と方法 家事援助に関する知識と方法 相談援助とケア計画の方法 関連領域の基礎知識	講義
共感的理解と基本的態度の形成 基本介護技術 ケア計画の作成と記録，報告の技術 レクリエーション体験学習	実技講習
施設実習 在宅サービス提供現場見学 ホームヘルプサービス同行訪問	実習

3）**寮母・寮父**　寮母・寮父は，身体障害者更生援護施設において主に介護の業務に従事する職員で，たとえば肢体不自由者更生施設，重度身体障害者更生援護施設，身体障害者授産

施設などにおかれ，起床から就寝まで生活全般にわたる介護・援助・指導を担当している。

現在，特別な資格がなくても従事することができるが，実務経験と専門知識が要求されている。また，ケアワーカーとしてのキャリアアップを図るには介護福祉士の資格取得が期待される。

b 児童指導員・生活指導員等の相談援助職員の養成

児童指導員は，児童養護施設や障害児福祉施設に入所する児童の生活全般を支援し，自立生活を援助することを職務とし，身体障害者や知的障害者の更生・授産施設などの成人施設で相談援助の業務を担当する場合は生活指導員と呼ばれている。

児童指導員になるには，児童指導員任用資格として①厚生労働大臣の指定する児童福祉施設の職員を養成する学校またはその他の養成施設を卒業した者，②大学の学部で，心理学，教育学または社会学を修めて卒業した者，③小学校，中学校または高等学校の教諭の資格を有し，厚生労働大臣または都道府県知事が適当と認定した者，④高等学校を卒業，2年以上児童福祉事業に従事した者，⑤3年以上児童福祉事業に従事し，厚生労働大臣または都道府県知事が適当と認定した者が該当する。

生活指導員になるためには，相談援助の専門教育を受け，社会福祉主事の任用資格を有することが一般的で，実際の資格要件はゆるやかである。

このほか，知的障害者の福祉施設や精神障害者社会復帰施設には日常の生活援助や作業指導を担当する作業指導員，身体障害者の福祉施設には職業自立を目指した技術指導を行う職業指導員が配置されているが，従事するための要件としては児童指導員や生活指導員に準じている。

c 医学系職員

1) **理学療法士** 理学療法士（physical therapist：PT）は，身体に障害のある者に対して，主としてその基本的動作能力の回復を図るため，治療体操，その他の運動を行わせ，および電気刺激，マッサージ，温熱その他の物理的手段を加えることを行う職業である。

理学療法士受験の資格要件には，①学校教育法による高等学校を卒業後，理学療法士養成学校か養成施設で3年以上理学療法の知識と技術を修得した者，②作業療法士資格保持者で，文部科学大臣指定の学校か厚生労働大臣指定の養成学校で2年以上理学療法の知識と技術を取得した者，③日本以外の国で理学療法に関する学校を卒業したか，免許を取得した者で，厚生労働大臣が適当と認定した者と3つのルートがある。

　国家試験は年1回実施され，解剖学，生理学，運動学，病理学概論，臨床心理学，リハビリテーション医学，臨床医学大要，理学療法の一般問題と実地問題から構成される筆記試験が行われる。また，筆記試験合格者には口述・実技試験が行われる。

2）作業療法士　作業療法士（occupational therapist：OT）は，身体または精神に障害のある者に対して，主としてその応用的動作能力または社会的適応能力の快復を図るため，手芸，工作その他の作業を行わせることを，それぞれ医師の指示のもとに行う職員である。

　作業療法士受験の資格要件には，①学校教育法による高等学校を卒業後，作業療法士養成学校か養成施設で3年以上作業療法の知識と技術を修得した者，②理学療法士資格保持者で，文部科学大臣指定の学校か厚生労働大臣指定の養成学校で2年以上作業療法の知識と技術を取得した者，③日本以外の国で理学療法に関する学校を卒業したか，免許を取得した者で，厚生労働大臣が適当と認定した者と3つのルートがある。

　国家試験は年1回実施され，解剖学，生理学，運動学，病理学概論，臨床心理学，リハビリテーション医学，臨床医学大要，作業療法の一般問題と実地問題から構成される筆記試験が行われる。筆記試験合格者には口述・実技試験が行われる。

3）言語聴覚士　言語聴覚士（speech therapist：ST）は，言語や聴覚に障害のある者に対して，主としてその言語的能力の機能回復や維持あるいは向上のための訓練を行うことを業とする者をいい，1997（平成9）年言語聴覚士法制定による国家資格となった。

　言語聴覚士受験の資格要件には，①学校教育法による高等学校を卒業後，言語療法士養成学校または養成施設において，3年以上言語聴覚療法の知識や技

術を修得した者，②海外で言語聴覚療法の学校を卒業したか，免許を取得した者で，厚生労働大臣が適当と認定した者，③病院や診療所などで言語聴覚関係の業務経験が5年以上ある者など，図15-1のように8のルートが規定されている。

国家試験は年1回実施され，試験科目は，基礎医学，臨床医学，臨床歯科医学，音声・言語・聴覚医学，心理学，音声・言語学，社会福祉・教育，言語聴覚障害学総論，失語・高次脳機能障害学，言語発達障害学，発生発語・嚥下障害学，聴覚障害学である。

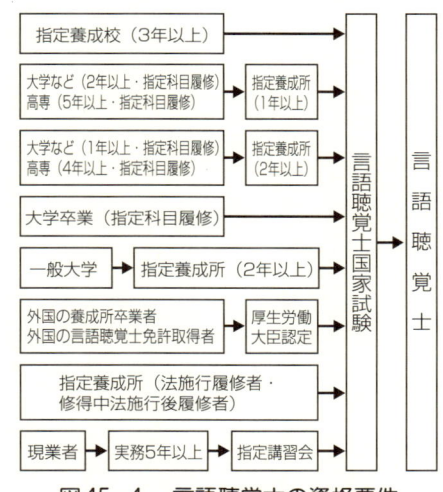

図15-1　言語聴覚士の資格要件

d　福祉系職員

1)　社会福祉士　社会福祉士（social worker：SW）は，児童および高齢者，障害者福祉施設において，専門的知識および技術をもって，身体上もしくは精神上の障害，または環境上の理由により日常生活を営むのに支障がある者の福祉に関する相談に応じ，助言，指導その他の援助を行うことを業とする者をいい，1987（昭和62）年社会福祉士法制定により国家資格となった。なお，業務独占ではなく資格取得者以外はその名称を名乗ることのできない名称独占の資格である。

社会福祉士受験の資格要件には，①4年制大学で指定科目を修めて卒業した者，②2年生（または3年生）短期大学等で指定科目を修めて卒業し，指定施設において2年以上（または1年以上）相談援助の業務に従事した者，③社会福祉士一般養成施設において1年以上必要な知識と技能を取得した者，④児童福祉司，身体障害者福祉司，福祉事務所の査察指導員，知的障害者福祉司および老人福祉指導主事であった期間が5年以上ある者など，図15-2のように11のルートが規定されている。

```
福祉系大学等（4年）
   （注1）
福祉系短大等（3年）― 相談援助実務1年
   （注1）
福祉系短大等（2年）― 相談援助実務2年
   （注1）
・児童福祉司
・身体障害者福祉司
・査察指導員
・知的障害者福祉司
・老人福祉指導主事
  （5年）
福祉系大学等（4年）―┐
   （注2）            │
福祉系短大等（3年）―相談援助実務1年―社会福祉士短期養成施設等（6月）
   （注2）
福祉系短大等（2年）―相談援助実務2年―┘
   （注2）
一般大学等（4年）―┐
一般系短大等（3年）―相談援助実務1年―社会福祉士一般養成施設等（1年）
一般系短大等（2年）―相談援助実務2年―┘
相談援助実務4年
```

→ 社会福祉士国家試験 → 社会福祉士資格（登録）

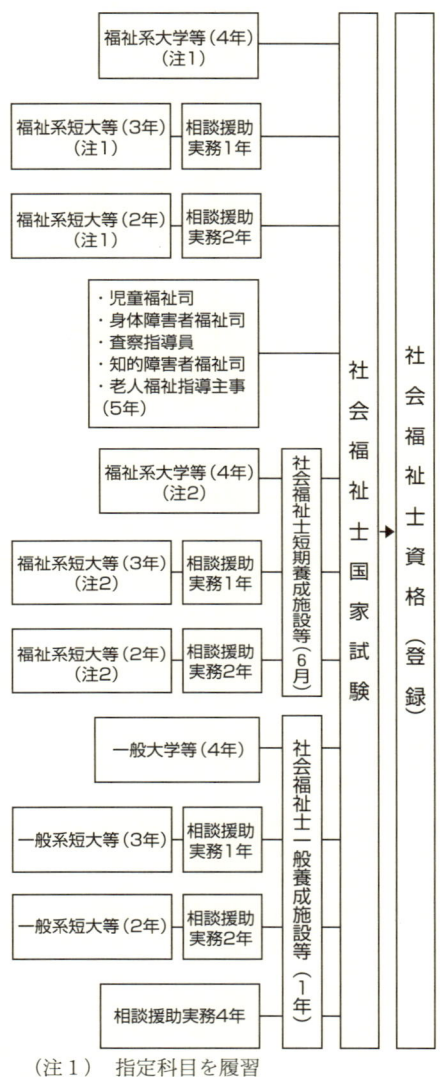

（注1）　指定科目を履習
（注2）　基礎科目を履習

図15-2　社会福祉士の資格要件

国家試験は年1回実施され，試験科目は，共通科目として社会保障論，公的扶助論，社会福祉原論，地域福祉論，法学，社会学，医学一般，心理学，専門科目として老人福祉論，障害者福祉論，児童福祉論，社会福祉援助技術論，介護概論である。

2）**精神保健福祉士**　精神保健福祉士（psychiatric social worker：PSW）は，精神障害者の保健および福祉に関する専門的知識および技術をもって，精神病院その他の医療施設において精神障害の医療を受け，または精神障害者の社会復帰の促進を図ることを目的とする施設を利用している者の社会復帰に関する相談に応じ，助言，指導，日常生活への適応のために必要な訓練そのほかの援助を行うことを業とする者をいう。1997（平成9）年精神保健福祉士法制定により国家資格となった。社会福祉士と同様に，業務独占ではなく名称独占の資格である。

精神保健福祉士受験の資格要件には，①4年制大学で指定科目を修めて卒業した者，②2年生（または3年生）短期大学等で指定科目を修めて卒業し，指定施設において2年以上（または1年以上）相談援助の業務に従事した者，③精神保健福祉士

短期養成所において6カ月以上必要な知識と技能を修得した者，④精神保健福祉士一般養成施設等において1年以上必要な知識と技能を取得した者，⑤5年以上の実務経験者で，厚生労働大臣が指定した講習会の課程を修了した者など，図15-3のように12のルートが規定されている。

国家試験は年1回実施され，試験科目のうち共通科目は社会福祉士と同様で，専門科目として精神医学，精神保健学，精神科リハビリテーション学，精神保健福祉論，精神福祉援助技術である。

3）介護福祉士 介護福祉士は，心身の障害のため日常生活を営むのに支障がある者につき入浴，排泄，食事その他の介護を行い，当事者とその介護者に対して介護の指導を行うことを業とする者をいう。

介護福祉士の資格要件は，図15-4のようになっており，養成施設を卒業した者は無試験で資格を取得できる。国家試験は年1回行われ，試験は筆記試験と実技試験にわかれ，筆記試験は，社会福祉概論，老人福祉論，障害者福祉論，リハビリテーション論，社会

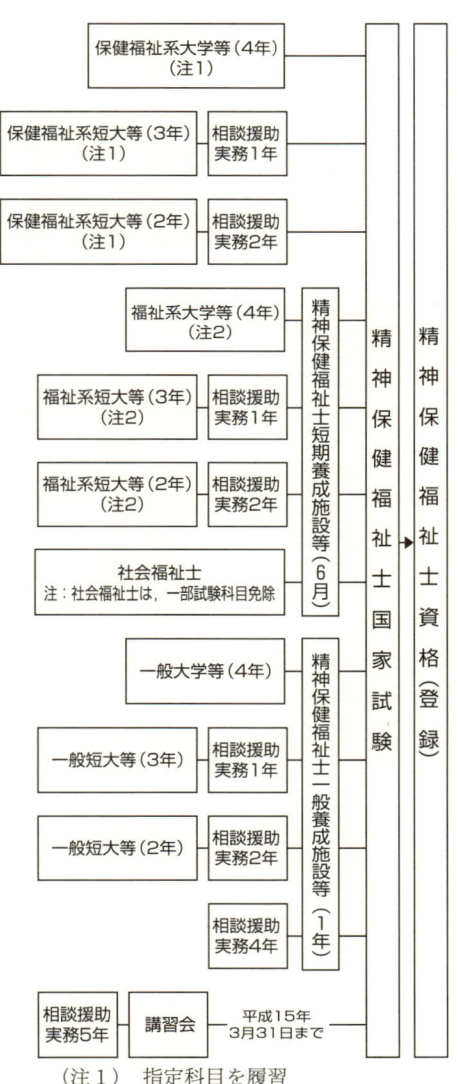

```
保健福祉系大学等（4年）
（注1）
                                           ┐
保健福祉系短大等（3年）─ 相談援助         │
（注1）                    実務1年         │
                                           │
保健福祉系短大等（2年）─ 相談援助         │
（注1）                    実務2年         │
                                           ├─ 精神保健福祉士国家試験 → 精神保健福祉士資格（登録）
福祉系大学等（4年）        ┐              │
（注2）                    │              │
                           │              │
福祉系短大等（3年）─ 相談援助 │           │
（注2）              実務1年 ├─ 精神保健福祉士短期養成施設等（6月）
                           │              │
福祉系短大等（2年）─ 相談援助 │           │
（注2）              実務2年 │            │
                           │              │
社会福祉士                 ┘              │
注：社会福祉士は，一部試験科目免除        │
                                           │
一般大学等（4年）          ┐              │
                           │              │
一般短大等（3年）─ 相談援助 │            │
                  実務1年  ├─ 精神保健福祉士一般養成施設等（1年）
一般短大等（2年）─ 相談援助 │            │
                  実務2年  │             │
                           │             │
相談援助                   │             │
実務4年                    ┘             │
                                          │
相談援助─ 講習会 ─ 平成15年              │
実務5年              3月31日まで          ┘
```

（注1）指定科目を履習
（注2）基礎科目を履習

図15-3 精神保健福祉士の資格要件

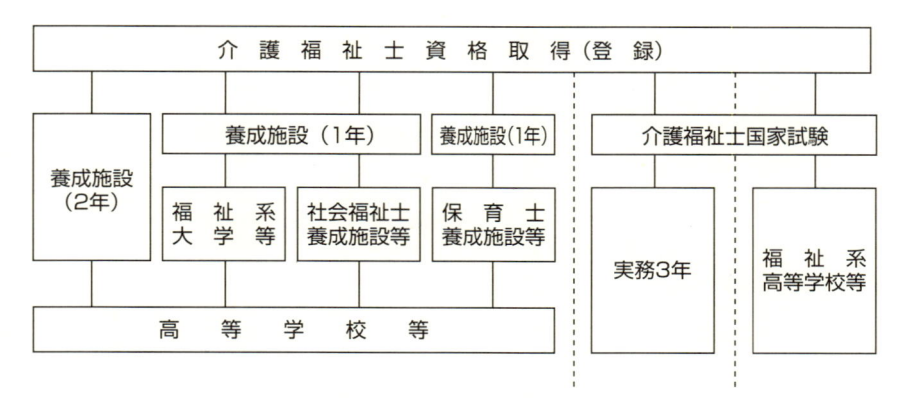

図15-4　介護福祉士の資格要件

福祉援助技術，レクリエーション指導法，老人・障害者の心理，家政学概論，栄養・調理，医学一般，精神衛生，介護概論，介護技術，障害形態別介護技術の科目である。

■引用・参考文献
1) 文部省初等中等教育局特別支援教育課　特殊教育資料平成12年度　2001
2) 21世紀の特殊教育の在り方に関する調査研究協力者会議　21世紀の特殊教育の在り方について――一人一人のニーズに応じた特別な支援の在り方について（最終報告）　2001
3) 障害者福祉研究会（監修）　障害保健福祉六法　中央法規　2001
4) 特殊教育研究会（編）　新・特殊教育概論　八千代出版　1992

16章　障害児（者）をとりまく環境

　ノーマライゼーションの浸透により，地域での生活を望み，地域で生活する障害児（者）がふえてきた。これにともない，地域での生活を支援する施策が拡充されてきた。彼らが地域で生活をするためには，障害児（者）本人のみならず，障害児（者）の家族を視野に入れた支援が大切となる。また，1993（平成5）年に策定された「障害者対策に関する新長期計画」と，これの具体化を図るために1995（平成7）年に策定された「障害者プラン」では，障害を障害者個人の問題としてとらえるのではなく，社会との関係のうえで生じるものとして，障害を社会の側の問題としてとらえるという視点が示された。社会の一員であるひとりひとりが，障害児（者）に対する心のバリアを取り除くことを含めて，社会的な環境条件の変革が謳われている。

　ここでは，まず障害児（者）の身近な環境である家族が抱える問題について述べ，次いで，障害児（者），家族を支援する福祉サービスについて，乳幼児期，成人期にわけて述べることにする。

1　障害児（者）と家族

a　障害児（者）の家族の危機

　家族とは社会を構成する基本単位である。そして，これに所属する人々の生存ないし安息の根拠地であるとともに，人間形成の基盤が培われる場ないし生活空間でもある。また家族の中で子どもの社会化が行われるのである[4]。

　家族の危機は，離婚や死別，都市化による地域社会との断絶などさまざまな原因により生じるが，障害児の出現も，家族の危機を生じさせる原因となりうる。しかし，障害児の出現によってすべての家族が危機となるわけではない。溝上脩[4]は，役割期待と役割遂行から成り立っているひとつの社会体系である家族が，何らかの出来事により役割期待がはずれ，役割遂行ができなくなり，家族の均衡が破れた時に，家族の危機が生じるとしている。しかし，家族のも

つ対処能力が強ければ，危機を克服していくことができるとしている。そして，障害児の家族の危機を生じさせる要因として，次のことをあげている。

(1) 家族生活機能の喪失の問題
　①生活リズムのくずれ，②経済生活の圧迫，③世話の負担加重，④養育上の困難さ
(2) 家族内の人間関係の問題
　①両親の悩み，②夫婦関係の不和，③親子関係の歪み，④きょうだい関係，⑤祖父母関係
(3) 家族外の圧力の問題
　①隣人関係，②親せき関係，③地域社会の中での孤立，④非行問題，⑤援助・サービス機関の不足
(4) 家族の構造上の問題
　①離婚，②共稼ぎ，③家族員の病気
(5) 家族周期における問題
　家族周期（乳幼児期，学齢期，成人期）の阻止から生ずる問題

　家族は，障害児（者）のもっとも身近で，大切な環境である。したがって，障害児（者）への援助を考える際には，本人だけではなく，家族を視野に入れて援助を考えることが必要とされる。家族の危機の原因をさぐり，いかなる援助が必要とされているかを考え，そして，必要なサービスを提供することが課題となろう。

b　障害児の両親のストレス

　通常子どもを主に養育するのは両親であるが，障害児を養育している両親には，日常生活の中でどのような心理・社会的なストレスがあるのだろうか。障害児を育てる両親のストレスについて研究した，植村勝彦・新美明夫[10]は次のように母親のストレスについて述べている。
　植村・新美は障害児を育てる中で，母親が感じるストレスを測定するために，25の下位尺度からなるストレス尺度を構成し，因子分析によりストレス因子を抽出している。幼児期の障害児をもつ母親を対象とした研究では，次の

5つを抽出している。それは，①家族以外の人間関係から生ずるストレス，②障害児の問題行動そのものから生ずるストレス，③障害児の発達の現状および将来に対する不安から生ずるストレス，④障害児をとりまく夫婦関係から生じるストレス，⑤日常生活における自己実現の阻害から生ずるストレスである。

また，学齢期の障害児をもつ母親を対象とした研究では，ストレス因子として次の7つを抽出している。それは，①問題行動と日常生活にかかわるストレス，②将来不安にかかわるストレス，③人間関係にかかわるストレス，④学校教育にかかわるストレス，⑤夫婦関係にかかわるストレス，⑥社会資源にかかわるストレス，⑦療育方針にかかわるストレスである。

この両者の結果を比較して，子どもの年齢によりストレスの内容が質的に変化することを指摘している。また，健常幼児の母親と比較した結果，幼児期は学齢期よりも全体として母親のストレスが高いうえに障害幼児の母親は，健常幼児の母親よりも高いストレスを示したことを報告している。とくに「普通児との比較」「将来への不安」「この子の育て方」が，ストレスの中核であったとしている。

さて，母親のストレスの背景となっている要因には，どのようなものがあるだろうか。学齢期の障害児の母親のストレスの背景として，次の4つの要因について検討している。それは障害の種類，程度といった障害児の属性要因，両親の年齢，学歴，家族構成などの家族の属性要因，母親の態度要因，配偶者の態度要因である。前者2つは客観的な要因で，後者2つは主観的な要因である。

この結果では，ストレスの因子により各要因の影響の大小が異なった現れ方をしていること，また各要因が相互に作用しあっていることを示している。また，主観的要因の検討の必要性を指摘している。

子どもを養育するうえでのストレスは，誰もが同じように感じるのではないが，これらの結果は，障害児を養育する両親はストレスが多いことを示しており，両親に対する援助の必要性が示唆される。両親に対する援助は，家族の状況や両親のタイプなどを考慮しながら，考える必要があろう。

C きょうだいの問題

障害児（者）とそのきょうだいに関する研究では，さまざまな方法やスケー

ルが用いられており，結論もさまざまである。障害児の同胞であるきょうだいに有意に行為障害や問題があるとする研究，反対にそのような差異はないとする研究の両方があり，また，性差によって，あるいは兄姉か弟妹かによって差があるとするものなど，統一的な結論はでていない（北沢1992，西村ら1996）[2)6)7)]。障害児（者）のきょうだいが必ずしも何らかの問題を抱えるわけではないが，しかし，障害児（者）のきょうだいについても配慮の必要性があることがうかがわれる。

「全国障害者とともに歩む兄弟姉妹の会東京支部」が編集した『きょうだいは親にはなれない…けれど』[11)]には，障害者のきょうだいが，家族や自分が生きていくうえで，何を考え，何に悩み，生きているのかといったことについての，きょうだい本人からの文章が載せられている。親なき後の介護を引き受ける際の問題，自立し家庭から出る際に生じた，自分と障害をもつきょうだいとの間の齟齬など，きょうだいたちは育つ過程の中で両親との間に，自分のアイデンティティを確立する過程で，またたとえば周囲の偏見や介護上必要としている援助が得られないなど社会との関係の中で，さまざまな悩みや葛藤があったことがうかがえる。もちろん悩みは個々異なり，すべてのきょうだいに悩みや葛藤があるわけではないであろう。また，成長するうえでの何らかの葛藤は，われわれの誰もが経験することであり，必ずしも否定的な意味あいをもつのではない。しかし，われわれは障害児（者）への療育や援助を考える際に，きょうだいへの理解や援助も必要であることが示唆される。

d 家族に対する支援サービス

これまでに述べたように，障害児（者）をかかえる家族は，さまざまなストレスをかかえ，家族の危機に遭遇する可能性が高い。一方で，近年，地域の学校や，地域の通所型福祉施設，在宅福祉など地域福祉が志向されており，障害児（者）の生活する場所として家族の位置が相対的に重要性をましてきている。家庭は重要な社会資源ではあるが，しかし，障害者の介護を両親，さらにきょうだいへと，家庭のみに押しつけてよいのかという疑問が生じる。こうした状況の中で，家族に対する支援サービス（family support services：FSS）の充実の必要性が，改めて指摘されてきている。

家族に対する支援サービスの考え方として,家族を「主体」に考えることの必要性が指摘されている。北沢清司[2]はこれまでの知的障害者の家族研究の特質として,家族はつねに知的障害者の背景の存在として研究が進んできたとしている。また,安藤忠[1]も,家族支援が障害をもつ子どもの障害克服に付随した,副次的な性格をもっていたとしている。つまり,障害児(者)を理解するため,また障害児(者)の療育を支える家族という視点が比較的強かったのである。しかし,家族を「主体」に考え,家族があたりまえに健康に過ごすために,家族のもつ特別なニーズに応えることが必要なのである。

家族支援サービス(FSS)について,安藤[1]は次のように言及している。「FSSとは,『障害をもつ子どもをかかえる家族の,生活の全体性の視点に立ち,その特殊なニーズを考慮しつつ,家族の主体性のもとに,全家族員の自己実現を目指し,

1. 生活の価値意識の涵養
2. 制度,政策の構築
3. 援助方法の確立

をとおして,

① 社会生活における家族機能の回復
② 家族の問題解決能力の獲得及び向上
③ 家族の地域生活の保障及び地域づくり

を図り

(a) 問題発生の予防
(b) 家族のかかえる問題の解決,負担の軽減を目的とする』社会サービスである。」

誰もが健康で,豊かな生活を送るためには,家族のライフステージごとに,個々の家族のニーズに応じたサービスが必要である。近年家族に対するサービスは以前にくらべ充実しつつあるが(その一部を3節で述べる),FSSの充実は今後の課題といえよう。

2 乳幼児期の早期発見と早期療育

　就学前の障害児に対して早期から療育することの必要性が指摘され，早期療育のための機関が質・量ともに整備されつつある。早期から障害児に対する療育を開始するためには，できるだけ早期に障害を発見することが必要となる。早期発見は母子保健法にもとづき行われており，医療機関委託の乳児健診，1歳6カ月児健診，3歳児健診がある。

　早期発見に続く早期療育の場には，通園形態の施設あるいは市町村の行う通園事業がある。通園形態の施設には，肢体不自由児通園施設，難聴幼児通園施設，知的障害児通園施設がある。また心身障害児通園事業による療育形態がある。これらの早期療育の場は，質・量ともに着実に充実，発展してきた。今後は地域の環境や家族の多様化に応じた医療，療育，福祉サービスを供給できる，トータルシステムとしての発達支援センターの役割が目指されている。

　また障害の早期発見・早期療育体制のいっそうの充実を期するために，1979（昭和54）年に心身障害児総合通園センターが設置された。心身障害児総合通園センターの目的は，障害の相談，指導，診断，検査，判定等を行うとともに，その障害に応じた療育訓練を行うことであり，全国に12カ所ある。

　さらに，近年統合保育が盛んになり，幼稚園，保育所で保育を受ける障害児がふえてきた。平成8年度厚生省家庭調査局の調査では，4,843カ所の保育所で，7,270人が統合保育を受けており，これは公営保育所の22％，民営保育所の21％にあたる[5]。

　近年は早期発見とこれに続く早期療育を有機的に関連させる，システムの整備が課題とされてきた。これは発見から療育への移行をスムーズに行えるように，具体的な療育指導を行う通園施設などとそれに関係する保健所や保育所なども含めて連携を目指す，地域療育システムの構築として検討されてきている。

　乳幼児期は，障害の告知がなされる時期であり，両親に対するカウンセリング，情報提供，相談が必要とされる。とくに，障害児に対しては，医学，教育，福祉など多方面からの援助が必要とされる。子どもが生活するうえでの地域や家族に対する援助を視野に入れた，総合的な支援が望まれる。

3　障害児（者）の施設ケアサービスと生活支援

　障害児（者）の施設は，児童福祉法にもとづき設置された児童福祉施設と，身体障害者福祉法並びに知的障害者福祉法にもとづく成人福祉施設との2つに大別することができる。施設には入所型と通所型の2つのタイプがある。また，ノーマライゼーションの浸透にともない，生まれ育った地域で生活したいと願う障害児（者）がふえてきた。これにともない，地域で生活する障害児（者）とその家族を支援するための施策が実施されつつある。ここでは施設ケアと生活支援について述べる。さらに，障害児（者）をとりまく社会の環境について述べる。

a　施設ケア

1）児童福祉施設の現状　児童福祉施設とは，児童福祉法により設置された施設である。このうち入所型の施設は，知的障害児施設，自閉症児施設，肢体不自由児施設，肢体不自由児療護施設，盲児施設，ろうあ児施設，重症心身障害児施設である。これらの施設は，障害児を入所させ保護するとともに，それぞれ独立生活に必要な知識技能を与えたり，必要な治療，訓練を行う，あるいは日常生活の指導を行うことを目的とする施設である。

　このうち，もっとも施設数が多い知的障害児施設について述べる。知的障害児施設の施設数，定員，在籍者を表16-1に示した。施設数，定員数が年々減少してきており，1997（平成9）年には284施設，在籍者は13,520人である。この背景には，1979（昭和54）年に養護学校教育の義務制が実施され，児童福祉施設で教育を受けていた児童が養護学校に就学するようになったことに加えて，ノーマライゼーションの浸透により，地域社会で生活する障害児がふえてきたことなどの社会的状況の変化がある。

　現在，施設では，18歳を越えて在籍する年齢超過児童の滞留化が問題となっている。表16-2に示すように，83.5％が18歳以上であり，この比率は年々上昇している。また，年齢超過児童の多くは，重度障害，重複障害，きわめて強い行動障害などをもっており，そのために高い援助技術をもって対応すること

表16-1 知的障害児施設の施設数,定員,在籍者(平成9年10月1日現在)[5]

年	施設数	定員	在籍者(在籍率)
1985	321	22,096	18,622 (84.3%)
1990	307	19,694	16,754 (85.1%)
1995	295	17,776	14,597 (82.1%)
1997	284	16,689	13,520 (81.0%)

表16-2 知的障害児施設の年齢別在籍者数(平成9年10月1日現在)[5]

年齢	在籍者数	割合
5歳以下	227	2.9
6歳〜14歳	698	9.2
15歳〜17歳	325	4.3
18歳以上	6,345	83.5

が必要とされるといった課題がある。また地域で生活したいという在宅児に対する支援など,地域の支援センターとしての新たな役割を担う施設もある。

2) **成人施設の現状** 心身障害者施設には,身体障害者福祉法による身体障害者更生援護施設と,知的障害者福祉法による知的障害者援護施設がある。前者には肢体不自由者,視覚障害者,聴覚・言語障害者,内部障害者などの施設がある。ここでは後者の現状について述べる。

知的障害者福祉法第5条による知的障害者援護施設には,知的障害者更生施設,知的障害者授産施設,知的障害者通勤寮および知的障害者福祉ホームの4種の施設があるが,それらの中のはじめの2つについて述べる。知的障害者更生施設は「18歳以上の知的障害者を入所(通所)させて,これを保護するとともに,その更生に必要な指導及び訓練を行う施設」である。知的障害者授産施設は「18歳以上の知的障害者であって,雇用されることが困難なものを入所(通所)させて,自活に必要な訓練を行うとともに,職業を与えて自活させる施設」である。いずれも入所型と通所型の2つのタイプがある。

入所型の施設は,住み,働く場であるが,そこには利用者の重度化,多様化,高齢化といった問題がある。その背景には地域福祉への志向から,通所型の施設や作業所などを利用する人が増加したことがあげられる。その結果として入所型の施設の利用者の重度化,障害の多様化が生じた。また,近年の保健衛生,医学の進歩により高齢者がふえており,表16-3に示すように50歳以上の利用者は,知的障害者更生施設で17,401人,知的障害者授産施設で2,213人で,総在所者数に占める割合はそれぞれ22.1%,16.6%となっている。高齢化の進行にともない,高齢者棟・施設などの設置が試みられているが,高齢者の増加に

表16-3 知的障害者更生施設・授産施設の年齢別在所者数（平成9年10月1日現在）[5]

年齢	入所				通所			
	更生施設		授産施設		更生施設		授産施設	
10代	2,526	3.2%	768	5.8%	1,209	11.7%	2,035	7.8%
20代	20,970	26.7%	3,910	29.4%	6,537	63.1%	14,410	55.0%
30代	19,065	24.2%	3,119	4.0%	1,914	2.4%	5,959	7.6%
40代	18,669	23.7%	3,311	24.9%	511	4.9%	2,684	10.2%
50代	11,350	14.4%	1,682	12.6%	164	1.6%	887	3.4%
60代	6,051	7.7%	531	4.0%	31	0.3%	240	0.9%
総数	78,631		13,321		10,366		26,215	

くらべて少ないといえる。入所者に応じた援助内容の充実が求められよう。

通所型の施設はいわば働く場である。地域福祉への志向を背景に，通所型施設の利用者は年々増加し，重度の障害をもっていても家庭に住まい，働く場として地域の通所施設へ通うことも可能となってきた。その結果として，以前にくらべ通所施設の利用者に重度や高齢の者がふえる傾向にある。従来は社会自立を前提とした通過型施設であったが，重度の利用者の増加にともない施設への滞留化がみられるようになった。施設在所年数をみると，10年以上の利用者が，通所型の施設で17.5％，入所型の施設で48.4％いる（表16-4）。その結果として，入所型の施設にくらべればその年齢構成は若いものの，通所型の施設でも高齢化問題は避けられなくなってきている。

通所施設では保護者が利用者を援助していることが多いため，通所施設の利用者の高齢化の問題はその保護者の高齢化の問題でもある。地域で生活することが志向される今日，家庭から通う働く場としての通所型施設へのニーズは高まると思われる。今後は利用者に応じた援助の充実と，家族へのサービスなど，通所施設を含めた地域支援体制の確立が望まれよう。

b 生活支援

生まれ育った地域で生涯にわたり生活したいと考える障害児（者）がふえているが，障害児（者）が地域で生活するためには，どのような援助が必要であ

表16-4 在籍年数別在所者の構成比[5]

	0.5年未満	0.5～1年未満	1～2年未満	2～3年未満	3～5年未満	5～10年未満	10～15年未満	15～20年未満	20年以上	不明	合計
入所更生	1.9	3.7	5.6	5.2	10.0	21.8	16.6	15.6	19.0	0.6	100
入所授産	2.0	4.4	6.9	7.0	11.7	22.2	16.8	14.8	13.9	0.3	100
通所更生	3.4	9.9	12.5	13.3	20.9	24.9	9.3	2.8	1.1	1.9	100
通所授産	2.3	7.8	11.1	10.8	17.1	28.0	14.5	5.3	2.0	1.1	100

ろうか。たとえば，ある知的障害者が地域で生活する場合を考えてみよう。まず昼間通所する場所が必要とされる。また，通常介護しているのは家族であるが，家族の負担を軽減するためにヘルパーなどの制度があればよいし，何らかの事情により介護できない時，また家族のリフレッシュのために一時的に預かってくれる制度が欲しい。さらに，障害者本人が自立して暮らすためには，援助を受けながら暮らせるアパートがあればよいし，生き生きと生活するために，レクリエーションやスポーツを楽しめる場所が欲しい……など，さまざまなことが考えられよう。

　こうした願いを具現化するために，さまざまな施策が行われつつある。1995（平成7）年に策定された「障害者プラン」の筆頭には「地域で共に生活するために」が掲げられており，住まいや働く場の確保，介護サービスの充実，移動・コミュニケーション支援の促進などがあげられている。地域福祉が志向されている今日，地域生活支援のための施策に対するニーズはさらに高まり，さらなる充実が求められるであろう。ここではこれらの施策のうち，グループホームとショートステイの2つについて述べる。いずれも地域福祉に必要な制度としてニーズが高く，今後量的充実，援助の質的充実が期待されている。

　1）グループホーム（世話人つき共同生活住居）　　グループホームは，知的障害をもつ人たちへの自立的な地域生活を推し進めるために，1989（平成元年）年に知的障害者地域生活援助事業として制度化された。グループホームは

知的障害をもった数名の入居者が，世話人と呼ばれるスタッフの援助を受けながら暮らす，いわば世話人つきアパートともいえる。グループホームができたことで，従来は家庭しかなかった地域での生活の場が広がったといえる。

グループホームは表16-5に示すように，設置数が飛躍的に伸びており，1998（平成10）年には1,342ある。グループホームは地域生活支援の基本的な施策であると考えられるが，量的に不足しており，今後量的な充実が望まれる。また，世話人の援助のあり方，バックアップ施設の問題などグループホームの支援のあり方が論じられ，質の高い支援のあり方が模索されつつある。

表16-5 グループホーム事業の実施状況[5]

年度	事業数	伸び率
1994	639	1
1996	940	1.47
1998	1,342	2.10

（注）伸び率は1994年を1として計算してある。

2）ショートステイ（短期入所生活介護）　ショートステイとは，その名のとおり心身障害児（者）に対する短期間の入所サービスである。家庭での介護が一時的に困難となった心身障害児（者）を，入所型施設や病院等に入所させ，保護する事業であり，知的障害者福祉法の「知的障害者短期入所事業」と児童福祉法の「児童短期入所事業」を行うために，1990（平成2）年より開始された。

保護の理由としては，家族の疾病・出産・冠婚葬祭などの社会的理由によるものに加えて，休養（レスピット）等の私的理由にも適用されるようになり，利用件数がふえている。レスピットとは障害児（者）をもつ親・家族を，一時的に，一定の期間，障害児（者）の介護から解放することによって，日頃の心身の疲れを回復し，ほっと一息つけるようにする援助である[1]。家族の健康を保ち，家族機能の維持を図ることで，結果的に障害をもつ人の在宅生活の質を向上させることになろう。

c　バリアフリー（barrier free）

ノーマライゼーションの理念に沿い，障害のある人が地域社会の中で普通の生活をしようとする時，これを困難にするさまざまな障壁が存在する。バリアフリーとは，こうした障壁（バリア）を除去するという意味であり，近年広く

認識されるようになってきた。

こうしたバリアフリーの背景には,障害者の社会参加の際の障害を「障害者側の問題」としてとらえるという視点から,「社会の側の問題」としてとらえる視点への転換がある。今まで,われわれは障害と闘う個人の努力を賞賛してきたように思われる。しかし,障害者が社会参加をしようとした時にそれを妨げる社会の中のバリアこそが障害である。そのためには,障害者個人にむけられたリハビリテーションの施設だけでは十分ではなく,社会的な環境条件を障害者を含めたすべての人に利用できるものに変革すべきとしている[8]。

障害者をとりまくバリアにはどのようなものがあるであろうか。1993(平成5)年3月に策定した「障害者対策に関する新長期計画」では,障害のある人をとりまく障壁(バリア)として4つを掲げている。この4つのバリアとは,

(1) 物理的なバリア:歩道,施設の入り口等の段差,車いす使用者の通行を妨げる放置自転車や電柱等の障害物,鉄道,地下鉄等の駅の狭い改札口やホームまでの階段など

(2) 制度的なバリア:障害があることを理由に資格・免許等の付与を制限するなど

(3) 文化・情報面のバリア:音声案内,点字,手話通訳,字幕放送,わかりやすい表示の欠如など

(4) 意識上のバリア(心の壁):心ないことばや視線,人間としての尊厳を傷つけるような扱い,障害者を庇護されるべき存在としてとらえる等

である。

これらのバリアを取り除き,障害のある人が自由に社会活動に参加できるような社会,つまりバリアフリー社会の実現が目指されているのである。なかでも意識上の障壁はもっとも大きな問題である。障害者が社会参加をしようとした時,迷惑な存在として扱われたり,心ないことばや視線に遭ったりしたなら,社会に積極的に出ていくことをためらうのは当然のことであろう。心の壁を取り除くことは社会でともに生きるわれわれひとりひとりの課題である。

また,近年これをさらに進めた考えとして,ユニバーサルデザインという考え方がある。バリアフリーという理念は先にも述べたように障害のある人に対する施策の中から生まれてきたが,現在は障害のある人だけでなく,すべての

人が安全かつ快適に生活できる社会の構築のための基本理念に発展した[9]。

　バリアフリーの理念による取り組みは成果をあげてきた。しかし，歩道の改良のようにすでにあるものを改良していくことも多く，これらはさまざまな条件の制約を受けやすく，コストも高くなりがちである。そこで，設計段階からバリアのないものを構想し，障害のある人や高齢者等の特別な人々を対象としたものではなく，すべての人々が共通して利用できるようなものや環境をつくることを目指して「ユニバーサルデザイン」という考え方が提唱された。障害のある人を含めて誰もが使えるものや環境がつくられれば，障害のある人々は特別扱いを受けるのではなく，自然に社会にとけ込んでいくことができる。現在ユニバーサルデザインへのさまざまな取り組みが行われている。

■引用・参考文献
1) 安藤　忠　障害を持つ子どもをかかえた家族への福祉的支援の課題　右田紀久恵（編）　地域福祉総合化への途　ミネルヴァ書房　1995
2) 北沢清司　〈展望〉発達障害児・者の家族へのサポート　発達障害研究，**14**(2)，1992，1-10
3) 松田　惺　家族関係と子どもの発達　松田　惺（編）　家族関係と子ども（新・児童心理学講座12巻）　金子書房　1991
4) 溝上　脩　障害児（者）をとりまく環境　石部元雄（編著）　現代心身障害学入門（改訂版）　福村出版　1993
5) 日本精神薄弱者福祉連盟（編）　発達障害白書2000　日本文化科学社，1999，p.95，p.283，pp.284-285，p.294
6) 西村辨作・原　幸一　障害児のきょうだい達(1)　発達障害研究，**18**(1)，1996，56-67
7) 西村辨作・原　幸一　障害児のきょうだい達(2)　発達障害研究，**18**(2)，1996，150-157
8) 総理府　平成7年版障害者問題白書　大蔵省印刷局　1995
9) 総理府　平成12年版障害者問題白書　大蔵省印刷局　2000
10) 植村勝彦・新美明夫　心身障害児をもつ家族　松田　惺（編）　家族関係と子ども（新・児童心理学講座12巻）　金子書房　1991
11) 全国障害者とともに歩む兄弟姉妹の会東京支部編　きょうだいは親にはなれない…けれど　ぶどう社　1996

付録　障害者教育・福祉関係法規（抄）

1) 日本国憲法（抄）（昭21.11.3　公布／昭22.5.3　施行）

第13条　すべて国民は，個人として尊重される。生命，自由及び幸福追求に対する国民の権利については，公共の福祉に反しない限り，立法その他の国政の上で，最大の尊重を必要とする。

第25条　すべて国民は，健康で文化的な最低限度の生活を営む権利を有する。

2　国は，すべての生活部面について，社会福祉，社会保障及び公衆衛生の向上及び増進に努めなければならない。

第26条　すべて国民は，法律の定めるところにより，その能力に応じて，ひとしく教育を受ける権利を有する。

3　すべて国民は，法律の定めるところにより，その保護する子女に普通教育を受けさせる義務を負ふ。義務教育は，これを無償とする。

第27条　すべて国民は，勤労の権利を有し，義務を負ふ。

2　賃金，就業時間，休息その他の勤労条件に関する基準は，法律でこれを定める。

3　児童は，これを酷使してはならない。

2) 教育基本法（抄）（昭22.3.31　法25）

第1条（教育の目的）　教育は，人格の完成をめざし，平和的な国家及び社会の形成者として，真理と正義を愛し，個人の価値をたっとび，勤労と責任を重んじ，自主的精神に充ちた心身ともに健康な国民の育成を期して行われなければならない。

第3条（教育の機会均等）　すべて国民は，ひとしく，その能力に応ずる教育を受ける機会を与えられなければならないものであって，人種，信条，性別，社会的身分，経済的地位又は門地によって，教育上差別されない。

2　国及び地方公共団体は，能力があるにもかかわらず，経済的理由によって修学困難な者に対して，奨学の方法を講じなければならない。

第4条（義務教育）　国民は，その保護する子女に，9年の普通教育を受けさせる義務を負う。

2　国又は地方公共団体の設置する学校における義務教育については，授業料は，これを徴収しない。

3) 学校教育法（抄）（昭22.3.31　法26）

（学校の範囲）

第1条　この法律で，学校とは，小学校，中学校，高等学校，中等教育学校，大学，高等専門学校，盲学校，聾学校，養護学校及び幼稚園とする。

（小学校の目的）
第17条　小学校は，心身の発達に応じて，初等普通教育を施すことを目的とする。
（小学校教育の目標）
第18条　小学校における教育については，前条の目的を実現するために，次の各号に掲げる目標の達成に努めなければならない。
　一　学校内外の社会生活の経験に基き，人間相互の関係について，正しい理解と協同，自主及び自律の精神を養うこと。
　二　郷土及び国家の現状と伝統について，正しい理解に導き，進んで国際協調の精神を養うこと。
　三　日常生活に必要な衣，食，住，産業等について，基礎的な理解と技能を養うこと。
　四　日常生活に必要な国語を，正しく理解し，使用する能力を養うこと。
　五　日常生活に必要な数量的な関係を，正しく理解し，処理する能力を養うこと。
　六　日常生活における自然現象を科学的に観察し，処理する能力を養うこと。
　七　健康，安全で幸福な生活のために必要な習慣を養い，心身の調和的発達を図ること。
　八　生活を明るく豊かにする音楽，美術，文芸等について，基礎的な理解と技能を養うこと。
（就学義務）
第22条　保護者（子女に対し親権を行う者，親権を行う者のないときは，未成年後見人をいう。以下同じ。）は，子女の満6歳に達した日の翌日以後における最初の学年の初めから，満12歳に達した日の属する学年の終わりまで，これを小学校又は盲学校，聾学校若しくは養護学校の小学部に就学させる義務を負う。ただし，子女が，満12歳に達した日の属する学年の終わりまでに小学校又は盲学校，聾学校若しくは養護学校の小学部の課程を修了しないときは，満15歳に達した日の属する学年の終わり（それまでの間において当該課程を修了したときは，その修了した日の属する学年の終わり）までとする。
2　前項の義務履行の督促その他義務に関し必要な事項は，政令でこれを定める。
（病弱等に因る就学義務の猶予・免除）
第23条　前条の規定によって，保護者が就学させなければならない子女（以下学齢児童と称する。）で，病弱，発育不完全その他やむを得ない事由のため，就学困難と認められる者の保護者に対しては，市町村の教育委員会は，文部科学大臣の定める規程により，前条第1項に規定する義務を猶予又は免除することができる。
（中学校の目的）
第35条　中学校は，小学校における教育の基礎の上に，心身の発達に応じて，中等普通教育を施すことを目的とする。
（中学校教育の目標）
第36条　中学校における教育については，前条の目的を実現するために，次の各号に掲げる目標の達成に努めなければならない。
　一　小学校における教育の目標をなお充分に達成して，国家及び社会の形成者として必要な資質を養うこと。

二　社会に必要な職業についての基礎的な知識と技能，勤労を重んずる態度及び個性に応じて将来の進路を選択する能力を養うこと。
三　学校内外における社会的活動を促進し，その感情を正しく導き，公正な判断力を養うこと。

（就学させる義務）

第39条　保護者は，子女が小学校又は盲学校，聾学校若しくは養護学校の小学部の課程を修了した日の翌日以後における最初の学年の初めから，満15歳に達した日の属する学年の終わりまで，これを，中学校，中等教育学校の前期課程又は盲学校，聾学校若しくは養護学校の中学部に就学させる義務を負う。

2　前項の規定によって保護者が就学させなければならない子女は，これを学齢生徒と称する。

3　第22条第2項及び第23条の規定は，第1項の規定による義務に，これを準用する。

第6章　特殊教育

（盲・聾・養護学校の目的）

第71条　盲学校，聾学校又は養護学校は，それぞれ盲者（強度の弱視者を含む。以下同じ。），聾者（強度の難聴者を含む。以下同じ。）又は知的障害者，肢体不自由者若しくは病弱者（身体虚弱者を含む。以下同じ。）に対して，幼稚園，小学校，中学校又は高等学校に準ずる教育を施し，あわせてその欠陥を補うために，必要な知識技能を授けることを目的とする。

（心身の故障の程度）

第71条の2　前条の盲者，聾者又は知的障害者，肢体不自由者若しくは病弱者の心身の故障の程度は，政令で，これを定める。

（小学部・中学部・幼稚部・高等部）

第72条　盲学校，聾学校及び養護学校には，小学部及び中学部を置かなければならない。ただし，特別の必要のある場合においては，その一のみを置くことができる。

2　盲学校，聾学校及び養護学校には，小学部及び中学部のほか，幼稚部又は高等部を置くことができ，また，特別の必要のある場合においては，前項の規定にかかわらず，小学部及び中学部を置かないで幼稚部又は高等部のみを置くことができる。

（教科・学科・保育内容）

第73条　盲学校，聾学校及び養護学校の小学部及び中学部の教科，高等部の学科及び教科又は幼稚部の保育内容は，小学校，中学校，高等学校又は幼稚園に準じて，文部科学大臣が，これを定める。

（盲・聾・養護学校の設置義務）

第74条　都道府県は，その区域内にある学齢児童及び学齢生徒のうち，盲者，聾者又は知的障害者，肢体不自由者若しくは病弱者で，その心身の故障が，第71条の2の政令で定める程度のものを就学させるに必要な盲学校，聾学校又は養護学校を設置しなければならない。

（特殊学級，教員派遣による教育）

第75条　小学校，中学校，高等学校及び中等教育学校には，次の各号のいずれかに該当する

児童及び生徒のために，特殊学級を置くことができる。
　一　知的障害者
　二　肢体不自由者
　三　身体虚弱者
　四　弱視者
　五　難聴者
　六　その他心身に故障のある者で，特殊学級において教育を行うことが適当なもの
2　前項に掲げる学校は，疾病により療養中の児童及び生徒に対して，特殊学級を設け，又は教員を派遣して，教育を行うことができる。
（幼稚園の目的）
第77条　幼稚園は，幼児を保育し，適当な環境を与えて，その心身の発達を助長することを目的とする。
（保育の目標）
第78条　幼稚園は，前条の目的を実現するために，次の各号に掲げる目標の達成に努めなければならない。
　一　健康，安全で幸福な生活のために必要な日常の習慣を養い，身体諸機能の調和的発達を図ること。
　二　園内において，集団生活を経験させ，喜んでこれに参加する態度と協同，自主及び自律の精神の芽生えを養うこと。
　三　身辺の社会生活及び事象に対する正しい理解と態度の芽生えを養うこと。
　四　言語の使い方を正しく導き，童話，絵本等に対する興味を養うこと。
　五　音楽，遊戯，絵画その他の方法により，創作的表現に対する興味を養うこと。

4）　学校教育法施行令（抄）（昭28. 10. 31　政令340）

（学齢簿の作成期日）
第2条　市町村の教育委員会は，毎学年の初めから5月前までに，文部科学省令で定める日現在において，当該市町村に住所を有する者で前学年の初めから終わりまでの間に満6歳に達する者について，あらかじめ，前条第1項の学齢簿を作成しなければならない。この場合においては，同条第2項から第4項までの規定を準用する。
（盲者等についての通知）
第11条　市町村の教育委員会は，第2条に規定する者のうち盲者，聾者，知的障害者，肢体不自由者及び病弱者について，都道府県の教育委員会に対し，翌学年の初めから3月前までに，その氏名及び盲者，聾者，知的障害者，肢体不自由者又は病弱者である旨を通知するとともに，その者の学齢簿の謄本（第1条第3項の規定により磁気ディスクをもって学齢簿を調製している市町村の教育委員会にあっては，その者の学齢簿に記録されている事項を記載した書類）を送付しなければならない。
（盲者等の入学期日等の通知，学校の指定）
第14条　都道府県の教育委員会は，第11条（第12条第2項において準用する場合を含む。）

付　録　223

の通知を受けた児童生徒等，第18条の通知を受けた学齢児童及び学齢生徒並びに盲学校，聾学校又は養護学校の新設，廃止等によりその就学させるべき盲学校，聾学校又は養護学校を変更する必要を生じた児童生徒等について，その保護者に対し，第11条の通知を受けた児童生徒等にあっては翌学年の初めから2月前までに，その他の児童生徒等にあっては速やかに，その入学期日を通知しなければならない。

（心身の故障の程度）

第22条の3　法第71条の2の政令で定める盲者，聾者又は知的障害者，肢体不自由者若しくは病弱者の心身の故障の程度は，次の表に掲げるとおりとする。（表は本文中に掲載）

5)　学校教育法施行規則（抄）（昭22. 5. 23　文部令11）

（小学部の教育課程）

第73条の7　盲学校，聾学校及び養護学校の小学部の教育課程は，国語，社会，算数，理科，生活，音楽，図画工作，家庭及び体育の各教科（養護学校の小学部にあっては，知的障害者を教育する場合は生活，国語，算数，音楽，図画工作及び体育の各教科とする。），道徳，特別活動，自立活動並びに総合的な学習の時間（養護学校の小学部にあっては，知的障害を教育する場合を除く。）によって編成するものとする。

（中学部の教育課程）

第73条の8　盲学校，聾学校及び養護学校の中学部の教育課程は，必修教科，選択教科，道徳，特別活動自立活動及び総合的な学習の時間によって編成するものとする。

2　必修教科は，国語，社会，数学，理科，音楽，美術，保健体育，技術・家庭及び外国語（次項において「国語等」という。）の各教科（養護学校の中学部にあっては，知的障害者を教育する場合は国語，社会，数学，理科，音楽，美術，保健体育及び職業・家庭の各教科とする。）。

3　選択教科は，国語等の各教科（養護学校の中学部にあっては，知的障害者を教育する場合は外国語とする。）及び第73条の10に規定する盲学校，聾学校及び養護学校小学部・中学部学習指導要領で定めるその他特に必要な教科とし，これらのうちから，地域及び学校の実態並びに生徒の特性その他の事情を考慮して設けるものとする。

（高等部の教育課程）

第73条の9　盲学校，聾学校及び養護学校の高等部の教育課程は，別表第3に定める各教科（盲学校及び聾学校の高等部にあっては，別表第4に定める各教科を含む。）に属する科目（養護学校の高等部にあっては，知的障害者を教育する場合は国語，社会，数学，理科，音楽，美術，保健体育，職業，家庭，外国語，情報，家政，農業，工業及び流通・サービスの各教科並びに第73条の10に規定する盲学校，聾学校及び養護学校高等部学習指導要領で定めるこれら以外の教科とする。），特別活動（養護学校の高等部にあっては，知的障害者を教育する場合は，道徳及び特別活動とする。），自立活動及び総合的な学習の時間によって編成するものとする。

（その他教育課程の基準）

第73条の10　盲学校，聾学校及び養護学校の教育課程については，この章に定めるもののほ

か，教育課程の基準として文部科学大臣が別に公示する盲学校，聾学校及び養護学校幼稚部教育要領，盲学校，聾学校及び養護学校小学部・中学部学習指導要領及び盲学校，聾学校及び養護学校高等部学習指導要領によるものとする。

（授業の特例合科授業）

第73条の11　盲学校，聾学校及び養護学校の小学部，中学部又は高等部においては，特に必要がある場合は，第73条の7から第73条の9までに規定する各教科（次項において「各教科」という。）又は別表第3及び別表第4に定める各教科に属する科目の全部又は一部について，合わせて授業を行うことができる。

2　養護学校の小学部，中学部又は高等部においては，知的障害者を教育する場合において特に必要があるときは，各教科，道徳，特別活動及び自立活動の全部又は一部について，合わせて授業を行うことができる。盲学校，聾学校又は養護学校の小学部，中学部又は高等部において，当該学校に就学することとなった心身の故障以外に他の心身の故障を併せ有する児童又は生徒を教育する場合についても，同様とする。

（教育課程の特例）

第73条の12　盲学校，聾学校又は養護学校の小学部，中学部又は高等部において，当該学校に就学することとなった心身の故障以外に他の心身の故障をあわせ有する児童若しくは生徒を教育する場合又は教員を派遣して教育を行う場合において，特に必要があるときは，第73条の7から第73条の10までの規定にかかわらず，特別の教育課程によることができる。

2　前項の規定により特別の教育課程による場合において，文部科学大臣の検定を経た教科用図書又は文部科学省が著作の名義を有する教科用図書を使用することが適当でないときは，当該学校の設置者の定めるところにより，他の適切な教科用図書を使用することができる。

（研究上の特例）

第73条の13　盲学校，聾学校及び養護学校の小学部，中学部又は高等部の教育課程に関し，その改善に資する研究を行なうため特に必要があり，かつ，児童又は生徒の教育上適切な配慮がなされていると文部科学大臣が認める場合においては，文部科学大臣が別に定めるところにより，第73条の7から第73条の10までの規定によらないことができる。

（高等部の全課程修了の認定）

第73条の14　校長は，生徒の盲学校，聾学校又は養護学校の高等部の全課程の修了を認めるに当たっては，盲学校，聾学校及び養護学校高等部学習指導要領に定めるところにより，これを行うものとする。ただし，前条の規定により，盲学校，聾学校又は養護学校の高等部の教育課程に関し第73条の9及び第73条の10の規定によらない場合においては，文部科学大臣が別に定めるところにより，これを行うものとする。

（特殊学級の教育課程編成の特例）

第73条の19　小学校，若しくは中学校又は中等教育学校の前期課程における特殊学級に係る教育課程については，特に必要がある場合は，第24条第1項，第24条の2及び第25条の規定並びに第53条第1項及び第2項，第54条及び第54条の2の規定にかかわらず，特別の教育課程によることができる。②（略）

（特殊学級の使用する教科書の特例）
第73条の20　前条第1項の規定により特別の教育課程による特殊学級においては，文部科学大臣の検定を経た教科用図書を使用することが適当でない場合には，当該特殊学級を置く学校の設置者の定めるところにより，他の適切な教科用図書を使用することができる。
（心身の故障に応じた特別の指導―通級指導）
第73条の21　小学校，若しくは中学校又は中等教育学校の前期課程において，次の各号の1に該当する児童又は生徒（特殊学級の児童及び生徒を除く。）のうち当該心身の故障に応じた特別の指導を行う必要があるものを教育する場合には，文部科学大臣が別に定めるところにより，第24条第1項，第24条の2及び第25条の規定並びに第53条第1項及び第2項，第54条及び第54条の2の規定にかかわらず，特別の教育課程によることができる。
　一　言語障害者
　二　情緒障害者
　三　弱視者
　四　難聴者
　五　その他心身に故障のある者で，本項の規定により特別の教育課程による教育を行うことが適当なもの
（他の小中学校の授業の取扱い）
第73条の22　前条第1項の規定により特別の教育課程による場合においては，校長は，児童又は生徒が，当該小学校，中学校又は中等教育学校の前期課程の設置者の定めるところにより他の小学校，中学校，中等教育学校の前期課程又は盲学校，聾学校若しくは養護学校の小学部若しくは中学部において受けた授業を，当該小学校若しくは中学校又は中等教育学校の前期課程において受けた特別の教育課程に係る授業とみなすことができる。

6) **障害者の権利宣言** (抄) (1975. 12. 9　第30回国連総会決議)
1　「障害者」という言葉は，先天的か否かに拘わらず，身体的もしくは精神的能力における障害の結果として，通常の個人生活と社会生活の両者もしくは一方に必要とされることを，一人ではその全部又は一部，満たすことのできない人を意味する。
3　障害者は，その人間としての尊厳が尊重される権利を生まれながらに有する。障害者は，その障害の原因，性質，程度のいかんを問わず，同年齢の市民と同一の基本的権利を有する。このことは，先ず第一に，できるかぎり，通常かつ十分に相応な生活を享受することを意味する。

7) **社会福祉法** (抄) (昭26. 3. 29　法45)
　　　第1章　総　　則
　（目　的）
第1条　この法律は，社会福祉を目的とする事業の全分野における共通的基本事項を定め，社会福祉を目的とする他の法律と相まつて，福祉サービスの利用者の利益の保護及び地域における社会福祉（以下「地域福祉」という。）の推進を図るとともに，社会福祉事業の

公明かつ適正な実施の確保及び社会福祉を目的とする事業の健全な発達を図り，もって社会福祉の増進に資することを目的とする。
（定　義）
第2条　この法律について「社会福祉事業」とは，第一種社会福祉事業及び第二種社会福祉事業をいう。
2～4　略
（福祉サービスの基本的理念）
第3条　福祉サービスは，個人の尊厳の保持を旨とし，その内容は，福祉サービスの利用者が心身ともに健やかに育成され，又はその有する能力に応じ自立した日常生活を営むことができるように支援するものとして，良質かつ適切なものでなければならない。

8)　障害者基本法（抄）（昭45．5．21　法84）

　　　第1章　総　　則
（目　的）
第1条　この法律は，障害者のための施策に関し，基本的理念を定め，及び国，地方公共団体等の責務を明らかにするとともに，障害者のための施策の基本となる事項を定めること等により，障害者のための施策を総合的かつ計画的に推進し，もって障害者の自立と社会，経済，文化その他あらゆる分野の活動への参加を促進することを目的とする。
（定　義）
第2条　この法律において「障害者」とは，身体障害，知的障害又は精神障害（以下「障害」と総称する。）があるため，長期にわたり日常生活又は社会生活に相当な制限を受ける者をいう。
（基本的理念）
第3条　すべて障害者は，個人の尊厳が重んぜられ，その尊厳にふさわしい処遇を保障される権利を有するものとする。
2　すべて障害者は，社会を構成する一員として社会，経済，文化その他あらゆる分野の活動に参加する機会を与えられるものとする。
（国及び地方公共団体の責務）
第4条　国及び地方公共団体は，障害者の福祉を増進し，及び障害を予防する責務を有する。
（国民の責務）
第5条　国民は，社会連体の理念に基づき，障害者の福祉の増進に協力するよう努めなければならない。
（自立への努力）
第6条　障害者は，その有する能力を活用することにより，進んで社会経済活動に参加するよう努めなければならない。
2　障害者の家庭にあっては，障害者の自立の促進に努めなければならない。
（障害者の日）
第6条の2　国民の間に広く障害者の福祉についての関心と理解を深めるとともに，障害者

が社会，経済，文化その他あらゆる分野の活動に積極的に参加する意欲を高めるため障害者の日を設ける。
2　障害者の日は，12月9日とする。
3　国及び地方公共団体は，障害者の日の趣旨にふさわしい事業を実施するよう努めなければならない。
（施策の基本方針）
第7条　障害者の福祉に関する施策は，障害者の年齢並びに障害の種別及び程度に応じて，かつ，有機的連携の下に総合的に，策定され，及び実施されなければならない。
（障害者基本計画等）
第7条の2　政府は，障害者の福祉に関する施策及び障害の予防に関する施策の総合的かつ計画的な推進を図るため，障害者のための施策に関する基本的な計画（以下「障害者基本計画」という。）を策定しなければならない。

9）　国際障害者年行動計画（要旨）(1979. 12. 17　国連総会決議34／154)

国際障害者年の概念と主な原則
1　国際障害者年の目的は，障害のある人の社会への"完全参加と平等"という目標の実現を促進することである。
　　"参加"とは，社会生活そのものとその発展への貢献のみならず，政策決定段階への障害のある人の参加をも意味する。
　　"平等"とは，他の国民と同じ生活を送ることであり，またその国の社会経済の発展による利益の平等な配分を受けることである。
2　障害のある人の問題の解決は全体的に考えられるべきで，個別の特殊問題として取り扱われてはならない。また，問題解決は，各国の総合的発展と密接にかかわるので，発展途上国の経済的社会的発展を重視する必要がある。
3　国際障害者年の重要な目的のひとつは，障害ということは，「人体の動きの支障」のみを意味するのでなく，感覚機能障害，知的障害，精神病などのように，様々な問題と解決方法を有する様々な障害の人々がいるということについて，一般の人々の理解を促進することである。
4　国際障害者年は，「機能・形態障害（impairment）」と「能力障害・能力低下（disability）」と「（社会的）不利（handicap）」の間には区別があるという認識を促進すべきである。
5　障害は，ある個人とその環境との関係において生ずるものであると考えるのが解決法として建設的で，この考え方が広まっているが，まず「能力低下」を「（社会的）不利」にならしめている社会条件を見つめなければならない。
6　国際障害者年は，障害者のためだけにあるものではない。障害者などを閉め出す社会は弱くもろい社会であり，社会を障害者・老人などにとって利用しやすくすることは，社会全体にとっても利益となるものである。（健全者中心の社会は正常ではない。）
7　障害者のうち多くが戦争等の犠牲者であることに留意し，国際障害者年は，世界平和の

ための諸国民の協力促進に役立て得るものである。

10) 児童福祉法 (抄) (昭22. 12. 12　164)
第1章　総　則
(児童福祉の理念)
第1条　すべて国民は，児童が心身ともに健やかに生まれ，且つ，育成されるよう努めなければならない。
2　すべて児童は，ひとしくその生活を保障され，愛護されなければならない。
(児童育成の責任)
第2条　国及び地方公共団体は，児童の保護者とともに，児童を心身ともに健やかに育成する責任を負う。
(児童福祉原理の尊重)
第3条　前2条に規定するところは，児童の福祉を保障するための原理であり，この原理は，すべて児童に関する法令の施行にあたって，常に尊重されなければならない。
第1節　定　義
(児　童)
第4条　この法律で，児童とは，満18歳に満たない者をいい，児童を左のように分ける。
一　乳児　満1歳に満たない者
二　幼児　満1歳から，小学校就学の始期に達するまでの者
三　少年　小学校就学の始期から，満18歳に達するまでの者
(児童福祉施設)
第7条　この法律で，児童福祉施設とは，助産施設，乳児院，母子生活支援施設，保育所，児童厚生施設，児童養護施設，知的障害児施設，知的障害児通園施設，盲ろうあ児施設，肢体不自由児施設，重症心身障害児施設，情緒障害児短期治療施設，児童自立支援施設及び児童家庭生活支援センターとする。
第3章　事業及び施設
(保育所の目的)
第39条　保育所は，日日保護者の委託を受けて，保育に欠けるその乳児又は幼児を保育することを目的とする施設とする。
2　保育所は，前項の規定にかかわらず，特に必要があるときは，日日保護者の委託を受けて，保育に欠けるその他の児童を保育することができる。
(児童養護施設)
第41条　児童養護施設は，乳児を除いて，保護者のない児童，虐待されている児童その他環境上養護を要する児童を入所させて，これを養護し，あわせてその自立を支援することを目的とする施設とする。
(知的障害児施設)
第42条　知的障害児施設は，知的障害の児童を入所させて，これを保護するとともに，独立自活に必要な知識技能を与えることを目的とする施設とする。

(知的障害児通園施設)
第43条　知的障害児通園施設は，知的障害のある児童を日々保護者の下から通わせて，これを保護するとともに，独立自活に必要な知識技能を与えることを目的とする施設とする。
(盲ろうあ児施設)
第43条の2　盲ろうあ児施設は，盲児（強度の弱視児を含む。）又はろうあ児（強度の難聴児を含む。）を入所させて，これを保護するとともに，独立自活に必要な指導又は援助をすることを目的とする施設とする。
(肢体不自由児施設)
第43条の3　肢体不自由児施設は，上肢，下肢又は体幹の機能の障害（以下「肢体不自由」という。）のある児童を治療するとともに，独立自活に必要な知識技能を与えることを目的とする施設とする。
(重症心身障害児施設)
第43条の4　重症心身障害児施設は，重度の知的障害及び重度の肢体不自由が重複している児童を入所させて，これを保護するとともに，治療及び日常生活の指導をすることを目的とする施設とする。
(情緒障害児短期治療施設)
第43条の5　情緒障害児短期治療施設は，軽度の情緒障害を有する児童を，短期間，入所させ，又は保護者のもとから通わせて，その情緒障害を治すことを目的とする施設とする。
(児童自立支援施設)
第44条　児童自立支援施設は，不良行為をなし，又はなすおそれのある児童及び家庭環境その他の環境上の理由により生活指導を要する児童を入所させ，又は保護者の下から通わせて，個々の児童の状況に応じて必要な指導を行い，その自立を支援することを目的とする施設とする。
(入所児童の教育)
第48条　児童養護施設，知的障害児施設，盲ろうあ児施設，肢体不自由児施設，情緒障害児短期治療施設及び児童自立支援施設の長は，学校教育法に規定する保護者に準じて，その施設に入所中の児童を就学させなければならない。

11) 身体障害者福祉法（抄）（昭24.12.26 法283）

第1章　総　則

(法の目的)
第1条　この法律は，身体障害者の自立と社会経済活動への参加を促進するため，身体障害者を援助し，及び必要に応じて保護し，もって身体障害者の福祉の増進を図ることを目的とする。
(自立への努力及び機会の確保)
第2条　すべて身体障害者は，自ら進んでその障害を克服し，その有する能力を活用することにより，社会経済活動に参加することができるように努めなければならない。
2　すべて身体障害者は，社会を構成する一員として社会，経済，文化その他あらゆる分野

の活動に参加する機会を与えられるものとする。

第1節　定　義

（身体障害者）

第4条　この法律において，「身体障害者」とは，別表に掲げる身体上の障害がある18歳以上の者であって，都道府県知事から身体障害者手帳の交付を受けたものをいう。

（施設等）

第5条　この法律において，「身体障害者更生援護施設」とは，身体障害者更生施設，身体障害者療護施設，身体障害者福祉ホーム，身体障害者授産施設，身体障害者福祉センター，補装具製作施設，盲導犬訓練施設及び視聴覚障害者情報提供施設をいう。

12)　知的障害者福祉法（抄）（昭35．3．31　法37）

第1章　総　則

（この法律の目的）

第1条　この法律は，知的障害者の自立と社会経済活動への参加を促進するため，知的障害者を援助するとともに必要な保護を行い，もつて知的障害者の福祉を図ることを目的とする。

（自立への努力及び機会の確保）

第1条の2　すべての知的障害者はその有する能力を活用することにより，進んで社会経済活動に参加するよう努めなければならない。

2　すべての知的障害者は，社会を構成する一員として，社会，経済，文化その他あらゆる分野の活動に参加する機会を与えられるものとする。

（国，地方公共団体及び国民の責務）

第2条　国及び地方公共団体は，前条に規定する理念が実現されるように配慮して，知的障害者の福祉について国民の理解を深めるとともに，知的障害者の自立と社会経済活動への参加を促進するための援助と必要な保護（以下「更生援護」という。）の実施に努めなければならない。

2　国民は，知的障害者の福祉について理解を深めるとともに，社会連帯の理念に基づき，知的障害者が社会経済活動に参加しようとする努力に対し，協力するように努めなければならない。

第3条　略

（定義）

第4条　この法律において，「知的障害者居宅支援」とは，知的障害者居宅介護，知的障害者デイサービス，知的障害者短期入所及び知的障害者地域生活援助をいう。

2～6　略

第5条　この法律において，「知的障害者援護施設」とは，知的障害者デイサービスセンター，知的障害者更生施設，知的障害者授産施設，知的障害者通勤寮及び知的障害者福祉ホームをいう。

第4章　事業及び施設

(知的障害者デイサービスセンター)
第21条の5　知的障害者デイサービスセンターは，知的障害者デイサービスを提供することを目的とする施設とする。
(知的障害者更生施設)
第21条の6　知的障害者更生施設は，18歳以上の知的障害者を入所させて，これを保護するとともに，その更生に必要な指導及び訓練を行うことを目的とする施設とする。
(知的障害者授産施設)
第21条の7　知的障害者授産施設は，18歳以上の知的障害者であって雇用されることが困難なものを入所させて，自活に必要な訓練を行うとともに，職業を与えて自活させることを目的とする施設とする。
(知的障害者通勤寮)
第21条の8　知的障害者通勤寮は，就労している知的障害者に対し，居室その他の設備を利用させるとともに，独立自活に必要な助言及び指導を行うことを目的とする施設とする。
(知的障害者福祉ホーム)
第21条の9　知的障害者福祉ホームは，低額な料金で，現に住居を求めている知的障害者に対し，居室その他の設備を利用させるとともに，日常生活に必要な便宜を供与することを目的とする施設とする。

13) 障害者の雇用の促進等に関する法律（抄）(昭35. 7. 25　法123)

第1章　総　則

(目　的)
第1条　この法律は，身体障害者又は知的障害者の雇用義務等に基づく雇用の促進等のための措置，職業リハビリテーションの措置その他障害者がその能力に適合する職業に就くこと等を通じてその職業生活において自立することを促進するための措置を総合的に講じ，もって障害者の職業の安定を図ることを目的とする。
(用語の定義)
第2条　この法律において，次の各号に掲げる用語の意義は，当該各号に定めるところによる。
　一　障害者　身体又は精神に障害があるため，長期にわたり，職業生活に相当の制限を受け，又は職業生活を営むことが著しく困難な者をいう。
　二　身体障害者　障害者のうち，別表に掲げる身体上の障害（以下「身体障害」という。）がある者をいう。
　三　重度身体障害者　身体障害者のうち，身体障害の程度が重い者であって厚生労働省令で定めるものをいう。
　四　知的障害者　障害者のうち，知的障害がある者であって厚生労働省令で定めるものをいう。
　五　重度知的障害者　知的障害者のうち，知的障害の程度が重い者であって労働省令で定めるものをいう。

六　職業リハビリテーション　障害者に対して職業指導，職業訓練，職業紹介その他この法律に定める措置を講じ，その職業生活における自立を図ることをいう。

14) 精神保健及び精神障害者福祉に関する法律（抄）（昭25. 5. 1　法123）

第1章　総　則

（この法律の目的）

第1条　この法律は，精神障害者等の医療及び保護を行い，その社会復帰の促進及びその自立と社会経済活動への参加の促進のために必要な援助を行い，並びにその発生の予防その他国民の精神的健康の保持及び増進に努めることによって，精神障害者等の福祉の増進及び国民の精神保健の向上を図ることを目的とする。

（国及び地方公共団体の義務）

第2条　国及び地方公共団体は，医療施設，社会復帰施設その他の福祉施設及び教育施設並びに居宅生活支援事業を充実する等精神障害者の医療及び保護並びに保健及び福祉に関する施策を総合的に実施することによつて精神障害者が社会復帰をし，自立と社会経済活動への参加をすることができるように努力するとともに，精神保健に関する調査研究の推進及び知識の普及を図る等精神障害者の発生の予防その他国民の精神保健の向上のための施策を講じなければならない。

（定　義）

第5条　この法律で「精神障害者」とは，統合失調症，精神作用物質による急性中毒又はその依存症，知的障害，精神病質その他の精神疾患を有する者をいう。

15) 生活保護法（抄）（昭25. 5. 4　法144）

第1章　総　則

（この法律の目的）

第1条　この法律は，日本国憲法第25条に規定する理念に基き，国が生活に困窮するすべての国民に対し，その困窮の程度に応じ，必要な保護を行い，その最低限度の生活を保障するとともに，その自立を助長することを目的とする。

（無差別平等）

第2条　すべて国民は，この法律の定める要件を満たす限り，この法律による保護（以下「保護」という。）を，無差別平等に受けることができる。

人名・事項索引

■あ行
アイ・コンタクト 53
アイソトニックゼリー 149
愛着行動 53
アヴェロンの野生児 33
アクセス・ネットワーク型の連携 187
アメリカ精神遅滞学会（AAMR） 71
アユイ（Haüy,V.） 32
育成医療 19
育成会全国大会 82
石井亮一 36
石川倉次 36
胃食道逆流現象 146
イタール（Itard,J.M.G.） 33
1歳6カ月児健（康）診（査） 46,79
医療介護の要求度 143
医療的ケア 93,152
医療的ニーズ 179
インクルージョン 47
印刷科 180
院内学級 41,101
インペアメント 11
動く重症心身障害児 142
運動障害性構音障害 114
AAMD 71
AAMR（アメリカ精神遅滞学会） 71
AAC（拡大・代替コミュニケーション） 109
ADA（障害をもつアメリカ人法） 47
MRSA 146
嚥下 145
援護 22
嘔吐 143
音の大きさ（ラウドネス） 58
音の高さ（ピッチ） 58
オプタコン 55
音圧（dB） 60
音声障害 113

■か行
介護福祉士 203
外耳 59
学習障害（learning disabilities） 128
学習の空白 103
学習レディネス 87
学制 35,37
楽善会訓盲院 36
拡大・代替コミュニケーション（AAC） 109
拡大読書器 57
柏学園 39
柏倉松蔵 39
家族支援サービス（FSS） 209
学校外資源（地域社会資源） 190
学校教育法 40
学校設定教科 183
学校内資源 190
家庭児童相談室 79
感音性難聴 62
感覚統合法 147
環境調整法 114
眼疾患 50
カンファレンス形式 186
官立東京盲唖学校 36
気管支喘息 96
気管切開 143
器質性構音障害 114
吃音 114
吃音児学級 40
機能性構音障害 114
基本型 78
吸引 143
9歳レベルの壁 65
QOL（生活の質） 47
キューサイン（手指サイン） 68
キュード・スピーチ 68
救貧 31,34,36
教育課程改訂の基本方針 158
教育課程の基準 155
教育課程の改善 159
教育課程編成におけるコース制 183
教育課程編成の手順等 163
教育上特別な取扱いを要する児童・生徒の教育的措置について 42,45
教育上特別な取扱いを要する児童生徒の判断基準 41
教育的ニーズ 179
教材費 29

京都府立盲啞院　35
虚弱児施設　42
グッゲンビュール（Guggenbühl,J.J.）　33
クリュッペルハイム　33,39
グループホーム　214
経管栄養　143
経験主義　32
軽度　73
契約制度　47
血液透析　143
原因　118
言語　107
言語指導　67
言語障害　88
言語障害児学級　45,46
言語障害の種類　110
言語性検査　64
言語聴覚士　200
言語発達障害　111
言語野　111
権利擁護（アドボカシー）　82
構音障害　76,113
高次神経活動　77,78
更生医療　21
抗てんかん剤　146
後天盲　50
高等養護学校　81
行動類型　75,77
興奮型　78
興奮・衝動型　77
光明学校　39
公立養護学校整備特別措置法　42
口話　67
口話法　32,36
誤嚥　145
呼吸・嚥下障害　146
呼吸介助手技　148
呼吸器感染症　146
国際障害者年　47
国際知的障害者育成会連盟（ILSMH）　82
固執型　54,77,134
こだわり　119
ことばの鎖　108
個別の指導計画　92
個別の療育・指導計画　146
コミュニケーションの過程　107
コミュニケーションの種類　109
混合性難聴　63

■さ行

最重度　73
作業療法士　200
サポートの程度　74
サラマンカ宣言　47
3歳児健康診査　79
3歳児健診　46
酸素吸入　143
CSS　89,94
歯科技巧科　180
視覚的模倣　52
色覚障害　57
自己決定　82
自己刺激行動　119
自己選択　82
自己内資源　190
思斉学校　39
耳小骨　60
施設内学級　41,42,46
肢体不自由　85
肢体不自由児施設　42
肢体不自由児通園施設　46
私宅監置　22
失語症　111,128
失読症（dyslexia）　128
指導グループに対応した教育課程　168
児童生徒1人当たりの教育費　28
指導体制の工夫　167
児童福祉施設　23
児童福祉法　20,41,42
自閉症児施設　47
自閉症の特性　116
島田療育園（現島田療育センター）　141
社会福祉士　201
社会的スキル（social skills）　134
弱視　50
弱視学級　56
弱視児学級　39,45
弱視レンズ　57
就学義務　34,37,38
就学指導　26
就学猶予・免除　38,40,42,43,45
重症心身障害児　141
重症心身障害児施設　43,141
重症心身障害の原因　143
重度　73
重度・重複障害児　92,93,142
周波数（Hz）　60

人名・事項索引　235

就学猶予・免除　42
手指サイン（キューサイン）　68
出現数　73
出現率　72
シュトラウス　75
手話　67
手話法　32,36
巡回療育相談　153
障害児教育教員　194
障害児保育　46
障害者基本法　10
障害者差別禁止法　47
障害者数　12
障害者の機会均等化に関する規準原則　47
障害者の生涯学習　187
障害の受容　67
障害をもつアメリカ人法（ADA）　47
象徴機能　112
情緒因障害　126
情緒障害児学級　46
情緒障害児短期治療施設　46
情緒面障害　126
衝動性　134
職業学科　182
職業教育　180,182
職業訓練校　180
職業的ニーズ　179
ショートステイ　215
白十字会林間学校　39
自立活動　54,67,90,92,93,103,160
自立活動の目標と内容　161
支離滅裂型　78
新エンゼルプラン　176
神経症　98
人工呼吸器　143
進行性筋ジストロフィー　97
心身症　97
身体虚弱児　96
身体障害　12
身体障害者更生援護施設　23
身体障害者手帳　20
身体障害者福祉　21
身体障害者福祉法　20,51
進路指導　179,186
進路指導担当教員　184
睡眠障害　146
睡眠-覚醒リズム　144
図-地関係の知覚障害　75

スヌーズレン　147
生活の質（QOL）　47
制止型　78
精神障害　15
精神障害者社会復帰施設　23
精神障害者福祉　22
精神保健福祉法　20,24,202
精神保健法　22
静的弛緩誘導法　94,147
青年学級　187
生理学的方法　33
セガン（Séguin,E.O.）　33
脊髄損傷　86
設置義務　38
全員就学　45
選択的注意（selective attention）　133
先天性代謝異常検査　46
先天盲　50
総合的な学習の時間　162
側弯拘縮　145
咀嚼　145
措置制度　47

■た行
体位排痰法　148
体験的学習機会　186
高木憲次　39
滝乃川学園　36
タッピング（軽打法）　148
多動性　132
短期入所事業　153
地域社会資源　184,185,186
知覚障害　89
知的障害　15,88,91
知的障害児施設　42,43,47
知的障害児通園施設　43,46,79
知的障害者援護施設　23
知的障害者福祉　22
知的障害者福祉法　20
知的障害特殊学級　80
知的障害養護学校　80
知能検査　39
知能テスト　36
注意欠陥多動性障害（attention deficit hyper-activity disorder：ADHD）　134
注意集中困難　132
中耳　59
中心静脈栄養　143

中枢性難聴　63
聴覚学習　67
聴覚口話法　67
聴覚障害　58
聴覚障害の出現率　63
超重症児　143
聴力型　61
聴力レベル　61
ディスアビリティ　11
デイケア　153
デシベル（dB）　58
伝音性難聴　62
てんかん発作　144
点字　33,50
点字教科書　55
統合教育　47
動作訓練法　94,147
動作性検査　64
導尿　143
特殊学級　36,41,43,45
特殊教育（自立活動）教員資格認定試験　195
特殊教育教員免許状　192,193
特殊教育就学奨励費　29
特殊教育における福祉・医療との連携に関する実践研究　152
特殊教育特別専攻科　194
特別な教育的ニーズ　130
読話指導　67
ド・レペ　32

■な行
内耳　59
難治てんかん　146
難聴児学級　39,45
難聴特殊学級　66
日常生活動作　94
二分脊椎　86
日本訓盲点字　36
乳児健診　46
認知行動変容法　137
ネブライザー　149
ネフローゼ症候群　99
脳性まひ　85
脳性まひ児　88
脳損傷型知的障害児　75
ノーマライゼーション　9,47,82
ノンバーバル・コミュニケーション　109

■は行
廃人学校　35
ハイニッケ　32
排尿センサー　151
肺理学療法手技　148
発音異常　76
発音指導　67
白血病　99
発語指導　67
バーバル・コミュニケーション　109
バリアフリー　47,215
パルスオキシメーター　149
バンク-ミケルセン　9
ハンディキャップ　11
微細脳機能障害 (minimal brain disfunction : MBD)　128
ビデオX線透視検査　149
非脳損傷型知的障害児　75
肥満　98
肥満度　98
病弱児　96
病弱・身体虚弱特殊学級　101
病弱に起因する二次障害　100
病弱養護学校　101
表出言語　77
福祉事務所　79
福祉的就労　81,82
福祉的ニーズ　179
不登校状態の変移　122
不登校の分類　122
不登校への介入　125
ブラインディズム (blindism)　54
古川太四郎　35
ブレイドウッド (Braidwood,T.)　32
ブレイユ (Braille,L.)　33
保育士　196
保育所　171
ボイタ法　94,147
訪問教育　45,47,179
保健理療科　55
歩行訓練　55
ボバース法　94,147
ホームヘルパー　188
本人参加　82

■ま行
マイルドリー・ハンディキャップ (mildly handicap)　130

慢性便秘症　145, 151
三木安正　77
南山尋常小学校　39
ムーブメント　147
夢遊型　78
免許法認定講習　195
盲　50
盲・聾初等教育法　34
盲啞学校　36, 38
盲学校及ビ聾啞学校令　38
盲学校特殊教科教諭免許状　195
盲学校，聾学校及び養護学校への就学奨励に関する法律　41
盲聾啞児施設　42

■や行
八名川尋常小学校　40
山尾庸三　35
唯言語主義（バーバリズム）　53
遊戯療法　114
優生学思想　34

揺すり手技　148
ユニバーサルデザイン　217
指文字　67
養護学校教員養成過程　194
養護学校の義務制実施　142
幼弱型　77
幼稚園　174
余暇教育　181

■ら・わ行
理解言語　77
理学療法士　199
療育手帳　20
理容科　180
理療科　55, 180
臨時教員養成過程　194
礫川尋常小学校　40
レーズライター　55
レーチネン　77
聾　61

編　者

石部　元雄　筑波大学名誉教授
柳本　雄次　筑波大学人間総合科学研究科

執筆者〈執筆順，（　）内は執筆担当箇所〉

石部　元雄（1章，12章，13章3）　編　者
浦﨑　源次（2章）　群馬大学教育学部
河合　　康（3章）　上越教育大学学校教育学部
佐藤　至英（4章）　北翔大学人間福祉学部
生川　善雄（5章）　千葉大学教育学部
柳本　雄次（6章，15章1）　編　者
久芳　美恵子（7章）　東京女子体育大学体育学部
丹生　　泉（8章）　大分リハビリテーション専門学校
大野　裕史（9章）　吉備国際大学社会福祉学部
髙山　佳子（10章）　横浜国立大学教育人間科学部
姉崎　　弘（11章）　三重大学教育学部
眞城　知己（14章）　千葉大学教育学部
石田　祥代（13章1・2，15章2・3）　東京成徳大学応用心理学部
細川　かおり（16章）　鶴見大学短期大学部

ノーマライゼーション時代における
障害学

2002年4月1日　初版発行
2009年3月25日　第6刷発行

編著者　石部　元雄
　　　　柳本　雄次
発行者　石井　昭男
発行所　東京都文京区本郷4-24-8
　　　　福村出版株式会社
郵便番号　113-0033
電　話　03-3813-3981
印刷・厚徳社　製本・協栄製本

© M.Ishibe, Y.Yanagimoto 2002
Printed in Japan
ISBN978-4-571-12099-2　C3037

福村出版◆好評図書

石部元雄・柳本雄次 編著
特別支援教育
● 理解と推進のために
◎2,500円　ISBN978-4-571-12102-9　C3037

学校，学級，通級各々の役割の中で，障害児一人ひとりのニーズに対応した，特別支援教育のあり方を読み解く。

田中農夫男・木村 進 編著
ライフサイクルからよむ障害者の心理と支援
◎2,800円　ISBN978-4-571-12103-6　C3037

障害者のライフステージに即した心理を解説。生活者である障害者への支援とは何かを理解するための入門書。

池田由紀江・菅野 敦 編著
ダウン症児のことばを育てる
● 0歳から生活のなかで
◎1,800円　ISBN978-4-571-12070-1　C1037

ダウン症児の言語指導について，基礎的な考え方と生活の中での指導プログラムを提示する実践書。

斎藤秀元 他著
子どもが喜ぶ感覚運動あそび40選
● 障害の重い子のために
◎1,900円　ISBN978-4-571-12101-2　C3037

養護学校の教師スタッフが障害の重い子どもたちのための「感覚運動あそび」40種類をわかりやすく紹介。

長田 実・宮崎 昭・渡邉 涼・田丸秋穂 著
障害者のための絵でわかる動作法
● はじめの一歩
◎2,600円　ISBN978-4-571-12092-3　C3037

動作特徴のモデルパターンを選択して，自分が覚えたい訓練だけを追える，ナビゲーション形式の図説書。

徳田克己・遠藤敬子 著
ハンディのある子どもの保育ハンドブック
● 初めて障害児を担当する保育者のために
◎1,800円　ISBN978-4-571-12088-6　C1037

経験の少ない保育者を対象に，ハンディのある子どもの保育の方法を平易に説明し，ガイドラインを示す。

村井憲男・村上由則・足立智昭 編著
気になる子どもの保育と育児
◎2,000円　ISBN978-4-571-12096-1　C1037

高機能自閉症など，近年「気になる子ども」が増えている。その子の発達の見通しや援助策を両親向けに解説。

◎価格は本体価格です。